Management

管理学系列教材

项目管理

Project Management

主　编 / 陈池波　崔元锋

副主编 / 冯　华

WUHAN UNIVERSITY PRESS

武汉大学出版社

图书在版编目(CIP)数据

项目管理/陈池波,崔元锋主编;冯华副主编. —武汉:武汉大学出版社,2006.4(2015.8 重印)
管理学系列教材
ISBN 978-7-307-04955-0

Ⅰ.项…　Ⅱ.①陈…　②崔…　③冯…　Ⅲ.项目管理—高等学校—教材　Ⅳ.F224.5

中国版本图书馆 CIP 数据核字(2006)第 014925 号

责任编辑:范绪泉　　责任校对:王　建　　版式设计:支　笛

出版发行:武汉大学出版社　(430072　武昌　珞珈山)
(电子邮件:cbs22@ whu. edu. cn　网址:www. wdp. com. cn)
印刷:武汉中科兴业印务有限公司
开本:720×1000　1/16　印张:15.75　字数:314 千字
版次:2006 年 4 月第 1 版　2015 年 8 第 6 次印刷
ISBN 978-7-307-04955-0/F·975　定价:23.00 元

目　　录

前　言

在21世纪，伴随着信息化和经济全球化，无论是政府、企业还是个人，都面临着越来越激烈的竞争，为求生存和发展，不断推出新产品、新技术、新工艺、新服务以及实施各种改革措施是其发展的必由之路。事实上，绝大多数创新和改革往往都有明确的目标性、一次性和独特性的特征，通过实践，人们已经认识到仅仅采用常规的运作管理是很难达到推陈出新的目的的，而正确的方法是需要组成专门的项目团队，通过运用各种知识、技能和方法并实施科学管理才能实现既定的目标，这种管理模式就是项目管理。为谋求竞争优势而不断地启动各种项目已经成为越来越多的组织的选择；而人类从事的许多重复性运作工作也正被越来越多的各种自动化机器设备所取代。故此，有人说“一切都将成为项目”，“21世纪的社会是项目管理型社会”。

项目管理在国外，尤其是西方发达工业国家，发展已相当成熟。这主要体现在两个方面：职业化发展和学术性发展。在职业化发展方面，国外项目管理职业化发展较早，已形成了一系列成熟的、较为细化的项目管理专门职业。例如，专业项目经理、造价工程师、建筑工程师、营造师等。国外的项目管理系列职业资格体系认证制度也比较完善，例如美国项目管理协会（PMI）和国际项目管理协会（IPMA）主办的项目管理专业人员职业资格认证，美国造价工程师协会（Association of American Cost Engineers，AACE）主办的造价工程师资格认证，英国皇家特许测量师协会（Royal Institute of Chartered Surveyor，RICS）主持的工料测量师、营造师资格认证等。这些工作极大地推动了项目管理职业的细化和职业化的发展。国际项目管理协会（IPMA）开展的项目管理专业人员资格认证分为A、B、C、D四个级别，其中A级是工程师主任级证书，B级为项目经理级证书，C级为项目管理工程师级证书，D级为项目管理技术员级证书。对不同资格证书的要求也各异，获得证书者分别可负责大项目或国际项目、一般项目、一般项目的主要工作和一般项目工作的管理。虽然这些项目管理人员资格认证的侧重有所不同、方法有所不同，但是都为推进项目管理的职业化发展做出了很大的贡献。

国外项目管理学术发展方面主要体现在项目管理专业教育体系的建立和项目管理理论与方法的研究。国际上有许多大学相继建立和完善了项目管理专业的本科和研究生教育体系。美国的大学不但设立有项目管理硕士学位，而且这种硕士学位大有取代工商管理硕士（MBA）专业的趋势。另外，还有许多项目管理的研究机构，这些研究机构、大学、国际和各国的项目管理专业协会以及一些大型企业共同开展了大量的项目管理理论与方法的研究，取得了丰硕的成果，如美国项目管理协会（PMI）、美国造价管理协会（AACE）等组织提出的项目管理知识体系指南（Guide to Project Management Body of Knowledge）、项目全面造价管理（Total Cost Management）、项目风险造价管理、挣值管理（Earned Valued Management）、项目合作伙伴式管理（Partnering Management）等。项目管理学术研究的快速发展，使得现代项目管理在项目的范围管理、时间管理、成本管理、质量管理、人力资源管理、沟通管理、采购管理、风险管理和集成管理等方面已经形成了专门的理论和方法体系。另外，国际标准化组织还以美国项目管理协会（PMI）的项目管理知识体系指南（PMBOK）等文件为框架，制定了关于现代项目管理的标准（ISO10006）。国外项目管理在职业化和学术性方面的发展，使得项目管理的理论和方法取得了长足进步。

我国项目管理理论研究和管理实践起步较晚，尤其是在现代项目管理方面，不论是从现代项目管理的职业化发展，还是从现代项目管理的学术性发展，以及现代项目管理的实践方面，我国与发达国家存在着一定的差距。要迅速改变这种状况，人才的教育与培养是关键。为了尽快把欧美发达国家的先进项目管理理念和方法介绍给广大读者，以迅速推动我国项目管理事业的发展。中南财经政法大学工商管理学院组织编写了这本项目管理教材。

全书共分十三章，第一章到第三章介绍了项目管理的基本情况和项目管理的背景，第四章到第十三章详细介绍了项目管理各个知识领域的基本概念、内容和方法。为了方便读者复习，及时掌握各章项目管理的知识，每章后附有小结和思考题，部分章节附有教学案例。

本书由陈池波、崔元锋任主编，冯华任副主编，由陈池波对全书进行策划。参加本书编写工作的有：陈池波、崔元锋、冯华、陈杰、彭克强、胡彦龙、王静、曹清华、高小军。

本书在写作过程中参考了大量国内外最新研究成果，作者已尽可能地在参考文献中列出，在此表示真诚的感谢；也有可能因为多方面的原因而有疏漏，作者表示歉意，并愿意在得知具体情况后予以纠正。由于作者水平有限，因此本书难免会有疏漏和谬误之处，恳望广大读者批评指正，不吝赐教。

编者

2006 年春

第一章　导　论

本章首先界定了项目及项目管理的基本概念、基本特点，然后讨论了项目管理的知识体系及其主要内容，最后介绍了国际项目管理的发展现状和中国项目管理的发展情况。其中在界定项目和项目管理的概念及特点时，还讨论了项目利益相关者和项目管理的要素、基本职能。同时，也介绍了项目管理的主要内容。

第一节　项目界定

一、项目的概念

“项目”一词现在已经成为人们使用得越来越频繁的词汇。项目的历史已经十分久远了，埃及的金字塔，中国的古长城、都江堰水利工程等已被世人誉为古代成功项目的经典。在当今世界，项目已经成为推动生产发展和社会的巨大动力，项目无处不在。那么项目的确切定义到底是什么呢？

我们认为，项目是创造独特产品、服务或其他成果的一次性工作任务。项目来源于人类的活动的细分。随着社会的发展，人类有组织的活动逐步细化为两类：一类是持续不断、周而复始的活动，称为“运作或作业”（Operations），例如企业的日常生产经营活动、火车在某一线路上往复运行等；另一类是临时性的、一次性的、独特的活动，称为“项目”（Projects），例如企业的技术改造活动、中国载人航天工程、某人乘飞机赴外地完成一项任务等。任何一项工作，无论是作业还是项目，都有许多共同之处，例如都要由个人或组织机构来完成，均受制于有限的资源条件，均需遵循某种程序，都要进行计划、执行和控制等。

项目定义包含三层含义。其一，项目是一项有待完成的任务，有着特定的环境和要求。此点实际上明确了项目是一个动态的概念，即项目指的是一个过程，而不是指过程终结所形成的成果。我们把一座大厦的建设过程叫做一个项目，而不把建成的大厦本身称为一个项目。其二，项目是在一定的组织机构内，利用有限的资源（人力、物力、财力等）在规定的时间内完成的任务。任何项目的实施都要受到一定条件的约束，这些条件是多方面的，如环境、资源、项目管理者理念等，在诸多约束条件中，质量、进度、费用是项目普遍存在的三个主要的约束条件。其三，任务须满足一定的性能、质量、数量、技术指标等要求。项目能否实现，能否交付用户，必须达到事先规定的目标要求。功能的实现、质量的可靠、数量的饱和、技术指标的稳定等，是任何一个可交付项目必须满足的基本要求，项目合同对此均有严格规定。

二、项目的特性及其分类

（一）项目的特性

项目有多方面的特性，主要有以下几个：

1. 一次性。一次性是项目与其他常规运作的最大区别。项目有确定的起点和终点，没有可以完全照搬的先例，也不会有完全相同的复制品。项目的其他属性也是从这一主要特性衍生出来的。它是指项目并不是正在进行的工作，而是有一个明确起点和一个明确终点的一次性任务，从项目整体而言，项目任务一旦完成，项目即告结束，没有重复。

2. 独特性。每个项目都是独特的。或者项目提供的成果有其自身的特点；或者其提供的成果与其他项目类似，然而其时间和地点、内部和外部环境、自然和社会条件有别于其他项目。因此项目总是独一无二的，世界上没有两个项目是完全相同的。

3. 项目目标的确定性。人类有组织的活动都是有目的的，项目作为一种特别设立的活动，当然也有其明确的目标。项目目标通常由成果性目标和约束性目标组成。其中约束性目标通常又称为限制性条件，是实现项目成果性目标的客观条件和人为主观约束条件的总称，是项目实施过程中必须遵循的条件，从而成为项目实施过程中管理的主要目标；成果性目标既是项目的来源，又是项目的最终目标，在项目实施过程中，成果性目标被分解成为项目的多个功能性要求，是项目全过程的主导目标。项目的目标正是此二者的统一，没有明确的目标，行动就没有方向，也就不成其为一项任务，也就不会有项目的存在。当然，项目的目标允许有一个变动的幅度，亦即可以修改，但是一旦项目目标发生了实质性变化，它就不再是原项目了，而将产生一个新项目。

4. 整体性。项目中的一切活动都是相互联系的，构成一个整体、一个完整的过程。项目不能有多余的活动，也不能缺少某些必要的活动，否则必将损害项目目标的实现。强调项目的整体性，也就是强调项目的过程性和系统性。

5. 项目的临时性和开放性。在项目进展的过程中，项目团队的人数、成员、职责都不断地变化。某些成员可能是借调来的，项目终结时团队要解散，人员要转移。参与一个项目的组织往往有多个，有时甚至几十个或更多。它们通过协议或合同以及其他社会关系结合到一起，并在项目的不同时段以不同的程度和形式介入项目活动。因此，项目组织并没有严格的界限，它是临时性的、开放性的。这一特点与一般的企业、事业单位和政府机构是很不一样的。

6. 项目开发与实施的渐进性。每一个项目都是独一无二的，无法从其他模式那里一下子复制过来，因此，任何项目的开发必然是渐进的。也就是说，项目具有生命周期属性，即任何项目都会经历启动、开发、实施、结束这样一个过程。在项目的全部过程中，启动阶段比较缓慢，开发实施阶段比较快速，而结束阶段又比较缓慢。项目的实施需要逐步地投入各种资源，持续不断地积累可交付的成果。

（二）项目的分类

各类项目，可以按多个标准进行分类。目前已经提出的项目分类法有以下两种：

1. 综合性分类

按照项目所在的产业门类，项目可分为工业项目、农业项目、商业项目、服务项目等；

按照项目的规模大小，项目可分为大型项目、中型项目、小型项目；

按照项目的期限长短，项目可分为长期项目、短平快项目、紧急项目、一般项目；

按照项目的服务对象，项目可分为生产项目、生活项目、服务项目、科研项目等；

按照项目的区域性，项目可分为地区性项目、跨地区性项目、国际性项目等；

按照项目的资金来源，项目可分为国家项目、地方项目、独资项目、集资项目、合资项目。

2. 按投资特点分类

按照资金来源，项目可分为国家预算拨款项目、银行贷款项目、自筹资金项目、外资项目；

按照投资管理权限，项目可分为基本建设项目、技术改造项目、世界银行援助项目；

按照投资的用途，项目可分为生产性项目、非生产性项目；

按照投资的性质，项目可分为新建项目、扩建项目、改建项目；

按照投资的阶段，项目可分为预备项目、筹建项目、施工项目、收尾项目、投产项目。

我们对项目进行分类的目的是为了更好地认识项目，掌握各种项目的特点和规律，为进行科学的项目管理，提高项目的成功率和效益打下基础。

三、项目利益相关者

每一项目的实施，都要有许多方面的组织或个人积极参与。简言之，项目利益相关者就是项目的参与方及受项目影响的组织或个人。一般地，简单的项目，其利益相关者比较少，大型的复杂的项目往往有多个利益相关者。因此，项目的利益相关者可以定义为：项目的参与方和利益受项目影响的有关方面，他们在项目中有既定利益，主要包括客户或委托人、项目发起人、项目经理、被委托人或承约商、供应商、分包商和政府有关部门、社会公众等其他利益相关者。

1. 客户或委托人。每一个项目均有其特定的客户，亦叫委托人。其可能是一个人、一个组织，也可能是由两个以上的人组成的一个团体，还可能是对同一项目结果具有相同需求的许多组织。一般地，当客户向被委托人提交需求建议书之时，就是一个项目诞生之日。客户既是项目结果的需求者，也是项目实施的资金提供者。

2. 项目发起人。项目发起人是首先命令执行项目的人。其可能是客户，但在许多情况下是第三方，例如一位命令建造新厂房的总经理。项目发起人负责保证项目得到足够的预算款项及其他完成项目所需要的资源。

3. 项目经理。项目经理是对于保证按时、按照预算、按照工作范围以及按所要求的性能标准完成项目负有全面责任的人。项目经理是一个项目的核心，其作用对于项目的成功是非常重要的，但在很多情况下，项目经理的职权很小，不能很好地发挥其在项目管理中应有的关键性作用，这是值得重视的。

4. 被委托人或承约商。被委托人，就是承接项目、满足客户需求的项目承接方，也叫承约商。被委托人接受委托人的委托，承接项目以后，根据客户的需求和要求，启动项目。从项目启动、规划、实施直到项目结束的整个项目管理过程中，被委托人始终处于主导地位，对于项目的质量起着关键性作用。因此，承约商素质和能力的高低直接关系到项目质量的高低，选择一个优秀的项目承接方，是创造高质量项目的关键。

5. 供应商。供应商是为项目的承约商提供原材料、设备、工具等物资资源的商人。为了保证项目实施的进度和质量，每一个承约商一般都有自己相对固定的供应商。长期的协作关系使得承约商与供应商之间建立了良好的信任，这就使承约商能够有效地配置资源，进行必要的赊购，获取适当的利润，供应商也能有期望的利润回报。

6. 分包商。由于现代项目的技术复杂、工程量较大、客户要求较高，因此，承约商在承接项目后，一般都会将总项目中的一些子项目再转包给不同的分包商。分包商参与到项目中来，一方面，能更好地发挥各自的专业特长，使得项目能够高质量地完成；另一方面，这同时也增加了项目管理的复杂性，使得分包商与承约商之间、各分包商之间，有时很难进行有效的沟通与协调。

7. 其他利益相关者。除上述项目的直接利益者以外，还有一些组织和个人与项目存在着或多或少的利益关系。主要有政府有关部门、项目所在社区的公众、项目用户、新闻媒介、市场上潜在的竞争对手和合作伙伴等；有时甚至将项目班子的家属也视为项目的利益相关者。

项目的不同利益相关者对于项目有着各自不同的需求与期望，他们关注的目标和重点常常相差很远。比如，项目的业主/客户要求和期望以最小的投资获得最大的收益和项目产出物功能；项目承约商或分包商要求和期望以最小的成本获得最大的利润；项目供应商要求或期望能够获得更多的销售收入并从中获得最大利润；项目的设计者要求和期望能够留下传世的精品之作并有所回报；项目的所在社区要求和期望不要破坏环境和造成污染；项目的政府主管部门要求和期望项目能够扩大就业和提高社会福利水平等。项目管理的根本目的就是要努力使这些不同的要求和期望能够很好地实现综合平衡，并且最终使项目合理地、最大限度地满足这些不同的要求和期望，甚至超越这些要求和期望。

第二节　项目管理的概念

一、项目管理的定义

项目管理是指以项目为对象的系统管理方法，它通过项目各方利益相关者的合作，通过一个临时性的专门的柔性组织，把各种资源应用于项目，对项目进行高效率的计划、组织、指导和控制，以实现项目全过程的动态管理和项目目标的综合协调与优化，并最终实现项目的目标，使项目各利益相关者的需求得到不同程度的满足。所谓实现项目全过程的动态管理，是指在项目的生命周期内，不断进行资源的配置和协调，不断地做出科学决策，从而使项目执行的全过程处于最佳的运行状态，产生最佳的效果。所谓项目目标的综合协调与优化，是指项目管理应综合协调好时间、费用及质量等约束性目标，在相对较短的时期内成功地达到一个特定的成果性目标。项目管理的日常活动通常是围绕着项目计划、项目组织、质量管理、费用控制和进度控制五项基本任务展开的。

项目管理贯穿于项目的整个寿命周期，它是运用一定规律和方法对项目进行高效率的计划、组织、指导和控制的管理手段，并在时间、费用和质量的约束下达到预定的项目目标。

一般地说，采用项目管理的专门方法进行管理的项目往往都是技术上比较复杂、工作量比较繁重、不确定性因素很多的项目。比如，第二次世界大战期间美国原子弹试验项目、后来的阿波罗登月计划等重大科学实验项目，是最早采用项目管理的典型例子。项目管理的专门方法在20世纪50至60年代被广泛应用，尤其是在电子、核工业、国防和航空航天等工业领域中应用最多。目前项目管理已经应用于所有的工业领域中。

二、项目管理的要素

要深刻理解项目管理的定义，我们就必须弄清项目管理的各个要素，尤其是其中的基本要素，如资源、目标和需求、项目组织、项目环境、项目、项目利益相关者。其中项目、项目利益相关者在第一节我们已经讨论过了，这里仅就资源、目标和需求、项目组织、项目环境进行介绍。

（一）资源

资源概念的内容十分丰富，可以理解为一切具有现实和潜在价值的东西，包括自然资源和人造资源、内部资源和外部资源、有形资源和无形资源。例如人力和人才、原料和材料、资金和市场、信息和科技等。此外，专利、商标、信誉以及某种社会联系等，也是十分有用的资源。特别是在走向知识经济的时代，知识作为无形资源的价值更加突出。当今，我们不仅应该管好用好“硬”资源，也要学会管好用好“软”资源。

项目管理作为一种管理方法和手段，本身也是一种资源。可是，由于项目固有的一次性特点，项目资源不同于其他机构的资源，它多是临时拥有和使用的。资金需要筹集，服务和咨询力量可以采购（如招标发包）或招聘，有些资源还可以租赁。项目实施过程中资源需求变化很大，有些资源用完后要及时偿还或遣散，任何资源的积压、滞留或短缺，都会给项目带来损失。资源的合理、高效使用对项目管理尤为重要。

（二）目标和需求

项目要求达到的目标可分为两类：必须满足的规定要求和附加获取的期望要求。规定要求包括：项目实施范围、质量要求、利润或成本目标、时间目标以及必须满足的法规要求等。在一定范围内，质量、成本、进度三者是互相制约的，当进度要求不变时，质量要求越高，则成本越高；当成本不变时，质量要求越高，则进度越慢；当质量标准不变时，进度过快或过慢都会导致成本的增加。项目管理的目的就是谋求快、好、省的有机统一和协调均衡。

但是，项目要求达到的目标是依据利益相关者对项目的需求和现实可能性这两个方面共同确定的。一个项目的不同利益相关者对项目有着各自不同的需求，有的相去甚远，甚至互相抵触。这就更要求项目管理者对这些不同的需求加以协调，统筹兼顾，以取得某种平衡，最大限度地调动各个项目利益相关者的积极性，尽可能减少他们的阻力和消极影响。

（三）项目组织

组织是把多个人联络在一起，做一个人无法做的事情的形式或机制，是管理的一项功能。项目组织与其他组织一样，要有好的领导、章程、沟通、人员配备、激励机制和良好的组织等。但是，项目组织也有与其他组织不同的特点。

由于项目的临时性，项目组织也有生命周期，要经历建立、发展、解散的过程。总之，项目组织是不断更替、调整和变化的。项目组织的一个基本原则是因事设人，就是根据项目的任务设置有关项目机构，设岗用人，事毕境迁，及时调整，甚至撤销。项目要想获得成功，必须有机动灵活的组织形式和用人机制，即实行柔性管理。

项目组织的柔性还反映在各个项目利益相关者之间的联系均是有条件的，松散的，它们通过合同、协议、法规以及其他各种社会关系结合在一起，项目组织不像其他组织那样有明晰的组织边界，项目利益相关者在某些事务中属于某个项目组织，而在另外的事务中可能又属于其他组织。同时，项目中各利益相关者和组织形式也是多种多样的。

（四）项目环境

这里所指的环境，特指项目所处的外部环境。项目的外部环境包括自然和社会等十分广泛的内容。在一定条件下，外部环境的某些方面对项目会产生重大的，甚至决定性的影响。这里我们仅就政治和经济、文化和意识、标准和规章三个方面作一说明。其一，政治和经济。这包括国际、国内的政治经济形势，涉及多方面的因素，大到政局的稳定、经济的景气、金融危机等，小到某种物价的涨落、某个政策和规定的变更，甚至某个关键的人事变动等。其二，文化和意识。文化是人类在社会历史发展过程中所创造的物质财富和精神财富的总和，在这里特指精神财富，如文学、艺术、教育、科学，也包括人们的行为方式、信仰、制度、惯例等。项目管理必须了解当地的文化，尊重当地的风俗习惯。在与项目利益相关者沟通时，如果善于在适当场合使用当地文字、语言和交往方式，往往能取得理想的效果。在项目进程中，通过不同文化的交流、融合，可以减少摩擦、增进理解、取长补短、相互促进。意识也属于文化，会对项目产生影响，诸如民族意识、家庭意识、人权意识、市场意识、消费意识、环保意识、节水意识等。在不同的环境下人们的意识会有明显的差异，必须引起项目管理人员的关注。其三，标准和规章。国际标准化组织（ISO）将标准和规章做了如下区分：标准是“一个公认的机构批准的文件，规定了与产品、工艺过程或服务有关的法则、指南和特征，这些并不一定是要求强制遵守的”。例如，国际标准化组织公布了一系列标准化文件，从各种关于质量的准则到电脑磁盘的尺寸，包罗万象。规章是“一个规定产品、工艺过程或服务特征的文件，包括其适用性的行政条款，这些是要求强制遵守的”。建筑法规即是一例。有些标准由于其合理性并得到实践检验，已经变成了事实上的规章，若不遵守这些标准，会受到业内人士的抵制。例如，在大型施工项目的进度计划中普遍使用了关键路线法这一施工标准。很多规章只是在一定范围内要求强制遵守，出了这个范围只供参考执行。由于有关项目的标准和规章对于项目有重要的影响，因此，项目管理人员应当熟悉与项目有关的标准和规范，充分考虑它们对项目可能产生的影响。

第三节 项目管理的特点及其职能

一、项目管理的特点

项目管理与一般管理的区别很大，因为项目不同于我们称为“非项目”的工作。每个项目都被作为一个特定的任务来进行计划、预算、安排进度和控制。与非项目不同，项目经常是需要运用多门专业知识和跨越部门界限以得到所需的技术、信息、资源和人员，而跨越这些界限会引部门之间的冲突。因此，项目管理与非项目管理相比，最大的特点是项目管理注重综合管理，并且项目管理工作有严格的时间期限。项目管理必须通过不能完全事先确定的过程，在确定的期限内生产出事先不能完全确定的产品，日程安排和进度经常对项目管理产生很大压力。具体来说，项目管理主要有如下几个特点：

（一）复杂性和系统性

一般地，项目有多个组成部分，项目管理需跨越多个组织，且需要运用多学科的知识来解决遇到的各种问题；通常情况下，项目管理几乎没有现成的经验可以借鉴，也会遇到大量不确定性因素，这就需要将具有不同阅历、不同专业、来自不同组织的人员有机地组织在一个临时性组织内，为完成项目目标而努力。由于项目管理的复杂性，我们在对项目进行管理时，应把项目看成一个完整的系统，依据系统论“整体—分解—综合”的原理，将系统分解成许多责任单元，由责任者分别按要求完成目标，然后汇总、综合成最终的成果；同时，应把项目看成一个有完整生命周期的过程，强调部分对于总体的重要性，使管理者不要忽视其中任何阶段，以免造成总体效果不佳，甚至失败。

（二）管理方法的创造性

由于项目管理的对象是项目，而项目具有一次性的特点，因此项目管理必须最大限度地发挥项目管理人员的创造性，发挥管理人员的聪明才智，在继承前人的知识、经验和成果的基础上，根据某个项目的具体情况，做出必要的、合理的探索和创新，只有如此，才能提高项目管理的效率，尽可能确保项目成功。

（三）项目管理需要集权领导和建立专门的项目组织

项目的复杂程度与项目的范围关系密切，项目愈大愈复杂，其包括或涉及的学科、技术也愈多。项目在进行的过程中出现的问题往往涉及项目的多个组织，要求这些不同的部门能够作出迅速而且相互关联、相互依存的反应。传统的职能组织是不能做出如此适当反应的，因此，需要建立针对项目每一特定任务的决策机制和相应的专门组织，这些组织不受现存组织的任何影响和约束，根据必要性原则，由各种不同专业、不同经历、来自不同部门的专业人员组成。并且，为了使各个项目组织之间能够达到有效的协调与沟通，有必要建立以项目经理为中心的集权领导的项目管理体制。

（四）项目管理方式是目标管理，项目经理的作用很重要

由于项目涉及的专业领域往往很宽广，而项目管理者谁也不可能成为每一个专业的专家，现代项目管理者只能以综合协调员的身份，向各个被授权的项目组织的专家说明他们将承担的工作责任，协调确定项目总目标和时间、费用、质量（工作标准）等限定条件。其他的具体工作则应由被授权者独立处理。项目管理的一个主要原理是把一个时间有限、预算有限、工作标准既定的项目委托给一个人，即项目经理，他有权独立进行项目计划、资源分配、协调和控制。项目管理的组织是柔性的，即灵活可变的。就是说，根据项目生命周期各个阶段的具体需要，适时灵活调整组织的结构与配置，以保障项目组织的高效、经济运行。可见，在整个项目管理过程中，若没有项目经理的总体领导和有效协调，结果是不可想象的。

二、项目管理的基本职能

我们认为，项目管理是运用科学的理论和方法，通过对项目进行计划、组织、指挥与协调、评价与控制、惩罚与激励，以实现项目立项时确定的目标。显然，项目管理的基本职能包括：计划、组织、评价与控制。

（一）项目计划

项目计划就是根据项目目标的要求，对整个项目范围内的各项活动进行合理安排与筹划。它系统地确定项目的各项任务、进度和完成任务所需的资源等，使项目在合理的期限内，能够以尽可能低的成本费用、尽可能高的质量得以完成。一切项目管理工作都是从项目计划开始的，因为项目计划在整个项目管理过程中是绝对必要的，它是确定项目协调与控制方法以及项目运行程序的基础与依据，它清楚地说明了将要做什么、如何去做、由谁来做、在何时做、将在什么地方做、需要哪些资源以及必须达到和满足哪些标准等，项目的成败首先取决于项目计划工作的质量。项目计划按其作用和服务对象可分为四个层次：决策型计划、管理型计划、执行型计划、作业型计划；项目计划按其活动内容可分为：项目主体计划、进度计划、费用计划、资源计划等。项目计划最常用的工具主要有：工作分解结构（Work Breakdown Structure，WBS）、线性责任图（Linear Responsibility Chart，LRC）、横道图（Gannt Chart）、网络计划技术（CPM、DCPM、PERT/COST、GERT、VERT等）以及SSD图（SSD Graph）等。

（二）项目组织

组织一词有两重含义：一是静态含义，即组织机构；二是动态含义，即组织行为。项目组织是指为进行项日管理、完成项日计划、实现项目组织的职能而进行的

项目组织机构的建立、组织运行与组织调整等组织活动。项目组织的职能主要包括五个方面：组织设计、组织联系、组织运行、组织行为和组织调整。项目组织是实现项目计划、完成项目目标的基础条件，因为项目组织的优劣对于能否取得项目成功具有直接影响，只有在组织科学化、合理化的基础上才能谈得上其他方面的管理，才有可能取得项目的成功。项目的组织方式根据项目的规模、类型、范围、合同等因素的不同而不同。主要的项目组织形式有以下几种：（1）职能式组织。在典型的职能式组织中，每一个成员都有一个明确的直接上司，成员按专业划分成各个职能部门，例如生产、经销、工程、财务等，其中工程部又可进一步划分为土建、机械、电气等。职能式组织中的项目事宜是由职能部门的负责人来协调解决的。职能式组织比较适合于单个、涉及部门不多的中小型项目采用。（2）矩阵式组织。该组织形式要求按照职能原则和对象（项目或产品）原则结合起来使用，形成一个矩阵结构，使同一名项目工作人员既参加原职能部门的工作，又参加项目的工作，受双重领导。在弱矩阵式组织中，项目经理只相当于项目协调人的角色，权限不太大；在强矩阵式组织中，项目经理有了相当大的权限。矩阵式组织是目前最为典型的一种项目组织形式，主要在现代大型项目管理中应用最为广泛。（3）网络型组织。它立足于一个以或多或少固定连接的业务关系为基础的小单位的联合。它以组织成员间纵横交错的联系取代了传统的一维或二维联系，采用扁平和柔性组织体制的新概念，形成了充分分权与加强横向联系的网络结构。该结构只有很小的中心组织（项目班子），主要依靠其他组织以合同关系进行项目活动，项目班子所要做的是创设一个关系网络，并将某些专业职能外包出去，与独立的专业组织联系，协调和控制各个专业组织之间的关系。它使项目管理对于新技术或外来竞争能有更大的适应性和更强的应变能力，因此，这是一种适合未来企业和项目的组织形式。

（三）项目评价与控制

由于项目计划只是根据预测而对项目的未来作出的安排，这就不可避免地有许多问题在编制计划时难以预见，造成项目实施过程中产生偏差也就难以避免。项目管理的评价与控制职能正是识别项目实施过程中的偏差，并消除这种偏差，或调整计划，保证项目目标实现的项目管理方法。项目评价是项目控制的基础和根据，而项目控制是项目评价的目的和归属。要有效地实现项目评价和控制的职能，必须满足如下条件：其一，项目计划必须以适于评价的方式来表述；其二，评价的要素必须与项目计划的要素相一致；其三，计划的实施和项目的评价必须按足够接近的时间间隔进行，以便一旦发现偏差，可以保证有足够的时间和资源来纠偏。按评价与控制的内容不同，项目评价与控制可以分为工作控制 、费用控制和进度控制等。

第四节　项目管理的知识体系及其主要内容

一、项目管理知识体系

项目管理是从第二次世界大战以后发展起来的，在发达国家已经发展成为一个新的专业和学科。当今经济全球化趋势加速发展，科学也跨越国界。项目管理作为一个学科，在几十年的实践中，项目管理人员感觉到，各个类型的项目，存在一些共同之处，因此他们就自发组织起来共同探讨这些共同主题，即项目管理知识体系，以便在交流中有共同语言，在发展中有共同的基础。

美国项目管理学会（PMI）1996 年颁发了它的项目管理知识体系大纲（A Guide to the PMBOK），在这个知识体系中，把项目管理的知识划分为 9 个领域，即范围管理、时间管理、费用管理、质量管理、人力资源管理、沟通管理、风险管理、采购管理和综合管理。以欧洲国家为主的国际项目管理学会（IPMA）也制订了类似的知识体系。为了改变项目管理在我国的落后面貌，建立适合我国国情的"中国项目管理知识体系"（Chinese Project Management Body of Knowledge，简称 C-PMBOK），形成我国项目管理学科和专业的基础，所以，引进"国际项目管理专业资质认证标准"，推动我国项目管理向专业化、职业化方向发展，使我国项目管理专业人员的资质水平能够得到国际上的认可，就成为我国项目管理学科和专业发展的当务之急。

中国项目管理知识体系（C-PMBOK）是为帮助项目管理专业人员掌握项目管理的知识、技术和方法，进而探索推行我国项目管理专业人员职业资格制度而编写的。它的目标是推动我国项目管理专业队伍建设，提高项目管理水平和投资的效率、效益，增强企业在国际市场中的竞争力，促进中国经济更快更健康地发展。中国项目管理知识体系的研究工作起始于 1999 年 9 月由国家经贸委经济干部培训中心和北京中科项目管理研究所在青岛联合举办的首届项目管理高级培训研讨班，来自全国的企业项目管理人员两千余人次参加了不同专题的培训。培训学员普遍反映：为促进中国项目管理专业人员素质的提高，从国内的实际需要出发，亟待推出一套中国自己的项目管理知识体系。2001 年 2 月 5 日，国家经贸委经济干部培训中心与北京中科项目管理研究所合作，聘请了国内项目管理专家组成中国项目管理知识体系委员会筹委会，由国家经贸委经济干部培训中心主任张楠出任主任委员。委员会下设纲要草案工作组，由北京中科项目管理研究所牵头负责起草工作，同年 2 月 5 ~7 日纲要草案工作组举行了第一次会议，讨论了两个文件起草的指导思想、原则，并确定了总体框架。2001 年 5 月，草案工作组完成了纲要草案第一版的编写工作，并且在当月中国项目管理知识体系筹委会第一次全体会议上审查并原则通过了草案第一版文件。2001 年 7 月 20 日，修改后的第二版获得顺利通过，正式推出了中国项目管理知识体系文件——《中国项目管理知识体系》(C-PMBOK)。

在吸取世界各国项目管理知识体系的长处并考虑中国国情的基础上，中国项目管理知识体系的基本框架如下（见图 1.1）：

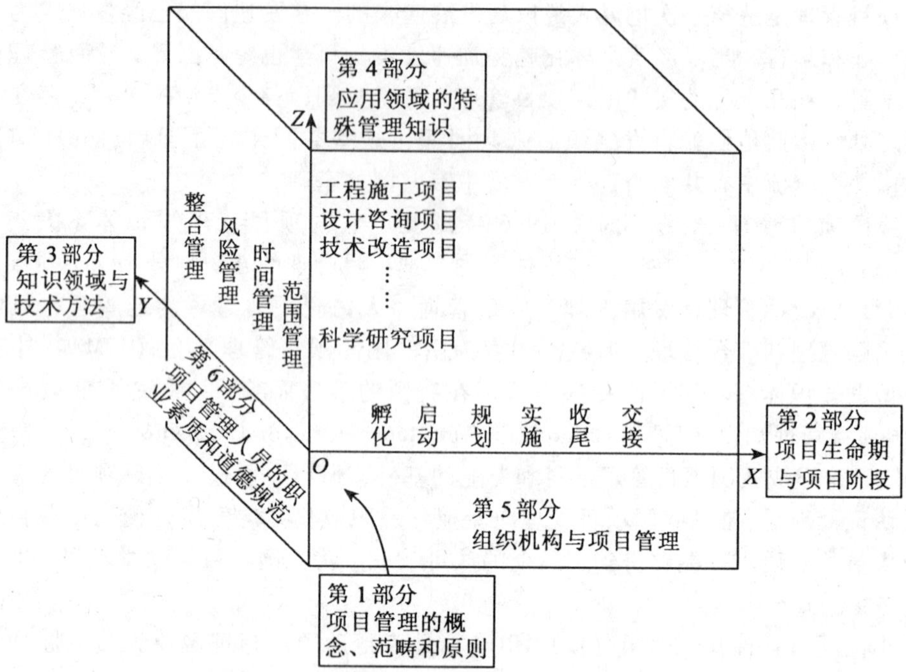

图 1.1　中国项目管理知识体系结构示意图

1. 项目管理的概念、范畴和原则。它包括项目的定义和属性，项目相关范畴和内外环境，项目管理的概念与特点等。它表示为矩阵的原点，亦是整个知识体系的出发点。

2. 项目生命期与项目阶段。项目阶段包括项目孵化阶段、项目启动阶段、项目计划阶段、项目实施阶段、项目收尾阶段和项目交接过渡阶段。各阶段之间有一定的顺序，然而又相互重叠。它以矩阵的第一个轴线（X 轴）表示。

3. 项目管理的知识领域和技术方法。它包括项目的整合管理、范围管理、时间管理、费用管理、质量管理、人力资源管理、沟通与信息管理、采购管理、风险管理、安全健康与环境管理、基于计算机网络和软件的项目管理技术以及与项目管理密切相关的通用管理知识。这表示为矩阵的第二个轴线（Y 轴）。生命期各个不同阶段可能或多或少地需要应用这些不同的知识领域和技术方法。

项目生命期和项目阶段着重说明项目进行的顺序、步骤和需要应用哪些知识和方法，而项目管理的知识领域和技术方法较为具体地介绍了不同知识领域和技术方法本身。

4. 应用领域的特殊管理知识。应用领域可以有各种不同的分类方法，例如，按通常习惯，项目管理可以分为工程施工项目、设计和咨询项目、技术改造项目、新产品研发项目、信息技术（IT）项目、教育培训项目、科研项目、文化和体育项目、军事项目等。它以矩阵的第三个轴线（Z 轴）表示。

各个不同应用领域的项目一般要经历项目生命期的所有阶段，但各阶段的具体内容、名称可能不同，时间长短、搭接的多少、投入的强弱等都会有所差别。不同应用领域的项目还有其某些方面的复杂性和难点，需要专门的说明，因此，往往对项目管理的知识领域和技术方法中的某些方面有特殊要求。

5. 组织机构与项目管理。它包括项目组织、项目团队、组织业务按项目进行管理和组织机构中的多项目管理等。它表示为矩阵的一个基础，位于矩阵的底部，因为组织机构是项目生命得以健康延续、项目管理知识和技术方法得以采用的载体。

6. 项目管理人员的职业素质和道德规范。它包括知识素质、能力素质、品格素质和工作态度、为人处事原则、对社会公众的责任等。它表示为矩阵的另一个基础，位于矩阵的底部。中国素有"人要圆，行要方，胆要大，心要细"的古训，意思是说：为人要能灵活变通，处理事务要有规矩，要能大胆去创新，做事要扎实细心，只有如此，才能很好地协调各方面的关系，并能顺利完成各项工作。管理人员的职业素质和职业道德与组织机构一起，成为项目管理知识得以应用并推动项目走向成功的前提，缺一不可，以此体现了项目管理中突出人的因素这一重要理念。

二、项目管理的主要内容

项目管理涉及多方面的内容，这些内容可以按照不同的角度进行划分，常见的主要有两个层次、四个阶段、五个过程、九个领域、四十二个要素及多个主体。

1. 两个层次。两个层次即（1）企业层次的；（2）项目层次的。

2. 四个阶段。从项目的生命周期角度看，项目管理经历了：（1）概念阶段；（2）规划阶段；（3）实施阶段；（4）收尾阶段。

3. 五个过程。从项目管理的基本过程看，项目管理要经历：（1）启动过程；（2）计划过程；（3）执行过程；（4）控制过程；（5）结束过程。

4. 九个领域。从项目管理的职能领域看，项目管理分为：（1）整合管理；（2）范围管理；（3）时间管理；（4）费用管理；（5）质量管理；（6）人力资源管理；（7）信息与沟通管理；（8）风险管理；（9）采购管理。

5. 四十二个要素。项日管理的知识要素包括：（1）项目与项日管理；（2）项目管理的运行；(3) 通过项目进行管理；(4) 系统方法与综合；(5) 项目背景；(6) 项目阶段与生命周期；(7) 项目开发与评估；(8) 项目目标与策略；(9) 项目成功与失败的标准；(10) 项目启动；(11) 项目收尾；(12) 项目的结构；(13) 范围与内容；(14) 时间进度；(15) 资源；(16) 项目费用与融资；(17) 技术状态与量化；(18) 项目风险；(19) 效果衡量；(20) 项目控制；(21) 信息、文档与报告；(22) 项目组织；(23) 协作，即团队工作；(24) 领导；(25) 沟通；(26) 冲突与危机；(27) 采购与合同；(28) 项目质量管理；(29) 项目信息学；(30) 项目与规范；(31) 问题解决；(32) 项目后评价；(33) 项目监理与监督；(34) 业务流程；(35) 人力资源开发；(36) 组织学习；(37) 变更管理；(38) 行销、产品管理；(39) 系统管理；(40) 安全、健康与环境；(41) 法律与法规；(42) 财务与会计。

6. 多个主体。从项目的不同主体角度看，涉及到：(1) 业主；(2) 各承约商；(3) 监理；(4) 用户。

下面围绕项目管理的九个不同的职能领域作较为深入的说明。

1. 项目集成管理。项目集成管理是指在项目管理过程中为确保各种项目工作能够很好地协调与配合而开展的一种整体性、综合性的项目管理工作。开展项目集成管理的目的是通过综合与协调来管理好项目各方面的工作，以确保整个项目的成功，而不仅仅是某个项目阶段或某个项目单项目标的实现。其主要内容包括：项目集成计划的编制、项目集成计划的实施和项目总体变更的管理与控制。

2. 项目范围管理。项目范围管理是指在项目管理过程中所开展的计划和界定一个项目或项目阶段所需和必须完成的工作，以及不断维护和更新项目的范围的管理工作。开展项目范围管理的根本目的是通过成功地界定和控制项目的工作范围与内容，确保项目的成功。其主要内容包括：项目启动的确定和控制、项目范围的规划、项目范围的界定、项目范围的确认、项目范围变更的控制与项目范围的全面管理和控制。

3. 项目时间管理。项目时间管理是指在项目管理过程中为确保项目按既定时间完成而开展的项目管理工作。其根本目的是通过做好项目的工期计划和项目的工期控制等管理工作，以确保项目的成功。其主要内容包括：项目活动的定义、项目活动的排序、项目活动的时间估算、项目工期计划的编制和项目工期计划的管理与控制。

4. 项目成本管理。项目成本管理是指在项目管理过程中为确保项目在不超出预算的情况下完成全部项目工作而开展的项目管理工作。其根本目的是全面管理和控制项目的成本，确保项目的成功。其主要内容包括：项目资源的规划、项目成本的估算、项目成本的预算和项目成本的管理与控制。

5. 项目质量管理。项目质量管理是指在项目管理过程中为确保项目的质量所开展的项目管理工作。其根本目的是通过对项目的工作和项目的产出物进行严格的控制和有效的管理，以确保项目的成功。其主要内容包括：项目产出物的质量和项目工作质量的确定与控制、有关项目质量变更程序与活动的全面管理和控制。

6. 项目人力资源管理。项目人力资源管理是指在项目管理过程中为确保更有效地利用项目所涉及的人力资源而开展的项目管理工作。其根本目的是通过对项目组织和项目所需人力资源进行科学的确定和有效的管理，以确保项目的成功。其主要内容包括：项目组织的规划、项目人员的获得与配备、项目团队的建设。

7. 项目信息与沟通管理。项目信息与沟通管理是指在项目管理过程中为确保有效地、及时地生成、收集、储存、处理和使用项目信息以及合理地进行项目信息沟通而开展的项目管理工作。其根本目的是通过对项目所需的信息和项目相关者之间沟通进行有效的管理，以确保项目的成功。其主要内容包括：项目信息与沟通的规划、项目信息的传送、项目作业信息的报告和项目管理决策信息与沟通管理。

8. 项目风险管理。项目风险管理是指在项目管理过程中为确保成功地识别项目风险、分析项目风险和应对项目风险所开展的项目管理工作。其根本目的是通过对项目所面临的风险进行有效的识别、控制和管理，是针对项目的不确定性而开展的降低项目损失的管理工作。其主要内容包括：项目风险的识别、项目风险的定量分析、项目风险的对策设计和项目风险的应对与控制。

9. 项目采购管理。项目采购管理是指在项目管理过程中为确保能够从项目组织外部寻求和获得项目所需的各种商品与劳务的项目管理工作。其根本目的是通过对项目所需的物质资源和劳务的获得与使用进行有效的管理，以确保项目的成功。其主要内容包括：项目采购计划管理、项目采购工作的管理、采购询价与采购合同的管理、资源供应来源选择的管理、招标投标与合同管理和合同履行的管理。

第五节　国际项目管理的发展及中国项目管理的发展

一、国际项目管理的发展现状、趋势和热点

尽管人类的项目管理实践可以追溯到几千年前，但是将项目管理作为一门科学进行分析研究的历史并不长，从1965年第一个专业性国际项目管理组织——国际项目管理协会（IPMA）的成立算起，至今不过40多年的时间。40多年来，尤其是20世纪90年代以来，项目管理学科有了很大发展，学术研究很活跃，特别是进入21世纪后，国际项目管理的发展出现了“三热”，即证书制热、培训热、软件热。

（一）国际项目管理发展的现状

随着学术研究的进展，项目管理理论和方法趋向成熟，在许多国家项目管理已经成为一门多维度、多层次的综合性交叉学科，项目管理的范畴也发展为全寿命管

理。具体来讲，当代项目管理已经发展成为：（1）一门学科。在项目管理中已经广泛应用了工业工程、系统工程、决策分析、计算机技术和软件工程理论等，现已发展成为一门综合性的交叉学科。这突出表现为世界各国正在广泛开展“项目管理知识体系”研究，已经有美国、英国、法国、德国、中国、澳大利亚等数十个国家建立了各自国家的项目管理知识体系，并且目前人们正在提出和探讨全球项目管理知识体系的概念。（2）一个专业。项目管理已经形成为一个专业体系，国外的大学已经开设了“项目管理”专业，可授予学士、硕士、博士学位；在中国，“工程管理”专业也已经列为一门本科专业，在研究生培养方面，我国许多高等院校的管理科学与工程方向均已开设了项目管理方向的硕士与博士研究方向，其中西北工业大学自1993年就开始在系统工程硕士专业设立了项目管理研究方向。（3）一种职业。项目管理发展的另一个突出表现是职业项目经理人的出现，特别是在欧美发达国家，职业项目经理已经成为人才争夺的热点，伴随而来的是项目管理人员的专业资质认证，项目管理专业资质认证工作的开展又进一步促进了职业项目经理市场的形成。权威机构指出“项目管理将成为21世纪最具有前景的黄金职业”。

（二）国际项目管理的发展趋势

概括地说，国际项目管理的发展有三大明显趋势：全球化、多元化、专业化。

1. 项目管理的全球化发展。当人类社会进入21世纪，一个重要的现象就是知识和经济的全球化加速发展。在全球化投资和生产的过程中，竞争促使项目管理的理论和方法在全球范围内传播，并出现了全球化的发展趋势。具体表现在：（1）国际间的项目合作日益增多。国际间的合作与交流通常都是通过具体项目来实现的。通过这些项目，各国的项目管理方法、文化、观念也得到了交流与沟通。（2）国际性的项目专业活动日益频繁。现在每年都有许多项目管理专业学术会议在全球各地举行，少则几百人，多则几千人，吸引着世界各地各行各业的专业人士。（3）项目管理的专业信息国际共享。由于互联网技术的飞速发展，很多国际项目管理组织已经在国际互联网上建起了自己的网站，各类项目管理专业信息可以很容易在网络上查阅到，这也大大加速了先进项目管理知识和技术在全球范围内的传播。总之，项目管理的全球化发展既为我们创造了学习先进项目管理知识的机遇，同时也给我们提出了高水平的国际化发展的紧迫要求。

2. 项目管理的多元化发展。人类社会的大部分活动都可以按项目来运作，所以当今的项目管理已经深入到各个行业，以不同的类型和规模出现。在行业方面，项目管理最初是在建筑业的项目实践中产生的，随后的20世纪40年代的美国国防工业，现在的高科技产业和各种社会大型活动，都十分重视项目管理知识和技术的运用。在项目类型方面，有不同角度的认识，例如宏观、微观项目，重点、非重点项目，工程、非工程项目，硬项目、软项目等。由于项目管理技术的运用范围越来越广，项目类型呈多样化，从而项目管理出现了多层次的发展趋势。

3. 项目管理的专业化学科发展。进入20世纪90年代以来，项目管理的专业化也有了明显的进展，这主要体现在如下三个方面：（1）项目管理知识体系在不断发展和完善的过程中。美国项目管理学会（PMI）从1984年提出它的项目管理知识体系大纲（PMBOK）以来，数易其稿，并已经将其作为该组织专业证书制考试的主要内容。欧洲的国际项目管理协会（IPMA）和其他各国的项目管理组织也纷纷提出了各自的项目管理知识体系。（2）学历教育和非学历教育竞相发展。学历教育从学士、硕士直到博士，非学历教育从基层项目管理人员到高层项目经理形成了多层次的教育体系。（3）项目与项目管理学科的探索及专业项目咨询机构的出现。对项目与项目管理的学科探索正在积极进行之中，有分析性的，也有综合性的，有原理概念性的，也有工具方法性的。应该说所有这些专业化的探索，正是项目管理学科逐渐走向成熟的标志。

（三）国际项目管理发展的热点

有人认为，21世纪是项目管理大有可为的世纪，项目管理正在各个领域得以广泛运用，这使得项目管理的理念逐渐得到认同，所有这些促使项目管理的发展出现了如下几方面的热点：（1）证书制热。证书制首先是美国项目管理学会（PMI）在PMBOK基础上发展起来的，它代表了一种专业的权威机构对项目管理人员的资质认可。这是一项引导项目管理专业人员市场需求和项目管理学科发展的非常重要的举措，取得了良好的效果。例如，从1984年开始申报的50多人，到现在每年申报考试的有上万人，申请者不仅来自美国政府和各大企业，而且也开始扩展到了世界许多国家。国际项目管理协会（IPMA）也于1996年推出了国际项目管理专业资质认证基准（ICB）。目前德国、英国、法国、中国等30多个国家也正在开展这项工作。（2）培训热。由于项目管理从业人员日益增多，项目管理培训需求急剧增长，世界各地的院校、专业学术团体、专业培训机构及咨询公司等，纷纷推出可满足各种层次需求的培训计划和培训方案，现在，全世界每年有数十万人参加项目管理培训。这些培训往往与项目管理专业证书考试相结合，把项目管理知识和技术的学习与资质认证结合起来，达到了相得益彰的效果。（3）软件热。在项目管理领域竞争激烈的情况下，加之项目管理日益复杂，面对大量的信息、数据需要动态管理，要提高项目管理水平和项目管理效率，就必须使用先进的项目管理方法和工具。1996年美国项目管理学会对项目管理软件进行测评时，涉及63个商品化软件，售价从几十美元至几十万美元的各类大、中、小型软件门类齐全，应有尽有。有关资料表明，美国的项目管理人员有90%左右已经不同程度地使用过项目管理软件，这些软件有的是关于计划与进度管理的，有的是基于网络环境项目管理信息共享的，有的是围绕时间、费用、质量三坐标控制的，还有关于信息资源系统管理的，等等。

可见，当代项目管理的发展之快，已经超出了我们的想象。美国《财富》杂志曾预言项目管理将是21世纪的首选职业，这是很有道理的。

二、中国项目管理的发展

（一）中国项目管理发展的现状概况

虽然中国在传统项目管理方面的研究和实践起步早，例如，早在2 000多年前的战国时期我国就开始了都江堰等项目管理的实践，并且创造了许多很好的项目管理方法，但是，项目管理的后续发展却十分缓慢。自宋朝以后我国开始在科技和管理方面走下坡路，特别是从清朝到中华人民共和国建立前，我们与世界发达国家在科学技术和现代化管理方面逐步拉开了距离，从而使我们在项目管理的理论和方法方面一直处于落后的状态。

中国项目管理的发展最早起源于20世纪60年代华罗庚教授推广“统筹法”，现代项目管理学科就是由于统筹法的运用而逐渐形成的。80年代随着现代化管理方法在我国大型项目管理中的推广应用，反过来又进一步促进了统筹法在项目管理中的应用。1991年6月，我国成立了第一个跨学科、全国性、非盈利的项目管理专业组织——中国项目管理研究委员会（Project Management Research Committee，China，简称PMRC）。

PMRC是一个涉及行业广、人员层次高的组织，有团体会员97个，个人会员1 200多人，遍布全国30个省、自治区、直辖市，行业涉及航空航天、信息技术、冶金、煤炭、水利、建筑、造船、石化、矿产、机电、兵器、教育和政府部门等。

PMRC自成立以来，开展了大量的开创性工作：（1）提出了我国项目管理专业化的推进计划，并着手我国项目管理知识体系的研究与制定工作。在有关部门的大力支持下，中国项目管理研究委员会已经启动了项目管理专业资质认证制度的推进工作。中国项目管理知识体系（C-PMBOK）的推出标志着中国项目管理正在走向成熟，走向科学化和系统化。（2）先后组织召开了三次全国性项目管理专业学术会议。三次全国性学术会议有来自全国各行各业理论界、企业界和研究机构的数百名项目管理专业人员参加。与会人员普遍认为，在当今科技、经济急速发展的情况下，项目的概念在变化，项目的环境在变化，项目的专业领域也在极大地拓展，因此开展行业间、地区间的项目管理交流是极其重要的。（3）举行了两次国际学术交流会，进行了广泛的国际交流。（4）内部发行了《项目管理》刊物，扩展了项目与项目管理的内涵，扩大了中国项目管理学科的影响，为推动我国项目管理事业与国际接轨起到了积极作用。

近些年来，我国的项目管理发展非常迅猛，大体表现在如下诸方面：（1）项目管理专业书籍纷纷出版。这些出版物主要有两个方面：一是国外项目管理专业书籍的翻译版本，比如美国克利福德·格雷 埃里克·拉森所著的《项目管理教程》

等。这些译著的出版，增进了我国读者对于项目管理的认识。二是我国国内的项目管理研究人员和实践工作者，也根据各自的研究成果和实际工作经验，编写了一大批项目管理专业书籍，尤其是中国项目管理研究委员会推出的《中国项目管理知识体系与国际项目管理专业资质认证标准》在国内项目管理界产生了十分强烈的影响，这些都进一步促进了我国项目管理的发展，促进了中国项目管理与世界的接轨。(2) 项目管理培训日益火爆。当前，国内各行业对于项目管理知识的需求很强烈，人们学习项目管理理论和技术方法的愿望也十分迫切，这导致了目前项目管理的培训非常热门，培训包括两类：一类是面向社会的公开课程的培训，另一类是面向企业集团的内部培训。这些培训有的是基于项目管理知识的培训，有的是基于项目管理软件应用的培训；有的是基于项目管理某一主题的培训，有的是基于完整的项目管理体系的系统培训；有的是长期的与学历教育相结合的培训，也有的是基于实用目的的短期培训。(3) 项目管理专业资质认证工作的开展。项目管理专业资质认证是项目管理从业领域的执业资格证明，也是项目管理从业人员的一种从业能力证明。对于企业或者个人来讲，项目管理专业资质认证都具有非常大的实用价值，一家企业的认证人员的多少也反过来显示了企业项目管理的整体实力和水平。2000 年美国项目管理学会 (PMI) 的项目管理专业人员 PMP 认证进入我国，经过两年的推广，已经有近千人参加了这一认证。PMP 认证业务在中国的开展主要是由国家外国专家局培训中心及北京现代卓越管理技术交流中心等单位进行推广，其主要工作是代理 PMP 的认证报名组织工作和考前培训工作。2001 年下半年国际项目管理协会 (IPMA) 的国际项目管理专业资质 IPMP 认证也进入中国，并在 2001 年 11 月在北京、上海、西安、深圳四城市开展了首次全国性的 IPMP 认证，总计有 300 多人参加了首次认证。IPMP 认证在中国的开展是由中国项目管理研究委员会和 IPMP 中国认证委员会负责进行推广，目前已经在全国 30 多个省市启动了这一认证工作。(4) 国内新闻媒体的广泛宣传报导，是项目管理在我国快速发展的重要原因。项目管理在中国发展的过程中，新闻媒介的大力宣传报导起着推波助澜的作用，尤其是增进国人对项目管理的应用前景和项目管理专业人员的发展前景的认识，新闻媒介的影响十分重要。

(二) 中国项目管理的发展前景

项目管理被引入中国总共还不到 20 年，然而项目管理的理论和方法在我国社会生活中已经产生了相当大的影响，它丰富了我们的管理理论和管理技术，给我们的管理实践带来了一种新的实用方法，产生了一定的经济和社会效益。但是，由于种种原因，在我国的管理理论研究中还未对项目管理理论研究给以足够的重视，项目管理的应用也还只限于某些行业和领域。这说明我国的项目管理的发展水平与当今的世界水平尚有相当的差距，但另一方面，也说明我们的项目管理仍有很大的发展空间。

综合各方面的情况，我们认为，我国项目管理的未来发展有如下几个方面的特点：

1. 实践方面。项目是项目管理的对象，从一定意义上讲，项目决定着项目管理的各个方面。我国过去对于项目管理的研究应用不够，除了项目管理本身的原因外，同时也和我们对项目的认识不恰当有关。那么，将来哪些项目需要应用项目管理技术和方法进行管理呢？主要有：（1）政府项目。虽然随着我国经济体制的转轨，政府的职能与过去相比发生了较大的变化，但是政府仍有大量公共性项目需要举办和管理，主要有政治方面的项目、军事国防方面的项目、经济方面的项目、外交方面的项目、社会事业方面的项目、立法司法方面的项目等。（2）企业项目。在工业制造业中，一种新产品的开发、设计和制造，一次设备大修理，一项售后服务，这些都是很复杂的项目；在服务业中，项目更是频繁，比如金融业的一次贷款过程，运输业的一次列车运行时刻的调整、一次列车提速等。（3）文教体育项目。比如：教育体制改革，一部大型电视剧的拍摄，一次大型体育比赛等。（4）建设项目。在任何国家，建设项目都是十分重要的一类项目，各国一般对本国开展的所有建设项目都有不同程度的介入和影响；加之建设项目自身的内容复杂、专业性强，这就必须要通过项目管理的专门技术和方法来进行运作才能提高其质量和效益。（5）科学研究项目。科学研究项目既可以由政府发起，也可以由社会发起。前者比如国家863高新技术研究项目、我国的一系列载人航天和探月研究项目等，后者如我国科研单位与高校进行的大量的科研项目等。

2. 理论方面。一旦有了广泛的实践基础，完整、系统的基础项目学和应用项目管理学就有可能形成。国内从事项目管理研究的专业机构、高等院校、工程部门将会联合起来，分工协作对基础项目学和项目管理学的内涵与组成进行研究，并开展国际合作，共同建立这个新的项目管理学科，从而赶上世界项目管理科学的先进水平。

3. 计算机应用方面。项目管理领域的计算机应用发展迅速，给项目管理学科的快速发展提供了强大的技术支撑。随着计算机科学技术的进步，计算机及其软件早已成为项目管理方法和手段的一个极其重要的组成部分。据权威机构预计，今后项目管理的水平，将日益取决于计算机的资源的质量，项目管理的效率也将越来越受计算机及其软件开发速度的影响。在项目管理的计算机化方面，目前除了各种单项性能软件以外，正向集成的方向发展，比如“项目信息系统”PMIS（Project Management Information System）、“项目决策支持系统”PMDS（Project Management Decision System）、“项目专家系统”PMES（Project Management Expert System）等。

4. 多学科门类的介入。项目管理学科向多学科渗透发展的趋势，将显示出更强的科学性与综合性。比如把组织行为学、管理学理论和技术方法与项目管理学有机结合起来，可以更好地发挥项目运行过程中人力资源的作用；把会计学特别是成本会计学、人力资源管理学、项目评估学、财务管理学等知识与项目管理学有机结合，必定能大大增加项目管理学科可操作性的技术方面，为项目管理学科的发展提供强大的技术手段的支持。

本章小结

本章主要介绍了项目和项目管理的概念、特点以及其他项目管理涉及的基本概念。要求学生在牢牢掌握项目管理学科的基本概念的基础上，理解项目管理学科的研究对象及项目管理的主要内容，熟悉项目管理知识体系的主要内容，了解目前国际项目管理的发展现状及趋势、特点，尤其要清楚我国项目管理的发展现状与前景，以便为后续学习打下基础，因为这些都是项目管理的入门知识。

思考题

1. 什么是项目？项目有哪些特性？项目有哪些分类？
2. 什么是项目管理？项目管理有哪些要素？
3. 项目管理的特点是什么？项目管理有哪些基本职能？
4. 你认为中国近年来项目管理培训日渐火爆的原因何在？中国需要多久才能赶上西方发达国家的项目管理水平？
5. 伴随着知识和经济全球化的加速发展，你认为国际项目管理的发展趋势怎样？
6. 你认为中国项目管理的发展现状如何？发展前景是否令人乐观？
7. 你对“21 世纪将是项目管理的世纪，项目管理将是 21 世纪的首选职业”是怎样看的？

第二章　项目过程管理

本章将按照项目生命周期的四个阶段的先后顺序分别介绍各个阶段的具体管理工作，主要内容如下：

项目启动阶段：项目来源、项目识别与构思、可行性研究、项目评估。

项目规划阶段：项目规划的含义、原则、内容及成果。

项目实施阶段：项目实施准备、项目规划执行、项目控制。

项目收尾阶段：收尾工作的主要内容包括范围确认、质量验收、费用决算、项目合同收尾、项目交接/清算、资料验收、项目审计、项目后评价。

第一节　项目启动

一、项目启动概述

项目启动是项目生命周期的第一个阶段，主要是针对项目的可行性进行深入的研究，是一个相当重要的决策阶段。一般地，项目启动阶段通常有以下几个方面的工作：

- 项目识别与构思
- 机会研究
- 初步可行性研究
- 详细可行性研究
- 项目评估

二、项目来源

想要组建一个项目，首先要有项目。那么项目是从哪里来的呢？一般说来，项目来源于社会、团体或个人的需求。这种需求可以是物质上的，也可以是精神上的；可以是集体的，也可以是个人的；可以是当前的，也可以是潜在的。

“南水北调”的东线一期项目和中期项目静态总投资 1 500 多亿元人民币，项目建成后将增加北方地区供水 134 亿立方米。该项目首先满足的是我国北方水资源严重短缺的需求，同时满足长江、黄河、淮河、海河四大流域水资源合理配置的需求。

我国西部气田组建的“西气东送”项目已成功向北京、西安、银川、上海等大中城市和周边地区送去了天然气。“西气东送”项目是为了满足我国东部地区能源短缺和解决环境问题的需求而形成的。

再如，我国于2003年10月15日在酒泉卫星发射中心成功发射的载人航天飞船“神舟五号”体现了我国的民族智慧、经济实力、综合国力，提高了中华民族的国际威望。“神舟五号”项目满足的是祖国对航天技术、太空科技的需求。

三、项目识别与项目构思

（一）项目识别

社会物质文化生活是方方面面、多姿多彩的，有些情况下，客观上产生了某种需求，但是人们不能及时感受到，因为这些需求往往是潜在的、长远的，它们不像当前的需求那样迫切；还有一些情况，虽然需求清楚了，但在当时当地选取什么样的项目来满足需求却不清楚。这时我们就需要进行项目识别，考察、分析和研究社会经济、文化、国防安全等方面需要哪些项目以及哪些项目能充分有效地满足这些需求。项目识别是项目启动阶段的第一步，蕴含着很多创造性的思考，是项目构思的基础。

（二）项目构思

项目识别后对拟建项目的总体轮廓进行初步构思，勾勒出拟建项目方案的大致框架，这个过程就叫做项目构思。

项目构思的方法有很多，常用的有以下几种：

比较分析法。首先广泛征集项目构思，然后运用各科学方法对这些构思进行分析比较，选取较优的构思。

头脑风暴法。也叫集思广益法，它通过创造一个无批评的自由的会议环境，参与者畅所欲言，各抒己见，互相启迪，从而产生更多更深入的意见。

市场调查法。可以运用问卷法、访问法、观察与实验法进行市场调查，在调查中必然能发现或酝酿出好的项目构思。

项目构思的书面表达是项目建议书，主要包括以下内容：

- 项目的简要介绍
- 项目的内容、目标
- 项目的市场前景、开发的潜力和竞争情况分析
- 原材料供应渠道、定价方式
- 项目成本估算和资金来源
- 项目成员构成、团队组建
- 项目经济效益和社会效益分析

- 项目风险及化解办法

四、可行性研究

可行性研究主要考察项目方是否有足够的能力、资源投入项目以及投入后能否带来利益，即回答项目是否可行的问题。可行性研究一般由机会研究、初步可行性研究和详细可行性研究三个阶段组成。

（一）机会研究

机会研究是在项目构思阶段的可行性分析，主要是识别、分析多种投资机会并在多种投资机会中比较和鉴别，寻求能使投资整体收益最大化的投资方向。机会研究一般只是根据相类似的项目进行粗略的估测而不进行详细的计算。

（二）初步可行性研究

初步可行性研究是在机会研究和详细可行性研究之间的一个阶段，它与详细可行性研究的方法基本相同，不同的是对项目可行性研究的来源资料采用的是较为粗略的估计方法。初步可行性研究的成果是初步可行性研究报告，该报告对项目有了全面的描述、分析和论证，可以作为正式的报告供决策者参考，也可以作为详细可行性研究报告的基础。

（三）详细可行性研究

对于那些复杂的或特大规模的项目（如三峡工程、核电站建设项目、西气东送、南水北调等项目）进行了初步可行性研究之后还应当再进行详细可行性研究，以保证可行性研究的准确性和可信度。详细可行性研究是在机会研究和初步可行性研究的基础上对项目的技术可行性、经济可行性、财务可行性、社会环境可行性和组织机构可行性进行深入、细致、全面的确定性分析，其结果的广度、深度、准确度要满足项目审批机关确定投资决策的要求。可以说详细可行性研究是可行性研究甚至是项目启动阶段最重要的工作之一。

按照国家计委颁发的《关于建设项目进行可行性研究的试行管理办法》的规定，工业项目详细可行性研究的主要内容有：

- 总论。包括项目背景、投资必要性和经济意义、可行性研究工作的依据和范围
- 需求情况预测
- 技术可行性分析
- 资源、原材料、燃料及公用设施情况
- 设计方案
- 建厂条件及厂址方案
- 环境保护措施
- 组织机构、劳动定员和人员培训

- 实施进度建议
- 投资估算和资金筹措
- 社会及经济效果评价

详细可行性研究一般可以按照如下程序进行：

第一步，委托与签订合同。项目的详细可行性研究可以由项目主管部门直接给项目设计部门下达可行性研究任务，也可以由项目业主自行委托有资格的工程设计单位承担。

第二步，组织人员与制定计划。受托单位签订合同后，应依据合同要求组织可行性研究小组，并制定工作计划。

第三步，调查研究与收集资料。可行性研究小组根据委托单位的意图与要求进行实地调查或抽样调查，收集整理所得的技术经济资料以及相关的社会自然环境等资料。

第四步，方案设计与选优。受托单位根据项目建议书，在收集的设计基础资料和经济技术数据的基础上，结合市场与环境条件，提出若干项目方案，然后对这些方案进行比较评价，选择最佳方案。

第五步，经济分析与评价。按照建设项目经济评价方法的要求，对优选出的方案进行详细的财务分析和国民经济分析，评价项目的财务生存能力、社会效益、国民经济盈利能力。

第六步，编写可行性研究报告。在对方案进行了经济技术论证后，可行性研究小组应按国家规定的内容和格式编写项目可行性研究报告。

详细可行性研究报告是项目详细可行性研究的成果，通常应按如下格式编写：

第一部分：提要。包括项目背景、可行性研究结论、主要技术经济指标、存在的问题及建议。

第二部分：正文。包括申报单位情况、项目技术可行性分析和成熟性分析、市场预测、项目实施方案、投资估算、资金筹措、财务经济效益分析及社会效益分析、详细可行性研究报告的编制说明、专家论证意见等。

第三部分：附件。包括项目建议书（初步可行性研究报告）、项目立项文件、厂址选择报告书、资源勘探报告、贷款意向书、环境影响报告、市场调查报告、引进外资和技术的各类协议、厂址地形或位置图、总平面布置方案图、工艺流程图、主要车间布置方案简图等。

五、项目评估

项目评估又称项目评价，由第三方（政府有关部门或银行）根据国家的相关政策、法律法规以及各项指标要求在项目可行性研究的基础上，从技术角度、经济角度、社会角度、组织角度对拟建项目可行性研究报告的客观性、准确性和全面性进行系统论证和评价。要求第三方以不偏不倚的态度为项目单位行政主管部门的审批、决策和银行的贷款决策以及其他相关部门的决策提供科学可信的依据。项目评估的主要内容有技术评估、财务评估、经济评估和社会评估几方面。此外，还要对项目的基本情况、项目的充分必要性、项目的建设条件、环保措施、项目风险进行评估。对各分项评估结果汇总分析后给出结论性意见。

六、项目正式启动

经过上述的启动准备工作之后，若项目得到政府有关部门、上级机构以及项目组织最高决策者的正式承认和批准，该项目就正式启动了，就可以开展项目的各项工作了。项目正式启动的两个明确标志是项目许可证的颁发和项目经理的任命。项目许可证是正式批准实施项目的文件，通常由项目组织的高层管理者或项目主管部门颁发。项目经理则是项目的负责人、项目团队的领导，是项目过程管理的核心人物。

第二节　项目规划

一、项目规划的含义

项目规划是指合理预测项目未来进展、确定项目欲达到的目标和实现这些目标应完成的工作，预计项目实施过程中可能遇到的风险和问题并提出化解风险、解决问题的措施的工作过程。项目规划是对项目实施过程作的系统描述和安排，是项目实施的前期准备阶段。科学合理的项目规划是优质高效地实现既定项目目标的重要保证。

二、项目规划的原则

（一）实用性原则

第一，项目规划方案应做到客观、真实，对项目所处的内外部环境的分析应当实事求是、科学严谨。

第二，项目规划要求利用一定数量的资源取得最好的效益。

第三，项目规划方案应建立在项目组织现有的各项资源条件的实际情况之上，做到切实可行。

（二）系统性原则

项目规划是一个有机的系统，它是由各个密切相关的子规划构成的，有些子规划还是相互依赖的，例如，成本规划前必须先明确范围规划。在制定各子规划时不能仅仅只考虑单项规划方案的优化而忽视整体规划的最优；也不能只追求某一单项指标，要做到结构的有序合理、系统的平衡协调和规划方案的整体最优。

（三）动态性原则

有些项目，尤其是大型项目的生命周期往往长达数年或十几年，在此期间项目的内外部环境都会发生变化，意料之外的情况也不可避免。因此，项目规划也要随着环境和条件的变化而不断调整，做到与时俱进。

（四）目的性原则

项目规划是围绕项目目标展开的。项目目标通常有三方面的内容：一是项目客户（业主）的期望，二是项目成员的个人价值，三是项目的社会价值即提高社会整体福利的水平。这三方面的目标也就是项目规划要实现的目的，因此，项目规划要围绕这些目标为中心制定。

三、项目规划的内容

1. 项目目标的确定。明确项目所要达到的总目标和各分层目标，对项目目标的描述应当客观切实、言简意明，尽量量化项目目标并落实到项目团队的每个成员身上。

2. 项目的范围规划。确定项目活动范围，把项目可交付成果分解成单个定义且范围明确的子部分，以便提高对项目成本、时间及资源估算的准确性，有利于明确的职责分配。

3. 项目分解与排序。项目分解是将复杂的项目逐步分解成多层的工作，使之明确、具体。项目排序是指按照时间上的先后顺序和组织上的逻辑关系排列项目总体规划和各个子规划的工作顺序。

4. 进度规划。明确项目的交付使用时间，对每项工作的延续时间作出合理估计并安排各项工作的实施日程。

5. 资源规划。确定项目实施所需的机器设备、原材料、能源等各项资源的名称、数量、质量标准及技术要求以及取得资源的渠道、付款方式，确定物资的投入时间和必要的设计、制造、运输、验收时间、单次采购量和仓储量。

6. 成本规划。参考市场信息并结合历史资料对完成项目所需的人力资源、物力资源的总成本进行估算，再结合进度规划将总成本分配到各项独立工作中。

7. 质量规划。确定项目的质量标准以及如何达到这些标准。通常包括项目应达到的目标及特性要求、质量控制程序和采用的控制手段及检验标准等。项目方不仅要制定项目产出物或服务的质量规划，还要制定项目管理质量规划。

8. 人力资源规划。安排各项工作的参与成员，明确各成员的权限职责，制定工作考核指标与方法以及奖惩激励制度。

9. 沟通规划。确定项目成员的信息交换和沟通的要求，包括需要信息的主体、时间及传递信息的方式。

10. 采购规划。考虑并确定项目的哪些资源需要从外部采购以及采取何种采购方式。

11. 风险规划。预计项目实施过程中可能遇到的风险和紧急情况并制定风险识别、控制和管理规划。在制定风险规划时应考虑各种风险及紧急情况发生的概率和程度，并留出一定的资金和工期宽限，以补偿这些事件造成的意外损失。

四、项目规划的成果

项目规划的成果有项目规划书和辅助资料。项目规划书主要包括如下内容：

- 项目许可证和项目章程
- 拟采取的管理方法
- 项目范围说明
- 项目工作分解结构
- 资源规划
- 项目进度安排及进展里程碑
- 项目成本费用开支计划
- 人力资源规划和责任安排
- 项目的主要风险及应对

辅助材料包含：具体规划未考虑的事项、规划期间新增文件或资料及技术文件等。

第三节 项目实施

一、项目实施准备

前一节我们重点讨论了项目规划的主要内容，大家都知道项目规划阶段之后就是项目实施阶段，但是完成项目规划工作后并不是马上就能进入项目实施阶段，我们还应当在项目实施前做好一定的实施准备工作才能为项目实施营造良好的气氛和环境。

（一）核实项目规划方案

从项目规划到项目实施有一定的时差，在此期间项目规划的内部环境和外部环境都会发生变化，这些变化必然会降低项目规划的准确度。为了确保项目能顺利实现预期目标，项目组织应当对项目规划进行核实，考察既定规划是否仍然切实、可行、全面、科学，项目所需的人力、物力资源是否有充足的保证，项目团队的权限是否得到有关各方的认可，项目成员的工作分配和职责划分是否合理等。对于核实中发现的疏漏或错误应当及时补充修正。

（二）计划签署

1. 通知项目成员项目实施的日期与进度安排，以便他们能够合理地安排时间保证完成相应的工作。

2. 若项目规划中涉及到的项目成员因故不能参加项目实施或工作时间有冲突，则应及时寻找替代人或做适当的工作调整。

3. 让项目成员在项目规划上签名，明确各自的职责权限，并承担相应的责任风险。

（三）组建项目团队

项目参与者的确定以及将各项工作的具体落实还不能看做已组建了项目团队。因为项目本身是一个复杂的、有机的体系，各项工作有着较强的关联性与依赖性，这就要求项目成员要有高度的团队合作精神，团结协作、融合沟通才能高效率地完成项目工作。为此，我们的项目经理不仅要当好工作上的领导，更要当好精神上的领袖，把项目成员紧密地团结成一个有战斗力的整体。

（四）大力宣传项目的美好前景

这项工作也是为了增强项目团队的凝聚力，激发项目成员的工作热情和斗志。项目经理要充分发挥宣传、动员和组织的作用：

第一，告知项目成员项目的独特价值、项目的强大支持力量以及取得项目成功已经具备的若干成熟条件，让项目成员对项目成功抱有极高的信心与热情。

第二，阐明项目取得成功无疑会提高项目组织和项目成员的知名度、项目的社会价值和项目成员的个人价值都将在项目实施过程中实现的鲜明观点。

第三，让项目成员意识到自身以及所承担的工作对项目和项目团队的重要性，项目团队的工作和努力是项目取得成功不可缺少的部分。

二、项目规划执行

经过前面一系列的准备工作后，项目就可以正式进入实施阶段了。项目实施即为执行项目规划的过程。项目规划执行的依据是各项目规划方案，主要有上一节提到的范围规划、进度规划、资源规划、成本规划、质量规划、人力资源规划、沟通规划、采购规划、风险规划以及相关的辅助资料。

项目规划执行通常有以下几个子过程：

- 按规划执行
- 信息沟通
- 询价
- 选择承包单位或供应单位

（一）按规划执行

在项目规划执行的过程中，严格的讲，任何工作都应该经过项目工作核准系统，以确保各项工作的协调。该系统是事先制定的、在项目工作开展之前必经的审批程序，包括必要的审批制度、人员权限的界定及其他有关资料。各项工作在得到系统的书面批准之后才能正式开展，这样能保证项目工作有条不紊、井然有序地进行。当然，系统的审批程序不能太过复杂，对于小项目、简单项目的有些工作经过负责人的口头批准就可以了，否则将会严重地影响成员的工作积极性。

（二）信息沟通

在项目实施的整个过程中，所有项目干系人之间都应保持顺畅的信息沟通以确保项目的整体协调，减少重复浪费、避免差错。为此项目团队应做好信息发送和编写进展报告两项工作。

信息发送就是及时地把信息传递给项目干系人，包括实施沟通规划和对临时请求的回复。针对接收信息的不同对象和范围，我们可以采取不同的信息发送方式：

- 书面的或口头的
- 正式的（如报告、情况介绍）和非正式的（如备忘录、专门谈话）
- 对项目范围内或对公众、新闻等外部
- 项目组织内从上到下的垂直方向或同级之间的水平方向

项目组织可以建立信息检索系统和文件管理系统，以便项目成员共享信息资源。项目进行期间交流的信息还应加以收集和保管。

进展报告是描述项目进展状况的文件或报告，包括项目的进度、执行情况、已完成的工作是否达到原定目标、可能遇到的问题等。进展报告是项目干系人之间沟通的重要资料，应当根据项目实施规划和实际工作编写，只有准确客观的进展报告才能发挥出沟通的作用。

（三）询价

询价就是让可能参加投标的承包单位或供应单位提出满足项目有关要求的报价和建议。项目方可以根据招标要求，从事先拟定的承包单位或供应单位中选取询价对象，采用召开投标人会议或广告宣传等方式询价。一般地，项目方询价后要从承包单位或供应单位取得建议书，即说明承包单位或供应单位有能力、有意愿提供项目方要求的产品或劳务的书面材料。

（四）选择承包单位或供应单位

项目方对取得的建议书经过仔细评价比较后，接受某一承包单位或供应单位的建议书，由它负责提供项目所需的劳务或供应所需物资。

在选择承包单位或供应单位时应注意：

- 建议书通常由技术部分和价格部分组成，两部分应单独评价
- 承包单位或供应单位的价格及信誉
- 对重要的物资或劳务应货比三家、慎重选择

三、项目控制

项目实施过程中，由于不确定因素及意外情况的影响，项目实施往往会偏离既定的规划轨道，为了项目能顺利实现各项目标，有必要纠正这些偏差，这个过程就叫做项目控制。

项目控制通常有如下步骤：

- 项目跟踪
- 与基准规划（初始规划方案）对照，发现偏差
- 分析、预测偏差
- 采取纠偏行动

项目跟踪指的是在项目实施过程中对项目的实施轨迹及影响项目的内部因素和外部因素进行连续、及时、系统的记录和报告的活动过程。项目跟踪是项目控制的第一步，只有了解项目实施的现实状况才能与基准规划对照，找出偏差，进行项目控制。内部因素指来自系统内部、通常可受项目本身控制的因素，如项目进度、成本、质量、人力资源、资金筹集与运用等因素。外部因素指的是来自项目外部的影响因素，如国家政策、法律法规、市场价格、利率、汇率、财政税收、自然状况、人文环境等因素。

在纠偏时，项目方有时需要纠正项目实施轨迹，有时候则需要修正初始基准规划。当项目的初始规划发生了变化，我们称为项目变更。项目变更有两种原因：一是项目实施发生偏差，采取纠偏措施导致的项目变更（也叫被动变更）；二是项目业主对项目要求发生了变化或有了更好的主意和办法而改变初始规划（也叫主动变更）。在项目实施过程中，项目变更几乎是不可避免的，但是项目变更对项目整体有很大的影响，所以一定要仔细权衡是否需要变更。变更后的基准规划应作为后续项目控制的基准规划，并及时告知项目投资方、项目业主（客户）等相关利益者和项目有关部门及成员，征得他们的同意与支持。

第四节 项目收尾

当项目所有的活动都已完成或虽未完成但由于某种原因而必须停止结束时，该项目就到达了它的终点，进入了项目生命周期的最后阶段——项目收尾阶段。项目收尾的主要工作有范围确认、质量验收、费用决算、项目合同收尾、项目交接/清算、资料验收、项目审计、项目后评价等。由于这些工作零碎繁杂、费时费力，常常被人忽略，因此，我们要特别强调收尾工作的重要性，以免给以后的工作带来隐患。

一、范围确认

在交付项目成果之前，接收方要对已完成的项目工作成果进行重新审查，检验项目规划的各项工作是否已全部完成或完成的程度，这个工作过程即为范围确认。参与范围确认的项目成员和接收方人员应在有关文件上签字，表明对范围确认的验收和认可。

二、质量验收

项目质量验收就是指根据质量规划中的要求及合同中的质量条款，按照一定的质量检验标准，对项目的质量进行评定并撰写项目质量验收评定报告的过程。

项目质量验收的主要内容包括规划阶段的质量验收和实施阶段的质量验收。规划阶段的质量验收主要检验设计文件的质量和质量评定标准的合理性、全面性和可操作性。实施阶段的质量验收主要是对项目实施的每个工序进行单个评定（可以分为“不合格”、“合格”、“良好”、“优秀”等级），然后将单个工序质量评级结果汇总，从而得出项目实施质量验收的最后结果。

质量验收的结果是质量验收评定报告和项目技术资料。项目最终质量评定报告一般分为“合格”和“优良”两级，不合格的项目不能予以验收。

项目技术资料是项目实施阶段质量验收中对项目的每个工序进行评级结果的汇总，是项目质量验收结果的重要组成部分。

三、费用决算

费用决算是指从项目启动到项目结束全部费用的结算与核定，并编制项目决算书的过程。费用决算的结果是项目决算书，需要经过项目各参与方的共同签字，是项目收尾的核心文件，其主要内容有：

1. 文字说明。包括项目概况、项目实施情况、各项目指标的完成情况等。
2. 决算报表。包括项目概况表、财务决算表、交付使用财产总表及明细表等。

四、项目合同收尾

项目合同收尾就是依据合同条款结束合同履行，使其不再具备法律效力的工作过程。项目合同收尾既要验收项目成果，也要更新记录，反映最后结果，并将相关资料归档管理。

项目合同收尾前要整理好合同文件，包括合同本身及有关附表清单、技术文件、进展报告、财务文件等。负责合同管理的人员还应向合同当事人的另一方发出书面通知，明确合同的终止。项目合同收尾结束后，项目方应将合同记录整理好，连同项目记录一起存档。

有些合同的终止是特殊的，例如，不可抗力致使当事人无法履行合同义务，或合同双方当事人协商终止合同。对这种特殊的合同终止情况，项目方也应当做好相应的项目合同收尾工作。

五、项目交接/清算

项目交接是正常终止项目的收尾方式，指的是项目合同收尾后，项目业主在第三方（通常是项目监管部门或社会第三方中介组织）的协助下与全部项目参与方进行项目所有权移交的过程。项目交接的双方核查了交接的全部范围和内容之后，应履行相关的项目交接手续，形成项目交接报告。

项目清算是非正常终止项目的收尾方式。当项目由于各种原因无法实现项目目标或无法通过项目来满足项目业主的要求和期望时，项目业主此时可以进行项目清算。业主应依据项目合同中的有关条款，组织包括项目参与方在内的清算小组，明确责任、估算损失、制定索赔方案，若双方达成一致则签署项目清算报告；若业主与项目方难以达成共识，则可以按合同约定的解决争议的方式进行诉讼或仲裁。

六、资料验收

项目资料是项目交接、项目后评价的重要凭证，项目资料验收是项目竣工验收的前提，只有项目资料验收合格后才能进行竣工验收。

项目启动阶段应验收归档的资料：

- 项目建议书
- 初步可行性研究报告及相关附件
- 详细可行性研究报告及相关附件
- 项目方案与论证资料
- 项目评估与决策报告

项目规划阶段应验收归档的资料：

- 项目描述资料
- 完整的项目规划

项目实施阶段应验收归档的资料：

- 采购合同的招标投标书及供应商资料
- 项目质量、进度、成本跟踪报告
- 会议记录、各类通知、现场环境报告
- 质量事故、安全事故调整及处理报告
- 各种第三方检验、评估报告等

项目收尾阶段应验收归档的资料：

- 项目竣工图和项目竣工报告

• 项目质量验收报告
• 项目决算报告
• 项目交接/清算报告
• 项目后评估报告

资料验收的一般程序如下：

首先，项目资料交验方按需要验收的资料范围、内容、清单进行自检和预验收。

其次，项目资料验收的牵头组织分项进行清点、立卷、归档。

然后，对不合格或有缺损的资料，要求有关部门进行修改或补充。

最后，项目资料的交接双方对资料验收报告签字确认。

七、项目审计

项目审计是审计机构依据国家法规和相关财务会计制度，运用科学的方法和程序对项目进行审核检查，调查项目实施质量、成本及规划执行情况，并提出改善项目管理和控制的建议。因此，项目审计应当保持其独立性、权威性和科学性。

项目审计一般包括如下内容：

• 项目的现状。项目是否按预定规划完成及完成的情况
• 项目的未来趋势。项目的进度计划是否有了改变及这些改变对项目的影响
• 项目进行中里程碑事件的状况。关系项目成败的事件是否在规划的时间和成本内完成
• 风险评估。项目的潜在危险是什么
• 项目可以总结的经验和吸取的教训
• 项目审计的局限

项目审计经过的步骤有：

1. 启动。组成审计小组，确定审计范围和目的，搜集信息与资料，选择适当的审计方法，制定审计计划。

2. 实施。根据审计计划对项目的审计范围进行审查，从中发现错误和弊病，并提出修正措施。

3. 结束。对所获的审查资料进行综合归纳，进而对审计项目做出客观、公正、准确的结论，最后编写审计报告并将有关资料归档管理。

当然，项目审计不仅仅限于项目的收尾阶段，在项目启动、规划、实施阶段都要进行一次甚至多次项目审计。例如，在项目启动阶段对可行性研究工作的审计，对项目规划的审计，对项目组织、成员工作绩效的审计等。

八、项目后评价

项目后评价是指项目实施结束后对项目总体情况所做的评价，相对于项目启动阶段的项目评估而言称为后评价。

项目后评价主要有以下几方面的内容：

1. 项目竣工验收。主要考核项目实施是否达到规划要求，包括竣工验收、竣工决算、技术资料的移交。

2. 项目效益后评价。主要包括项目经济效益后评价和社会效益后评价，与项目启动阶段的项目评估基本相同，这里就不再叙述了。

3. 项目管理后评价。以项目竣工验收和项目效益后评价为基础，结合其他有关资料对项目整个生命周期的管理工作进行评价，包括项目的过程管理评价、项目的综合管理评价和项目管理者评价。通过项目管理后评价使项目参与者认识当前的项目管理水平，总结经验，吸取教训，不断提高项目管理工作的层次。

通常，项目后评价有以下程序：

- 项目组织自我评价
- 行业组织及有关机构对项目组织的自我评价进行初审
- 组织多方人员对项目进行正式后评价
- 将后评价结果反馈到决策部门及其他相关部门

项目后评价形成的书面成果是项目后评价报告，包括项目摘要、概况、评价内容、主要变更及问题、原因分析、经验教训、结论建议及基础数据来源和评价方法的说明等方面。项目后评价报告将作为新项目立项和评估的参考资料或调整投资和计划决策的参考文件。因此，项目后评价一定要建立在客观、现实和全面的基础之上。

本章小结

本章按照项目过程管理不同阶段的时间顺序，详细论述了项目启动、规划、实施、收尾阶段的具体管理内容及相关的管理方法和程序，任何一个阶段的管理都是不可或缺的，只有做好每一个环节的管理工作，才能实现预期目标，取得项目成功。

思考题

1. 项目过程管理有哪几个阶段？
2. 项目启动阶段需要做哪些方面的工作？

3. 试述项目可行性研究包含的内容。
4. 什么是项目规划？我们要做好哪些规划？
5. 回答项目规划书应包括的内容。
6. 什么是项目跟踪和项目控制？
7. 项目收尾要做哪些工作？

第三章　项目组织和项目经理

项目确立以后，就必须组建实施项目的组织，这时候面临两个问题：一是必须确定项目与公司的关系，即项目的组织结构；二是必须确定项目内部的组成，其中项目经理特别重要。本章主要讨论项目组织和项目经理。首先介绍项目组织的基本概念和组织设计的基本原则；然后着重介绍主要的项目组织结构，即职能式、项目式、矩阵式组织结构及其优缺点，讨论了项目组织结构的选择应考虑的因素，以及组织的组建及发展阶段；最后介绍项目组织中项目经理角色、素质特征及项目经理的挑选和培养。

第一节　项目组织及其环境

一、组织及项目组织

（一）组织的定义及设计原则

组织是管理的一种重要职能，其一般概念是指各生产要素相结合的形式和制度。关于组织有多种定义方法，它们各有侧重。比较经典的定义有：马克斯·韦伯把组织定义为一种根据制度来限制和阻挡外人进入的社会关系，其内部秩序由特定的领导者或者管理人员来实施；霍奇和安托尼定义组织是两个以上或者更多的人为实现一个或者一组共同目标协同工作而组成的集合，这种协作系统由以下四个要素组成：人员因素、物质因素、工作因素和协调因素，这些因素的合成就是一个组织；理查德定义组织是一个追求某一特定目标的群体，它包括相对固定的边界、规范化的秩序、权利等级和沟通系统。从系统论的观点看来，组织具有系统性、结构性和整体性的特点。综合起来，组织包括以下五个子系统：

- 管理子系统，即在相互依存的关系中共同工作或协作的群体
- 目标和价值子系统，即有某种目标和价值的群体
- 心理子系统，即群体中相互沟通和作用的人们
- 技术子系统，即运用知识和技能的群体
- 结构子系统，即在特定关系模式中一起工作的群体

所以组织的定义即为：组织是特定的群体，为了共同的目标，按照规定的原

则，通过组织设计使得相关资源有机结合，并以特定结构运行的结合体。通过组织的定义我们可以得出它的这些特点：目标的一致性，原则的统一性，资源的有机结合性，活动的结合性，结构的系统性。

在建立组织结构时，必须注意以下五个基本原则：第一，组织结构必须反映公司的目标和计划，因为公司的活动是从目标和计划而来的。第二，必须根据工作需要来设计组织结构。不论组织的整体、部门、职位的设计，层次的安排，需要人员的条件、数量等，都必须有明确的目的，而不能盲目、机械地模仿。第三，必须保证决策指挥的统一。组织结构中要有合理的层次、位置和安排，使用能够担负起责任，并在责任范围内具有权威的人员，使其保持相应的决策权和指挥权。第四，必须创造人尽其才的环境，这需要与上一原则协调。只有统一的指挥，而不能发挥每一个人的特长，压抑人员主动性与创造精神的组织是难以实现其目标的，所以组织结构中要有恰当的分权和分工。第五，必须有利于全过程及全局的控制。失控是失败的先兆，保持控制才能实现目标。合理的管理跨度有助于实现有效的控制，这里关键的问题在于信息的沟通，所以组织结构设计还必须考虑各种报告、汇报的方式、方法和制度。

（二）项目组织的定义及设计原则

项目组织是为完成项目而建立的，从事和承担项目的具有独立性的组织实体。项目组织的一般职责是项目规划、组织、指挥、协调和控制。项目组织要对项目的范围、费用、时间、质量、采购、风险、人力资源和沟通等多方面进行管理。一些大中型项目，如建筑施工项目的项目组织目前在我国叫项目经理部，由于项目管理工作量很大，因此，项目组织专门履行管理功能，具体的技术工作由他人或其他组织承担。有些项目，例如软件开发项目或某些科学研究项目，如果管理工作量不大，没有必要单独设立履行管理职责的班子，因此，其具体技术性工作和管理职能均由项目组织成员承担，这样的项目组织负责人除了管理之外，也要承担具体的系统设计、程序编制或研究工作。

项目组织的具体职责、组织结构、人员构成和人数配备等会因项目性质、复杂程度、规模大小和持续时间长短等有所不同。项目组织可以是另外一个组织的下属单位或机构，也可以是单独的一个组织。例如某企业的新产品开发项目组织是一个隶属于该企业的组织；而某水电站项目组织则是水电开发有限责任公司，本身是一个法人企业，负责该水电站的资金筹集、建设、建成投产后的经营、偿还贷款和水库上游地区的开发管理。

项目的组织形式除了要遵循一般组织的设计原则之外，还需要服从一些特殊的组织原则，主要包括两个方面：一是项目的性质和规模。项目组织的形式是为了实现项目的任务而采取的一种组织手段，所以它必须适应项目的性质与规模要求，手段必须服从目的。二是项目在公司的地位和重要性。公司拥有的资源是有限的，而且一般都要同时承担多个项目，这些项目对公司的效益影响不同。对于特别重要的项目，公司需要调用各方面的力量来保证其目标的实现；相反，对于那些相对重要性不大的项目，则可能委托某一部分人或某一部门去自行组织。

二、项目组织环境

项目在组织和实施的过程中，将与社会和公司内部的许多方面发生各种各样的关系，能否有效地处理好这些关系，直接影响到项目实施的效率和效益。不同的项目，其工作的内容和性质也不同，与其他各方面的关系多种多样，下面讨论较为普遍意义的方面：

1. 项目组织与社会的关系：项目组织与社会的关系强弱因项目的种类、规模及对社会经济生活的影响程度不同而不同，主要包括国家宏观经济环境，特别是与项目有关的管理制度；与行政监督及管理机关的关系；与项目所在地的居民的关系等。

2. 项目组织与相关公司的关系：主要包括产品与劳务的买卖交易关系，主要指与委托人（投资者、发包单位或使用部门）的关系；竞争与协作单位的关系，主要指与竞争单位、合作单位、分包单位、供应单位及银行等的关系。

3. 项目组织与公司内部有关部门的关系：主要包括与领导部门的关系，主要指与公司经营班子和公司内各种综合管理部门的关系；经济协作关系，主要指与公司内部某些独立核算的职能部门的联系；竞争协作关系，主要指与其他项目的联系。

现代项目管理的实践证明，不同项目相关利益主体之间的利益冲突和目标差异，可以通过采用合作伙伴管理和其他的一些方案予以解决。这意味着在一个项目管理中，从项目的定义阶段开始起，就要充分了解项目相关利益主体各方面的要求和期望，充分考虑项目全部相关利益主体的利益关系；在项目的计划阶段，要合理安排和照顾好项目各方面利益相关主体的利益，协调好项目相关利益主体们在项目目标方面的冲突和差异；同时在项目的实施阶段，要努力维护好项目各相关利益主体的不同利益，设法达到甚至超过各方面的需要和期望，从而最终成功地完成整个项目。

第二节 组织结构的形式

组织的结构类型是多种多样的，传统的有直线式、职能式、直线职能式、直线职能参谋式；现代的有职能式、项目式、矩阵式、多维立体式、控股型组织结构等。在这么多形式当中，最基本、最普遍的是职能式组织结构和项目式组织结构两种。正如钱德勒所说：“虽然人们在组织结构的类型方面，又发展出许多变种，而且在近几年里，偶尔也有一些变种混合而成为一种模型的形式，但是在大型工业企业的管理上仅仅只有两种基本的组织结构，即集中的、按职能划分为部门的类型和多分支机构的、分权化的结构。”现代项目组织形式大部分可以分为职能式组织结构、项目式组织结构、矩阵式组织结构和混合式组织结构，现在分别对这些形式做些介绍。

一、职能式组织结构

（一）职能式组织结构的特征

层次化的职能式结构是当今世界上最普遍的组织形式。职能式组织结构最早由美国的通用电气公司发展起来，至 1917 年，美国制造业 236 家公司有 80% 采用了这种结构。目前，我国大多数企业及非营利组织还经常采用这种组织形式。其基本特征是：企业的生产经营活动，按照功能划分为若干个职能部门，每一个部门又是一个垂直管理系统，每个部门或系统由企业最高层领导直接进行管理。这是一个金字塔形的结构，高层管理者位于金字塔的顶部，中层和低层管理者则沿着塔顶向下分布。公司的经营活动按照设计、生产、营销和财务等职能形式划分成部门。当外界环境稳定，沟通关系程序化，而不同职能部门间的协调不复杂时，这种结构是最有效的。组织的目标在于内部的效率和技术专门化。在职能式组织中，纵向控制大于横向协调，正式的权力和影响来自于职能部门的高层管理者。一个项目可以作为公司中某个职能部门的一部分，这个部门应该是对项目的实施最有帮助或最有可能使项目成功的部门，例如开发一个新产品项目可以被安排在技术部门的下面，直接由技术部门经理负责。图 3.1 是一个典型的职能式组织结构图。

（二）职能式组织结构的优点

职能式组织结构作为一种最普遍的组织结构形式，是由现代生产的专业化决定的，这种组织结构有很多的优点：

1. 职能式组织结构的核心优势是专业化分工。让一组人专注于生产，而另一组人专注于销售，能发挥各方面专家的特长和作用，比大家两者兼做的效率要高很多。同一部门的专业人员在一起易于交流知识和经验，这可以使项目获得部门内所有的知识和技术支持，对创造性地解决项目的技术问题非常有帮助。

2. 技术专家可被多个不同项目使用，人员使用灵活。职能部门的技术专家一般具有较广的专业基础，可以在不同的项目之间穿梭工作，也可以让部门的人员被临时地调配给项目，待工作完成后，回到以前的工作岗位。

3. 有利于在过程、管理和政策方面保持连续性。当有人员离开项目组织甚至离开公司时，职能部门可以作为保持项目技术连续性的基础。

4. 职能部门为本部门的员工提供了一条明确的职业生涯发展道路。成功的项目可以给参加者带来收入和荣誉，但他们在专业上的发展和进步还需要有一个相对

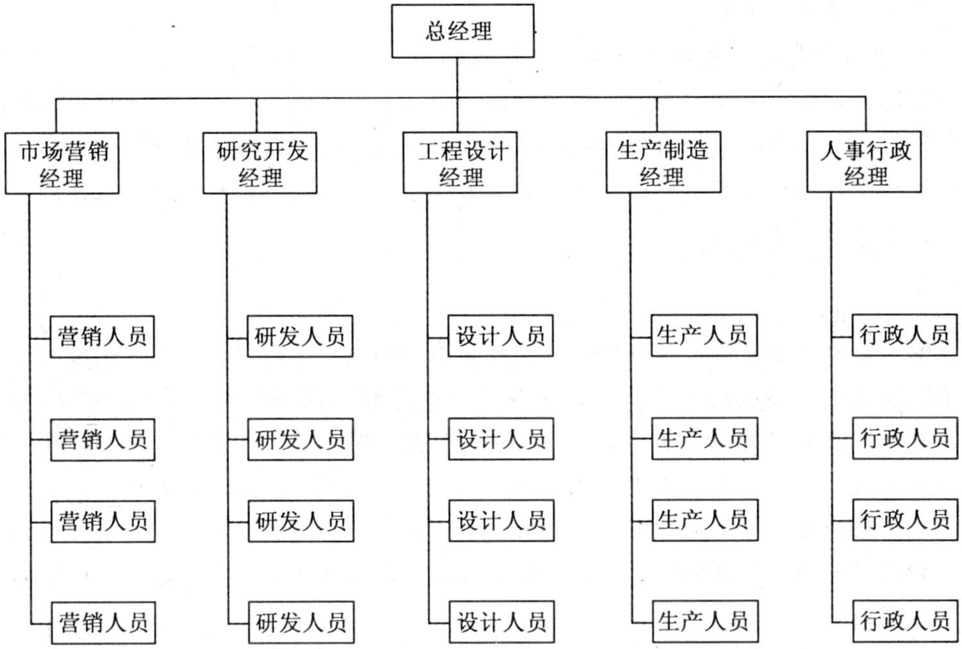

图 3.1　职能式组织结构图

固定的职能部门作为基础。

（三）职能式组织结构的缺点

一个项目往往要涉及到多个职能部门，需要各个职能部门之间的配合，但是职能式组织结构的纵向控制大于横向协调，正式的权力和影响来自于职能部门的高层管理，所以在项目和职能部门之间不可避免地会出现一些冲突。职能式组织结构的缺点为：

1. 具有一定的狭隘性。职能部门有自己的日常工作，项目不是活动关心的焦点，项目给客户的利益往往得不到优先考虑，因此项目的整体目标是第二位的，决策时并非以整个项目最佳利益，而是往往以各职能部门的利益为主。

2. 部门间协作较难，横向联系薄弱。职能部门的工作方式常常是面向本部门活动的，而一个项目要取得成功，其工作方式必须是面向问题的。项目中与职能部门的利益有直接相关的问题可能得到较好的解决，而那些超出其利益范围的问题则很可能遭到冷遇。

3. 责任不明确，协调混乱，部分调配给项目的人员积极性往往不高。具体某一个项目团队成员可能来自不同的职能部门，兼有双重身份，这种性质决定了没有人愿意主动承担责任和风险；项目被看做不是他们的主要工作，有些人甚至将项目任务当成额外的负担；而且由于项目团队成员受职能经理的指派，具有较强的流动性，更使责任难以明确。

4. 项目经理可能是职能经理，也可能是某部门的一般成员，对于跨部门的项目主要起协调作用，没有足够的权力控制项目的进展。这是因为，由于项目团队的成员在行政上仍为原来所在的职能部门工作，项目经理往往必须要和职能部门的领导协调一致，当双方对某个特定成员的需要产生冲突时，往往难以协调。

二、项目式组织结构

（一）项目式组织结构的特征

在这种组织形式中，每个项目就如同一个微型公司那样运作，项目组的成员来自不同的部门，完成每个项目所需的资源完全分配给这个项目，专门为该项目服务。最早设立项目部的是美国通用汽车公司，其发明者是管理学家斯隆和杜邦。这是一种分权式结构，其结构图是M形的，它是在总公司之下设立多个项目部，项目部可以按产品、市场或地区划分，每一个项目部都有自己的产品和市场；项目部是总公司下面的一个利润中心，实行独立核算，自主经营。图3.2是一个典型的项目式组织结构图。

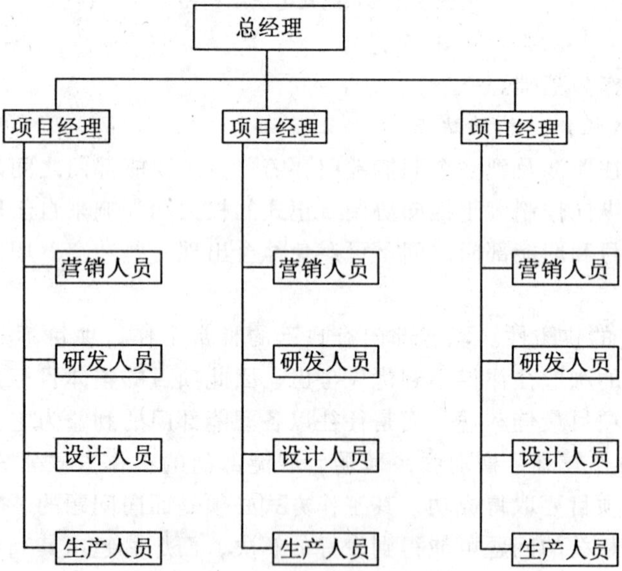

图3.2 项目式组织结构图

（二）项目式组织结构的优点

项目式组织结构可以克服职能式组织结构在权力分配上的缺点，在组织结构上对项目的成功完成创造了很好的条件，具有很多优点：

1. 项目式组织结构中，项目的目标是单一的，项目成员能够明确的理解并集中精力于这个单一的目标，团队精神得以充分的发挥。

2. 权力下放，项目经理对项目全权负责。项目经理必须向公司的高层管理报告，这样有利于高层领导集中精力研究企业的大政方针和战略问题，项目经理可以全身心地投入到项目中去，可以调用整个组织内部或外部的资源。

3. 项目组的所有成员直接对项目经理负责，每个成员只有一个上司，避免了多重领导、无所适从的局面。

4. 沟通途径简洁，交流更方便。项目经理享有很大的权威，能在需要时集权管理，便于命令的上传下达，项目经理还可以避开职能部门直接与高层管理人员沟通，提高了沟通速度，减少或避免了沟通中的失真与错误。

5. 各事业部独立核算，能充分发挥它们的积极性、主动性和创造性；项目式组织从结构来说简单灵活、易于操作，在进度、成本和质量等方面的控制也较为灵活；各事业部之间的竞争有利于提高公司的整体效率。

6. 当存在一系列的类似项目时，项目式组织可以保留一部分在某些技术领域具有很好才能的专家作为固定的成员。这种技能储备不仅有利于项目的成功，而且能为公司争得荣誉，吸引更多的顾客。

（三）项目式组织结构的缺点

由于项目本身具有相对独立性和阶段性，所以从公司的角度看来，在不同的项目中资源的配置往往存在冲突，所以项目式组织结构的缺点为：

1. 管理成本高，资源配置效率低。每个相对独立的项目组织都有自己的职能部门，这等于同一职能机构不仅总组织中有，每一个项目组织中也有，由此就引起了人员、设施和设备等的重复配置。由于项目在各阶段的工作重心不同，项目团队成员在各个阶段的忙闲度也不同，经常出现某个项目组织的专家和人才空闲的情况，这样一方面影响了员工工作的积极性，另一方面也造成了人员的浪费。所以这一结构不适合人才缺乏或规模较小的企业。

2. 相对封闭的项目环境，不利于项目与外界的沟通，不同的项目组织较难共享知识、经验和人才。为了保证项目需要时能够马上得到需要的专业技术人才及设备等，项目经理往往会将这些关键资源储蓄起来，使技术人员聘用的时间比项目需要的时间长，也不利于其在项目组织间的流动。

3. 各个分项目组织在组织目标、战略发展等方面可能与总公司不一致，各个分项目组织之间往往难以协调，这将有碍于统一指挥和总公司的战略发展。

4. 对项目成员来说，缺乏一种事业的连续性和保障。项目一旦结束，项目成员就会失去他们的“家”，甚至会出现部分员工因为担心项目结束后的去向，有意将项目的结束推迟，使项目难以及时完成。

项目式组织结构常见于一些规模大、项目多的公司，如建筑业和航空航天业。在一些进度和成本特别是进度有严重约束的项目中也经常采用。

三、矩阵式组织结构

（一）矩阵式组织结构的特征

矩阵式组织结构是把按职能划分的部门和按产品划分的小组结合起来组成一个矩阵，一名管理人员既同原职能部门保持组织业务上的联系，又参加项目小组的工作。职能部门是固定的组织，项目小组是临时组织，项目任务完成之后就解散了，其成员回原职能部门工作。参见图 3.3。

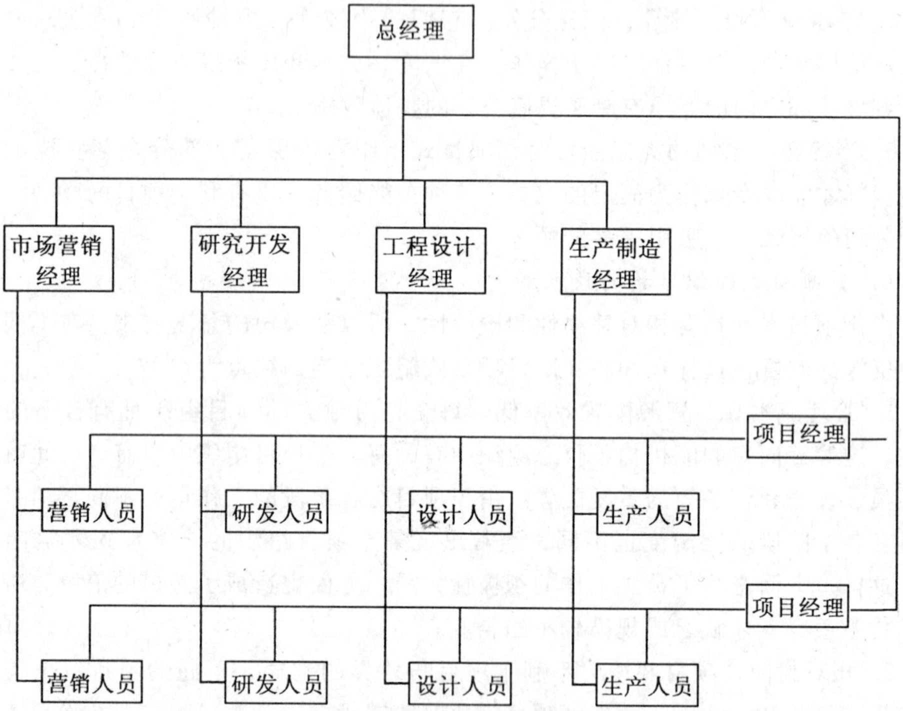

图 3.3　矩阵式组织结构图

当一个公司承接一个新项目时，从各个职能部门中挑选出人员共同组成项目团队，由指定的项目经理领导，项目团队中的许多成员仍有义务完成在原职能部门中的工作。项目经理对项目的结果负责，而职能经理则为项目成功提供所需资源。根据项目组织中项目经理和职能部门经理责权利的大小，又可分为弱矩阵式、平衡矩阵式和强矩阵式三种形式。

弱矩阵式组织，主要是从各职能部门临时选择一批人来完成某一项目，项目成员不是从职能部门直接调派过来，而是利用他们在职能部门为项目服务。这种组织保留了职能式组织结构的许多特点。

强矩阵式组织是设立一个与职能部门同一等级的项目管理部门，其下是各项目部。这种组织结构具有许多项目式组织的特点，由项目经理经过协商，从各职能部门抽调专业水平较高的员工组成项目组织，实行全面项目管理。项目经理可以对项目实施有效的控制，职能部门对项目的影响减弱。

平衡矩阵式组织，是介于弱矩阵式组织和强矩阵式组织之间的一种形式。其特点是在项目组织中出现了明确的项目经理一职，一般是由临时并入到该项目组织中的某一个在各方面表现不错的人员担任，往往是由原来的职能部门经理推荐并经相关职能部门经理协商同意报公司审核批准而产生的。

项目经理负责项目的时间、进度、成本协调和监督工作，职能部门经理负责项目的范围界定和质量。这种形式一般很难维持，它主要取决于项目经理和职能经理的相对力量，平衡不好，很容易变成弱矩阵式或强矩阵式。

（二）矩阵式组织结构的优点

从理论上来说，矩阵式组织是按照项目的要求在职能式组织和项目式组织两者间的结合，理想的矩阵式组织是一个适宜的平衡结构，所以具有很多优点，主要有：

1. 项目是工作的焦点，对客户要求和公司组织内部的要求的响应快捷灵活，有专人即项目经理负责管理整个项目，负责在规定的时间、预算范围内完成项目的要求。具有项目式组织的优点。

2. 资源利用合理，具有强大的技术支持，人员使用灵活。项目团队成员在项目完成后仍有职能部门的工作，不再有后顾之忧，可以平衡资源在各个项目中的需求以保证各个项目的费用、进度及质量要求，减少了人员的冗余，具有职能式组织的优点。

3. 项目式组织和职能式组织是两个极端的情况，而矩阵式组织在两者之间有较广的选择范围。职能部门可以为项目提供人员，也可以只为项目提供服务，从而使得项目的组织有很大的灵活性。所以，矩阵式组织可以被许多不同类型的项目所采用。

（三）矩阵式组织结构的缺点

矩阵式组织在具体的管理过程中，职能部门和项目部门的权力分配往往会出现问题，所以也有一些明显的缺点。

1. 双重领导。交叉管理使得项目经理和职能经理各自的权力、责任变得界限模糊，项目团队的成员在某些工作上就会不清楚向谁汇报，成员位置不固定，有临时观念，有时责任心不够强或者出于工作的先后顺序难以确定而产生不安和冲突。项目成功和失败又会引起利益均沾或推委责任。

2. 权力均衡问题。如果项目经理和职能部门经理间的力量不均衡，或者他们对各自成员的影响力不同，都会给组织带来问题，并由此影响项目进度或职能部门的工作。

3. 多个项目在进度、费用和质量方面能够取得平衡，这既是矩阵式组织的优点，又是它的缺点来源，因为这些工作必须当做一个整体仔细的监控，这项工作很难做好。而且，资源在项目之间的流动容易引起项目经理之间的争斗，每个项目经理都更关心自己项目的成功，而不是整个公司的目标。

四、混合式组织结构

（一）混合式组织结构的特征

在一个公司中，可同时存在职能式组织的部门和项目式组织的部门。复合型项目组织的成员，来自不同职能部门，并且可能存在同一个员工同时在不同项目中担任职务，这样能最大限度的发挥专职人员的技术优势，使企业的人力资源利用率达到最大化。在复合型组织中，项目团队的成员可能完全由项目经理管理，从事专职工作；兼任项目工作，或仅在从事项目作业期间由项目经理负责；有关此方面的工作由项目经理负责，其他方面由其部门直接领导负责；在部门经理的监管下，与项目经理协商完成。

在具体的实践中，选择组织形式没有一个固定的模式，项目经理只有在充分考虑组织的战略规模、技术、环境、行业类型、发展阶段以及当前组织趋势等各方面的因素后，才可能作出较为合理的选择，甚至进行组织结构的创新。

（二）混合式组织结构的优点

1. 混合式组织结构能让同一个专业人员在不同的项目组担任职务，能最大限度的发挥专业技术人员的长处。既节省了人力资本，又减少了因大量人员在一起而增加的关系协调，提高了工作效率。

2. 有专门的项目经理，享有一定的权限，从而能够对客户的需求和高层的意图做出更快的响应，能为客户提供满意的服务。

3. 能像职能式组织结构一样设立详细的规章制度，编制员工手册，使每一个项目成员都有自己明确的权限和责任，有利于统一指挥和管理。

（三）混合式组织结构的缺点

混合式组织结构的缺点是由于每个项目要从不同职能部门汇集大量专业人才，

由于各个专业人员的技能和社会声望不同，技能和社会声望高的专业人员经常忙不过来，而且经常要到新的项目中担任要职，但另外一些人员会出现不太好找工作的局面。这一方面影响了员工工作的积极性，另一方面也造成了人员的浪费。

第三节　项目组织结构的选择和项目组的组建

一、项目组织结构的选择

前面介绍的是项目组织经常采用的几种组织结构形式，除了这几种常见的组织结构之外，还可能存在其他组织结构形式。通过前面的介绍，大家可以看出，每一种组织结构形式都有其优点、缺点和适用条件，没有一种万能的、最好的组织结构形式。对不同的项目，应根据项目具体目标、任务条件、项目环境等因素进行分析、比较，设计或选择最合适的组织结构形式。一般来说，部门控制式的组织结构适用于项目规模小、专业面窄、以技术为重点的项目；如果一个组织经常有多个类似的、大型的、重要的、复杂的项目，应采用项目式组织结构；如果一个组织经常有多个内容差别较大、技术复杂、要求利用多个职能部门资源的项目时，比较适合选择矩阵式组织结构。

（一）项目组织结构的变化系列

职能组织型、项目组织型和矩阵组织型可以表示为一个变化系列，基于工作人员在自己部门的工作时间和在项目组中的工作时间之比，列出图 3.4 所示的项目组织结构变化系列图。

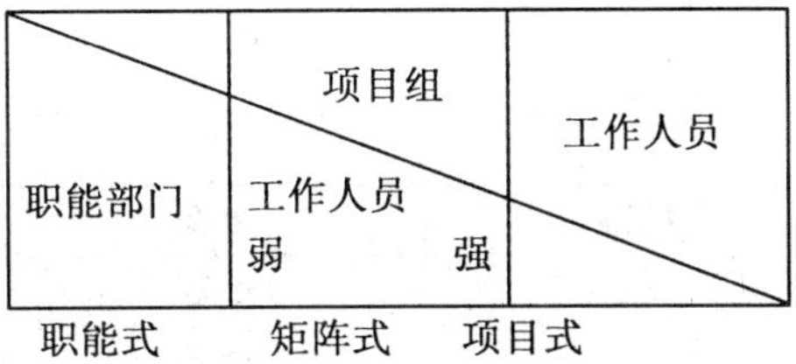

图 3.4　项目组织结构的变化系列

职能式组织在一端，项目式组织在另一端，矩阵式组织在两者之间，其结构的变化范围相当广泛，弱矩阵式组织接近于职能式组织，而强矩阵式组织接近于项目式组织。表 3.1 列举了主要项目组织结构的特点。

表 3.1 **主要项目组织结构的特点**

组织结构形式 / 特征	职能式	矩阵式			项目式
		弱矩阵式	平衡矩阵	强矩阵式	
项目经理的权限	很少或没有	有限	小到中等	中等到大	很高或者全权
全职工作人员的比例	几乎没有	0～25%	15%～60%	50%～95%	85%～100%
项目经理的任务	兼职	兼职	全职	全职	全职
项目经理的常用头衔	项目协调员	项目协调员	项目经理	项目经理	项目经理
项目管理行政人员	兼职	兼职	兼职	全职	全职

从表 3.1 我们可以看出，职能式组织和弱矩阵式组织具有兼职的项目协调员，而平衡性矩阵组织、强矩阵组织和项目式组织具有全职的项目经理。项目协调员和项目经理不同，表现为综合协调项目与实际作出决策之间的差别。职能式组织中项目几乎没有自己的全职工作人员，而项目式组织中，绝大多数都是全职工作于项目的人员。在矩阵式组织中，"强"和"弱"并不是表示好和坏的意思，它们是用来说明矩阵式结构中集成化职能的相对尺度和力量。

（二）决定项目组织结构选择的因素

在项目组织结构的选择中，没有能适用于所有情况的万能方法，最好的方法是能够适应项目运转环境中的关键因素，我们可以根据表 3.2 来分析。

表 3.2 **决定项目组织结构选择的关键因素**

组织结构形式 / 影响因素	职能式	矩阵式	项目式
不确定性	低	高	高
所用技术	标准	复杂	新
复杂程度	低	中等	高
持续时间	短	中等	长
规模	小	中等	大
重要性	低	中等	高
客户关系	各种各样	中等	单一
对内部的依赖性	弱	中等	强
对外部的依赖性	强	中等	弱
时间限制性	弱	中等	强

所以我们在做出项目组织结构的选择之前，必须首先分析项目需要完成哪些任务。为此需要做一个初步的项目计划。第一，明确项目要完成的主要成果；第二，列出与每个成果相关的主要任务；第三，对每项任务，确定负责完成它的相关职能部门，并考虑如何将这些任务最佳组合；第四，要考虑具体完成某项任务的人员需要具备的资格，该项任务所需要的技能，以及所涉及到的客户等；第五，要考虑公司内外部环境因素，如公司的文化，与项目有关的各部门之间的关系等。综合以上各种因素并结合每种组织形式的特点，就能为项目选择一个比较好的组织结构。

二、项目组的组建与发展

（一）一般项目组的组成成员

在确定了项目的组织形式以后，接下来就要确定项目管理内部的成员的组成。由于项目本身的特点和环境不一样，不同的项目组成的成员会有很大的差别。下面以一个中等规模的工程项目为例，讨论其关键成员的组成。

1. 项目经理：包括业主项目经理、设计单位项目经理和实施单位项目经理。

2. 项目工程师：主管产品的设计开发，负责产品的功能分析、规格说明、图纸、费用估算、质量、工程变更及技术文档。

3. 制造工程师：为项目工程师的设计成果组织有效的生产过程，包括设计和安装相应的生产设备、安排生产进度以及其他的生产活动。

4. 现场经理：负责在产品交付用户使用时的现场支持，包括安装调试等。

5. 合同管理员：负责项目的所有正式书面文件，对用户变更、提问、投诉、法律方面、成本及其他授权给项目的关于合同方面的事务保持跟踪。

6. 项目管理员：负责记录项目的日常收支情况，包括成本变化、劳务费用、日常用品及设备状况等；还要定期做一些报表，并与项目经理和公司领导保持密切联系。

7. 支持服务经理：负责产品的服务支持，与分包商的联系、信息处理等。

图 3.5 是通常使用的一个典型组织结构图。

（二）项目组织的发展

一般来说，一个组织的建设和发展都需要经历形成阶段、震荡阶段、规范阶段和辉煌阶段这四个阶段，这四个阶段依次展开形成了一个组织从创建到发展壮大和取得辉煌的过程。形成阶段是组织的初创和组建阶段，这是一组织个体成员转变为项目成员的阶段。这一阶段中项目组织的成员需要逐渐了解他们自己在组织中的职责和角色，并适应新的环境。震荡阶段是项目组织发展的第二阶段，这一阶段项目组织已经建成，团队成员按照自己的分工开始初步合作，各个成员开始着手执行分配给自己的任务并缓慢地推行工作，大家对项目目标逐步明确。但在这一阶段成员往往会由于预期的破灭或实际与期望之间的差距而产生挫折感，合作往往会不协

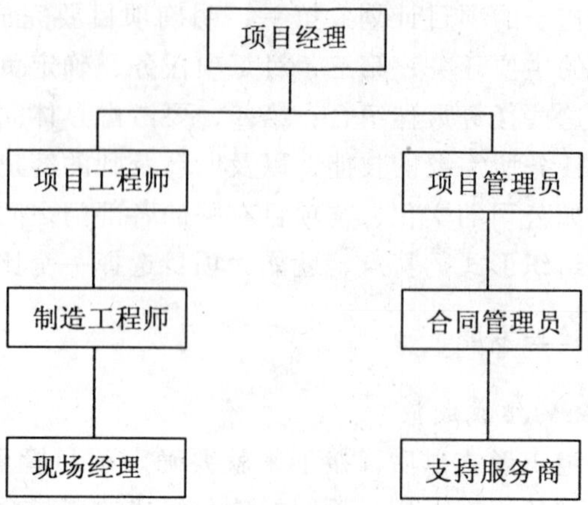

图 3.5 工程项目的典型组织结构

调。规范阶段是项目组织进入了正常的发展阶段，此时，项目组织成员之间、成员和管理人员以及经理之间的关系已经理顺和确立，绝大部分个人之间的矛盾已经得到解决，项目组织的凝聚力开始形成，整个组织的工作效率得到了提高。辉煌阶段是项目组织不断取得成就的阶段，在这个阶段中，项目组织的成员积极工作，努力为实现项目目标而作出贡献。

第四节 项目经理

一、项目经理的角色

（一）项目经理的地位

项目管理的组织特征是严格意义的个人负责制，项目经理是项目的核心人物，是决定一个项目成败的关键人物。项目经理是项目实施的最高领导者、组织者、责任者，在项目管理中起到决定性的作用。成功的项目应该符合技术性能规格，任务得到完成，项目成果能使本企业组织成员、分包单位主要成员、项目班子中的主要成员、项目业主或委托人感觉高度满意，最终给企业创造效益。

项目经理是项目有关各方协调配合的桥梁和纽带，处于各方的核心地位。项目管理说到底是人的管理与协调。负责沟通、协商、解决各种矛盾、冲突、纠纷的关键人物是项目经理。他对项目行使管理权，也对项目目标的实现承担全部责任。他所扮演的角色是任何其他人不可替代的。项目经理作为企业法人委派在项目管理上的代表，按合同履约是他一切行动的最高准则，拒绝承担合同以外的其他各方强加的干预、指令、责任是他的基本权力。项目经理是项目信息沟通的发源地和控制者，在项目实施过程中，来自项目外的重要信息、指令要通过项目经理来汇总、沟通、交涉，对项目内部，项目经理是各种重要指标、决策、计划、方案、措施、制度的决策人和制定者。

项目经理和公司总经理是有区别的，最显著的区别是各自的权力范围不同，公司总经理对整个公司行使权力，而项目经理的权力限于项目内部。

项目经理和公司总经理也是有联系的，项目经理是公司总经理的下属，在公司总经理的领导下工作，并对其负责。两者之间的联系是：第一，项目经理一般由公司高层领导任命，其管理绩效由高层领导来评价，项目经理需要高层经理进行选拔和培养，因此，从某种意义上来说，项目经理的职业发展道路由高层经理决定。第二，项目经理的权力大小与项目的性质、公司的组织结构形式和项目经理自身的素质有关，其权力范围由公司的总经理决定。第三，项目经理管理项目需要取得高层领导特别是总经理的支持，高层领导的支持程度体现了项目的重要程度，也体现了获得资源的难易程度。

项目经理和部门经理既有区别也有联系，因为项目经理和部门经理在企业中所担任的角色，各自所承担的责任、权力和义务各不相同。部门经理一般负责指导公司已完全成立的单位或部门的活动，一般具有所管理的技术领域的专业技能，在解决问题方面，部门经理习惯用分析的方法。由于部门经理是该领域的专家，对需要解决的技术问题知道如何去分析解决。他们善于把一个系统按照其组成部分进行分解甚至分解为更小的组成部分，从局部的角度去看问题。

项目经理的角色主要是协调者和监督者，不一定要求他是某一领域的专家，但他必须具备丰富的经验和广阔的知识背景。在承担责任方面，项目经理是一个促成者，他决定要做什么，什么时候必须完成以及如何获得项目需要的资源，而具体怎么做则由有关的技术专家决定。在解决问题方面，项目经理应该运用系统的方法，首先对项目的整体加以认识，在此基础上再对系统的组成部分加以理解，从整体的角度看问题。

（二）项目经理的责任

项目经理的任务就是要对项目实行全面的管理，具体体现在对项目目标要有一个全局的观点，并制定计划，报告项目的进展，控制反馈，组建团队，在不确定环境下对不确定性问题进行决策，在必要时进行谈判及解决冲突。项目经理的责任主要体现在对企业、项目和项目小组成员所应负的责任三个层次。项目经理对项目应负的责任主要有以下方面：

1. 确保项目目标实现，保证业主满意。这一项基本职责是检查和衡量项目经理管理成败、水平高低的基本标志。

2. 制定项目阶段性目标和项目总体控制计划。项目总目标一经确定，项目经理的职责之一就是将总目标分解，划分出主要工作内容和工作量，确保项目阶段性目标的实现。

3. 组织精干的项目管理班子。这是项目经理管好项目的基本条件，也是项目成功的组织保证。

4. 及时决策。项目经理需亲自决策的问题包括实施方案、人事任免奖惩、重大技术措施、设备采购方案、资源调配、进度计划安排、合同及设计变更、索赔等。

5. 履行合同义务，监督合同执行，处理合同变更。项目经理以合同当事人的身份，运用合同的法律约束手段，把项目各方统一到项目目标和合同条款上来。

所以项目经理对企业所应负的责任为要保证项目的目标与企业的目标一致，与企业高层领导进行及时有效的沟通，对企业分配的资源应该进行充分的利用。同时应该对项目小组负的责任是要为项目小组成员提供良好的工作环境和氛围，对项目小组成员进行绩效考评，还应为小组成员将来项目完工后的归属考虑。

（三）项目经理的权力

要使项目经理完成其责任，必须给予他一定的权力，使他在一定范围内行使权力。项目经理权力的大小取决于项目在公司中的重要程度、公司以及项目的组织结构形式甚至项目经理自身的素质等。一般来说，项目经理应该具有以下方面的权力。

1. 生产指挥权。项目经理有权按工程承包合同的规定，根据项目随时出现的人、财、物等资源变化情况进行指挥调度，对于施工组织设计和网络计划，也有权在保证总目标不变的前提下进行优化和调整，以保证项目经理能对施工现场临时出现的各种变化应付自如。

2. 人事权。项目班子的组成人员的选择、考核、聘任和解聘，对班子成员的任职、奖惩、调配、指挥、辞退，在有关政策和规定的范围内选用和辞退劳务队伍等是项目经理的权力。

3. 财权。项目经理必须拥有承包范围内的财务决策权，在财务制度允许的范围内，项目经理有权安排承包费用的开支，有权在工资基金范围内决定项目班子内部的计酬方式、分配方法、分配原则和方案，推行计件工资、定额工资、岗位工资和确定奖金分配。对风险应变费用、赶工措施费用等都有使用支配权。

4. 技术决策权。主要是审查和批准重大技术措施和技术方案，以防止决策失误造成重大损失。必要时召集技术方案论证会或聘请外部咨询专家，以防止决策失误。

5. 设备、物资、材料的采购与控制权。在公司有关规定的范围内可自行采购，但主要材料的采购权不宜授予项目经理，否则可能影响公司的效益，但由材料部门供应的材料必须按时、按质、按量保证供应，否则项目经理有权拒收或采取其他措施。

二、项目经理的素质特征

项目经理是项目管理的中心，在整个施工活动中占有举足轻重的地位，项目经理的素质是工程项目管理的关键因素。由于项目具有惟一性、复杂性，项目在实施过程中始终面临各种各样的冲突，各种各样的问题，这些给项目经理带来了巨大的挑战。所以一个项目经理应该具备多方面的能力。美国项目管理学会（PMI）在20世纪90年代初设立了《项目管理知识体系》，在“项目管理人员关键资力表”中规定，一个真正的专业项目管理人员必须具备以下几方面的基本能力：

1. 范围管理：着眼于“大画面”的事务，例如项目的生命周期、工作分工结构的开发、管理流程变动的实施等。

2. 时间管理：要求培养规划技巧。有效的项目管理人员应该知道：当项目出现偏离规划时，如何让它重回规划。

3. 成本管理：要求项目管理人员培养经营技巧，处理诸如成本估计、计划预算、成本控制、资本预算以及基本财务结算等事务。

4. 人力资源管理：着重于对组织内人员的管理能力，包括冲突的处理、对职员工作动力的促进、高效率的组织结构规划、团队工作和团队形成以及人际关系技巧。

5. 风险管理：检测管理人员在信息不完备的情况下做决定的过程。风险管理模式通常由三个步骤组成：风险确定、风险冲击分析以及风险应对计划。

6. 质量管理：要求项目管理人员熟悉基本的质量管理技术，例如制作和说明质量控制图，尽力达到零缺陷等。

7. 合同管理：项目管理人员要求掌握较强的合同管理技巧，例如应能理解定价合同相对于“成本附加”合同所隐含的风险。他们应了解签约中关键的法律原则。

8. 交流管理：要求项目管理人员能与他们的经理、客户、厂商及属下进行有效的交流。

9. 集成管理：在最终分析中，项目管理人员必须把上述8种能力综合起来并加以协调。

在具体的项目中，项目经理作为项目团队的领导者，他们所有肩负的责任就是领导他的团队准时、优质的完成全部工作，在不超出预算的情况下实现项目目标。项目经理的工作即是对工作计划、组织和控制，从而为项目团队完成项目目标提供领导作用。同时，他应当激励项目团队，以赢得顾客的信任。

作为项目的指挥者，项目经理首要担负的职责是对项目的计划、组织和控制。接下来，项目经理应与他的团队对项目目标进行交流，并让团队参与制定实现目标的计划，这样，才能确保全体达成共识，并对计划更切实的执行。因此，项目经理除了具备运用项目管理知识与技术的能力，还要具备如下能力。

（一）优秀的领导能力

简单地说，领导工作就是通过别人来完成工作，项目经理需要通过项目团队来达成目标。

首先，项目经理应懂得如何授权和分配职责，采取参与和顾问式的领导方式，发挥导向和教练作用，让成员在职责范围内充分发挥能动性，自主地完成项目工作。

其次，项目经理应善于激励。由于项目经理通常没有太大的权力对成员进行物质方面的激励，因此，非物质激励方式就特别重要。比如：借助项目的惟一性，给项目成员接受挑战的机会往往可以对优秀的项目成员起到极大的激励作用；另外，对项目成员的工作成绩要及时表示认可。及时是非常重要的，并且最好是当众表扬，比如在上级领导或客户面前对项目团队或具体成员作出正面的评价。

最后，项目经理应该为成员树立榜样，表现出积极的心态，成为团队的典范和信心的源泉。

（二）非凡的沟通能力

有效的沟通是项目顺利进行的保证。在完成项目过程中，项目经理需要通过多种渠道保持与团队及分包商、客户方、公司上级的定期交流沟通，及时了解项目的进程、存在的问题以及获得有益的建议。沟通的方式可以是口头的或书面的，如面谈、电话、邮件、会议等。在沟通过程中，项目经理应善于提问，并做到有效地聆听，能经常站在对方的角度思考问题。

（三）良好的人际交往能力

良好的人际关系有助于项目的协调，避免生硬的操作方式。协调是随时需要的，主要来自于项目内部及客户，可能是资源的配置问题，也可能是项目范围的调整等。人际交往需要从一点一滴做起，而且往往发生在项目工作之外，项目经理需要采取主动、热情的姿态。

（四）快速的应变能力

项目的特点决定了项目工作过程存在一定的不可预见性，项目经理需要作好随时面对压力甚至是冲突的准备。一旦面临压力或冲突，最重要的是保持冷静，避免使项目陷入困境。项目经理要以乐于解决问题的姿态出现在团队中以及上级或客户面前。

要想项目成功，项目经理是不允许被压垮的。因此，有人建议：项目经理应经常参加体育锻炼，懂得适时放松自己，保持旺盛的精力。

（五）高效的激励能力

出色的项目经理重视对项目成员的培养，通过项目过程提升员工的能力，促进员工的自我发展。项目经理要帮助成员明晰自己的职业与技能发展方向，分配合适的工作任务，鼓励学习和相互交流。

（六）高效的时间管理能力

当需要在同一时段处理两项以上的任务时，时间管理就是必要的。项目经理往往需要同时面对数项甚至十几项任务，可见有效的时间管理是极为重要的。项目经理不仅需要管理好自己的时间，还需要与相关部门及人员订立时间使用协议，尽量减少非预期的时间占用。

总之，合格的项目经理不但高度明确自己的工作职责，而且具备充分的项目管理技能，能够积极主动地投入项目工作，领导项目团队达成目标。

三、项目经理的挑选和培养

（一）项目经理的挑选

项目经理是一个项目中的核心人物，需要具备比较全面的才能，特别是组织、协调和沟通等方面的能力。各个项目都有自己特点，所以选择出合适的项目经理很重要。项目经理的挑选主要考虑两个方面的问题：一是挑选什么样的项目经理，二是通过什么样的方式和程序挑选项目经理。

在选择项目经理时，主要考虑两个方面的问题：一是项目本身的特点和该项目在企业规划中的地位，由此确定对项目经理的要求。二是项目经理本身的素质特征。一般来说，对项目经理的挑选需要遵循以下一些原则，同时应该避免一些误区：

1. 候选人的管理能力。应该从候选人中挑选出管理能力最强的人。管理能力前面已经做过阐述，包括范围管理、时间管理、成本管理、人力资源管理、风险管理、质量管理、交流管理等内容。项目经理应该有能力保证项目按时优质的完成，并在项目实施过程中与领导和成员保持良好的沟通，处理一些突发事件。在考虑管理能力时应该避免的一个误区是对有强硬作风的候选人的偏好，对下属强硬并不是一个好的项目管理风格，项目经理应该给下属充分自由的空间，创造良好的工作氛围，对成员应该采取激励为主的策略。

2. 候选人的技术能力。不同的项目对项目经理的技术能力要求不同，对大部分项目来说，不需要项目经理在技术能力方面比技术专家或项目的其他成员懂的更多，但是他需要具有相关的技术的沟通能力，能向客户、高层管理人员和小组成员解释项目中的技术。不过对一些 R&D 项目，技术本身关系着项目的成败，那么让技术专家充当项目经理可能较为合适。所以，在考虑候选人的管理能力时，不能总是把候选人的技术能力作为最重要的标准，要视项目的特点而定。

3. 候选人的心理素质。由于项目在实施过程中必然面临各种压力和突发事件，项目经理应该能妥善处理压力和突发事件，要能临危不乱，要有有效的管理方式与技巧面对问题和压力。

4. 候选人的敏感性。敏感性具体指三个方面：(1) 对企业内部权力的敏感性，要求项目经理能够充分理解项目与企业的关系，保证其获得高层领导的必要支持；(2) 对项目小组成员与外界之间冲突的敏感性，要求项目经理能及时的发现问题及解决问题；(3) 对危险的敏感性，要求项目经理能够避免不必要的风险，及时规避风险。

项目经理的挑选方式一般有三种，每种挑选方式的程序不尽相同，下面分别做介绍。

第一种是由企业高层委派。这种方式一般的程序是，由企业高层领导提出人选或者由部门经理推荐，经企业人事部门听取各方面意见，进行资质考察，合格后经由总经理委派。这种方式要求公司总经理本身必须是负责任的主体，并且能知人善任。这种方式的优点是能坚持一定的客观标准和组织程序，听取各方面的意见，有利于选出合格人才。

第二种是竞争上岗的方式。竞争上岗的方式主要局限于企业的内部，具体方式不尽相同。其主要程序是由上级部门提出项目要求，征集候选人，候选人提交项目的有关目标和计划文件，由上层管理者进行考核与选拔。这种方式的优点是可以充分发挥各方面的潜力，有利于人才的选拔和提高企业成员的进取心，同时有利于促进项目经理的责任心和进取心。

第三种是企业和用户协商选择。这种方式的一般程序是，分别由企业内部和客户提出项目经理候选人，然后双方在协商的基础上加以确定。这种方式的优点是能够集中企业内外各方面的意见，可以更好的吸引客户，对项目经理也形成一定的约束机制。由于用户参与协商，一般对项目经理的要求比较高。一些企业外部项目一般采用这种方式。

(二) 项目经理的培养

项目经理的培养主要靠工作实践，成熟的项目经理都是从项目管理的实际工作中选拔、培养而成长起来的。

1. 确定培养对象。项目经理应该首先从参加过项目的工程师中选拔，注意发现那些专业技术好，有较强的组织能力、社会活动能力和兴趣广泛的人。具备这些基本的素质条件的工程师可以作为培养对象。让他们在取得一定的现场工作经验和综合管理部门的锻炼后调动其工作，在实践中进一步锻炼其独立工作的能力。

2. 项目经理的培养。取得了实践经验和基本训练后，对比较理想和有前途的培养对象，可以在经验丰富的项目经理的带领下，以助理的身份协助项目经理的工作，或者主持专业项目或分项目，并给予指导和考察。对小项目经理或者项目助理上表现比较强的组织管理能力者，可以让其担任大型项目的经理，并让他参加一些项目管理研讨班和有关的学术活动，使其在理论和管理技术上进一步开阔视野，逐渐成长为经验丰富的项目经理。

3. 项目经理的培训。除了实际工作阶段的锻炼以外，对有培养前途的项目经理人选还应该有针对性的进行项目管理基本理论和方法的培训。项目经理作为一个通才，应该具有既宽又深的知识面，除了工程的专业知识外，还应该进行业务知识和管理知识的系统培训，包括管理科学、系统工程、行为科学和项目管理信息系统等。

本章小结

本章主要讨论项目组织和项目经理。首先介绍项目组织的基本概念和组织设计的基本原则；然后着重介绍主要的项目组织结构，即职能式、项目式和矩阵式组织结构及其优缺点；并且讨论了项目组织结构的选择应考虑的因素和过程，以及组织的组建及发展阶段；最后介绍项目组织中项目经理角色、素质特征及项目经理的挑选和培养。本章的重点内容包括：

组织是特定的群体，是为了共同的目标，按照规定的原则，通过组织设计使得相关资源有机结合，并以特定结构运行的结合体。在建立组织结构时，必须注意五个基本原则。

组织的结构类型是多种多样的，现代项目组织形式主要可以分为职能式组织结构、项目式组织结构、矩阵式组织结构，各种组织形式都有自己的优缺点。

不同的项目，应根据项目具体目标、任务条件、项目环境等因素进行分析、比较，设计或选择最合适的组织结构形式。

项目经理的角色主要是协调者和监督者，在承担责任方面，项目经理是一个促成者，在解决问题方面，项目经理应该运用系统的方法。

项目经理必须具有优秀的领导能力、非凡的沟通能力、良好的人际交往能力、快速的应变能力、高效的激励能力和高效的时间管理能力等保证项目成功的完成。

思考题

1. 组织应该如何定义，组织设计的原则是什么？
2. 常见的组织结构形式有哪些，它们各有什么优缺点？
3. 组织结构的选择应该考虑哪些因素？
4. 你采用哪种形式来组织下面的一些项目？

（1）一个建筑公司的项目。

（2）一个公司的基础研究实验室的研究项目。

（3）一个管理咨询公司的咨询项目。

（4）一个城市的公共交通项目。

5. 你认为项目经理在项目组织中应该担当什么样的角色？

6. 项目经理应该具备哪些素质？

7. 你认为项目经理应该怎样选择，怎样培养？

案 例

IBM 矩阵式的组织结构

近些年来，IBM、HP 等著名的外国企业都采用矩阵式的组织结构。尽管我在管理学的教科书上看到过对矩阵组织优劣的探讨，但很难有切身的感受。这次听叶成辉先生谈起自己经历的 IBM 的矩阵组织，感到获益不浅。

1987 年，加州伯克利大学电子工程专业出身的叶成辉在美国加入 IBM 旧金山公司，成为一名程序员。因为不喜欢编程等技术类的工作，梦想着做生意、当经理（比较喜欢跟人沟通），他便主动请缨到销售部门去做，经过了差不多 5 年时间的努力，获得提升，成为一线的经理。随后，叶先生回到 IBM 香港公司，做产品经理。由于个人"斗志旺盛"，业绩不错，而且"官运亨通"，差不多每两年他都能够跃一个台阶，如今，叶成辉已经是 IBM 大中华区服务器系统事业部 AS/400 产品的总经理。

从旧金山到香港，再到广州到北京；从普通员工到一线经理，再提升到现在做三线经理；从一般的产品营销，到逐步专注于服务器产品，再到 AS/400 产品经理，10 多年来，叶成辉一直在 IBM 的"巨型多维矩阵"中不断移动，不断提升。他认为，IBM 的矩阵组织是一个很特别的环境，"在这个矩阵环境中，我学到了很多东西"。IBM 是一个巨大的公司，很自然地要划分部门。单一地按照区域、业务职能、客户群落、产品或产品系列等来划分部门，在企业里是非常普遍的现象，从前的 IBM 也不例外。"近七八年以来，IBM 才真正建立了矩阵组织。"这也就是说，IBM 把多种划分部门的方式有机地结合起来，其组织结构形成了"活着的"立体网络——多维矩阵。IBM 既按地域分区，如亚太区、大中华区、华南区等；又按产品体系划分事业部，如 PC、服务器、软件等事业部；既按照银行、电信、中小企业等行业划分；也有销售、渠道、支持等不同的职能划分等，所有这些纵横交错的部门划分有机地结合成为一体。对于这个矩阵中的某一位员工比如叶成辉经理而言，他就既是 IBM 大中华区的一员，又是 IBM AS/400 产品体系中的一员，当然还可以按照另外的标准把他划分在其他的部门里。

IBM 这种矩阵式组织结构带来的好处是什么呢？叶成辉先生认为，非常明显的一点就是，矩阵组织能够弥补对企业进行单一划分带来的不足，把各种企业划分的好处充分发挥出来。显然，如果不对企业进行地域上的细分，比如说只有大中华而没有华南、华东、香港、中国台湾省，就无法针对各地区市场的特点把工作深入下去。如果只进行地域上的划分，对某一种产品比如 AS/400 而言，就不会有一个人能够非常了解这个产品在各地表现出来的特点，因为每个地区都会只看重该地区整盘的生意。再比如按照行业划分，就会专门有人来研究各个行业客户对 IBM 产品的需求，从而更加有效地把握住各种产品的重点市场。

"如果没有这样的矩阵结构，我们要想在某个特定市场推广产品，就会变得非常困难。"叶成辉说。"比如说在中国市场推广 AS/400 这个产品吧，由于矩阵式组织结构的存在，我们有华南、华东等各大区的队伍，有金融、电信、中小企业等行业队伍，有市场推广、技术支持等各职能部门的队伍，以及专门的 AS/400 产品的队伍，大家相互协调、配合，就很容易打开局面。"

"首先，我作为 AS/400 产品经理，会比较清楚该产品在当地的策略是什么。在中国，AS/400 的客户主要在银行业、保险业，而不像美国主要是在零售业和流通业；在亚太区，AS/400 的产品还需要朝低端走，不能只走高端；中国市场上需要 AS/400 的价位、配置以及每个月需要的数量等，只有产品经理，才能比较清楚。从产品这条线来看，我需要跟美国工厂订货，保证货源供应。从产品销售的角度看，AS/400 的产品部门需要各相关地区的职能部门协助，做好促销的活动；然后需要各大区、各行业销售力量把产品销售出去。比如，我需要在媒体上做一些访问，就要当地负责媒体公关的部门协助。再如，我认为'莲花宝箱'（为中国市场量身定制的 AS/400）除了主打银行外，还要大力推向中小企业市场，那么就需要跟中国区负责中小企业的行业总经理达成共识。当然，'莲花宝箱'往低端走，还需要分销渠道介入，这时，就需要负责渠道管理的职能部门进行协调。从某种意义上讲，我们之间也互为'客户'关系，我会创造更好的条件让各区、各行业更努力推广 AS/400。"

任何事情都有它的"两面性"。矩阵组织在增强企业产品或项目推广能力、市场渗透能力的同时，也存在它固有的弊端。显然，在矩阵组织当中，每个人都有不止一个老板，上上下下需要更多的沟通协调。所以，"IBM 的经理开会的时间，沟通的时间，肯定比许多小企业要长，也可能使得决策的过程放慢。"叶成辉进一步强调，"其实，这也不成为问题，因为大多数情况下还是好的，IBM 的经理们都知道一个好的决定应该是怎样的。"另外，每一位员工都由不同的老板来评估他的业绩，不再是哪一个人说了算，评估的结果也会更加全面，"每个人都会更加用心去做工作，而不是花心思去讨好老板。"同时运用不同的标准划分企业部门，就会形成矩阵式组织。显然，在这样的组织结构内部，考核员工业绩的办法也无法简单。在特定客户看来，IBM 只有"惟一客户出口"，所有种类的产品都是一个销售员销售的；产品部门、行业部门花大气力进行产品、客户推广，但是，对于每一笔交易而言，往往又是由其所在区域的 IBM 员工最后完成。问题是，最后的业绩怎么计算？产品部门算多少贡献，区域、行业部门又分别算多少呢？叶成辉说："其实，IBM 经过多年的探索，早已经解决这个问题了。现在，我们有三层销售——产品、行业和区域，同时，我们也采取三层评估，比如说经过各方共同努力，华南区卖给某银行 10 套 AS/400，那么这个销售额给华南区、AS/400 产品部门以及金融行业部门都记上一笔。"当然，无论从哪一个层面来看，其总和都是一致的。比如从大中华区周伟锟的立场来看，下面各分区业绩的总和，大中华区全部行业销售总额，或者大中华区全部产品（服务）销售总额，三个数字是一样的，都可以说明他的业绩。

在外界看来，IBM 这架巨大的战车是稳步前进的，变化非常缓慢。叶成辉认为，这其实是一种误会。对于基层的员工，对于比较高层的经理，这两头的变化相对比较小，比较稳定。比如说一名普通员工进入 IBM，做 AS/400 的销售，差不多四五年时间都不会变化，然后，可能有机会升任一线经理。再比如亚太区的总经理，也可能好多年不变，因为熟悉这么大区域的业务，建立起很好的客户关系，也不太容易。所以，外界就觉得 IBM 变动缓慢。"但是，在 IBM 矩阵内部的变化还是很快的。中间层的经理人员差不多一两年就要变化工作，或者变化老板，变化下属，这样就促使整个组织不断地创新，不断地向前发展。"叶成辉说，"我在 IBM 10 多年，换了 10 多位老板。每一位老板都有不同的长处，从他们那里我学到了很多。其实，IBM 的每一位员工都会有这样的幸运。"矩阵组织结构是有机的，既能够保证稳定地发展，又能保证组织内部的变化和创新。所以，IBM 常常流传着一句话：换了谁也无所谓。

摘自 http：//www. aurapmp. cn

思考题

结合本案例材料，谈谈矩阵型组织结构的优缺点及克服其缺点的办法。

第四章　项目集成管理

项目集成管理是项目管理中的一项综合性和全局性的管理职能，是针对项目各专项管理的综合协调所开展的一项系统性的管理工作。在项目的实施过程中，项目范围、时间、成本、质量等某个方面的管理和采取的行动都将会对项目的其他诸方面造成一定的影响。项目各专项工作的实施和管理之间存在着一定的关联性和相互作用与影响，它们有时会表现得非常突出和确定，而有时又可能表现得非常微妙和很不确定。这种项目各专项管理与活动之间的相互影响和关联要求在项目实施中必须充分、积极地开展项目集成管理，以便通过项目集成管理对项目的实施与管理活动和目标进行协调与控制。本章首先介绍项目集成管理的一般概念，然后分别详细阐述项目集成管理的三个方面：项目集成计划的制定、项目集成计划的实施、项目变更总体控制。

第一节　项目集成管理的基本概念

项目集成管理是为确保项目各专项工作能够有机地协调和配合而开展的一种综合性和全局性的项目管理工作。它包括协调各种相互冲突的项目目标、选用最佳或满意的项目备选行动方案，以及集成控制项目的变更和持续改善项目工作方法等方面的内容。项目集成管理从本质上说就是从全局的观点出发以项目整体利益最大化作为目标，以项目各专项管理（包括项目时间、成本、质量、资源、风险、采购管理等）的协调与整合为主要内容所开展的系统性项目管理活动。由于某个项目专项目标的实现或某个项目实施与管理活动的变更会破坏另一个项目专项目标的实现，甚至改变另一个项目实施与管理活动的内容和要求，所以一个成功的项目管理者必须充分认识项目各专项工作之间的相互关系和相互影响，并通过开展项目的集成管理去全面地把握和管理好项目。项目集成管理的主要工作包括如下几个方面：

1. 项目集成计划的制定

这是一项综合考虑项目各种专项计划（如项目时间计划、质量计划、成本计划、采购计划和风险应对计划等），通过综合平衡编制出能够协调和综合各个专项计划的项目集成计划的项目管理工作。

2. 项目集成计划的实施

这是将制定出的项目集成计划付诸实施的工作，包括完成项目集成计划任务、实现项目集成管理的目标，以及使项目集成计划转变成项目产出物的一系列项目管理工作和过程。这是一项贯穿项目全过程的综合性和全局性的项目实施及管理控制工作。

3. 项目变更的总体控制

这是一项协调和控制整个项目实现过程中的各种项目变更请求和计划，努力使项目实施工作中的各种项目变更工作实现集成管理的控制工作。任何一个项目都会出现不同程度的项目变更，为了避免这些变更产生不良后果，在项目集成管理中就必须开展项目变更的总体控制工作。

上述这三项项目集成管理工作在项目实现的不同阶段其管理工作内容会有所不同和侧重，但是项目集成管理工作是必须开展的。换句话说，不管在项目的哪个阶段都必须从综合的角度和以全局的观点去开展项目集成管理工作，而不能只注重项目各专项管理工作而最终造成“顾此失彼”的后果。特别需要指出的是，项目集成管理这三个方面的工作在实际管理过程中往往是相互关联和前后重叠与交叉的，而不是相互割裂的。

第二节　项目集成计划制定

项目集成计划（Integration Plan）有时也被称为项目主计划（Master Plan）或直接叫项目计划（Project Plan）。它是一个项目集成、综合和协调了各种项目要素影响和要求的全面计划，是整个项目集成管理的依据和指导性文件。

一、项目集成计划的概念

计划工作是项目管理中最为重要的一环，而项目集成计划工作又是全部项目计划工作中最为重要的一环。前面已经讨论的项目范围、工期、成本和质量管理中有很多计划工作，从项目时间（工期进度）计划到项目的资源计划和项目的成本预算计划，这些都是项目管理中的专项计划工作。项目集成计划管理工作是项目管理中最为重要的计划管理工作。

项目集成计划是指通过使用项目各个专项计划（包括战略计划）工作所生成的结果（即项目的各种专项计划及其支持细节），运用集成和综合平衡的方法所制定的，用于指导项目实施和管理控制的集成性、综合性、全局性的计划文件。通常，这种集成计划的编制需要通过多次反复的优化和修订才能完成。例如，在初始的项目集成计划文件中可能首先考虑项目范围和成本的集成，但是在最终的项目集成计划文件中需要详细反映项目资源、工期、质量、成本和风险等各种因素的集成。

需要特别说明的是项目集成计划与项目各专项计划的相互关系问题。通常一个项目是首先制定项目的专项计划初步方案，然后进行最初的项目集成计划的综合与平衡工作；随后进一步编制和完善项目的专项计划，进一步再作项目各专项计划的综合平衡并生成项目集成计划草案；最终编制和确定出项目集成计划和项目各专项计划方案。

二、项目集成计划编制的输入

在项目集成计划编制的前期准备阶段要收集各种相关的信息和数据，从而为项目集成计划的编制提供依据。这一工作收集的信息主要包括：

(一) 项目各专项计划信息

项目各种专项计划编制工作所生成的专项计划文件和相应的支持细节文件与信息是编制项目集成计划最为重要的信息。这包括项目战略计划的信息，项目范围计划中的 WBS 以及项目各专项计划中所规定的目标、任务和各种数据等，它们都需要被集成到项目集成计划之中。例如，项目范围、质量、工期、成本、资源、风险、沟通、人力资源和采购等计划信息都需要在项目集成计划中进行集成和综合。

(二) 相关历史信息与数据资料

在项目集成计划的编制中还需要使用相关的历史信息与数据资料，这些通常是作为一种基本的参照信息使用的。这类的信息主要包括：

1. 过去已完成类似项目的历史数据资料。这是指项目组织或其他组织在过去所完成类似项目的各种历史信息与数据资料，包括这些历史项目的计划文件、绩效报告、实际结果、经验教训等方面的信息与数据资料。

2. 本项目前期所生成的各种资料与数据。这是指项目组织在编制项目集成计划之前，已经收集和生成的各种与项目有关的资料与数据。包括项目前期分析与决策工作中获得的信息资料和此后收集的与项目相关的信息资料。

(三) 项目相关组织的政策与规定

任何一个与项目相关组织的方针、政策和规定（包括项目业主/客户和项目实施组织）都是在制定项目集成计划时必须予以充分考虑的项目集成计划编制依据。这方面的信息主要包括：

1. 项目相关组织有关质量管理的政策。项目相关组织有关项目质量管理方面的政策和规定是制定项目集成计划的重要依据之一，因为在项目集成计划编制中需要依据这方面的政策和规定确定项目质量管理的计划和安排。

2. 项目相关组织员工管理与绩效评价的政策。项目相关组织有关员工管理和绩效评价的政策和规定也是制定项目集成计划的重要依据之一，这包括项目员工内部招聘、外部招聘、解聘、员工绩效评价与激励等方面的政策和规定。

3. 项目相关组织财务与合同管理方面的政策。项目相关组织有关财务管理与合同管理等方面的政策同样也是制定项目集成计划的重要依据之一，这包括财务管理与报告制度、财务账户管理办法、合同管理方法与程序等方面的政策与规定。

（四）项目的限制因素与条件

项目的限制因素与条件是指限制项目计划与实施的各种内部和外部的环境因素与条件。例如，项目业主/客户事先确定的项目预算和质量要求就是一种限制因素和条件。项目所处环境和条件对于项目集成、范围、质量、工期、成本、资源、项目团队组成和项目沟通等方面的限制因素与条件都是在项目集成计划的编制中必须充分考虑的。在项目集成计划编制过程中必须根据项目的各种限制因素和条件去合理地选择出切实可行的项目集成计划力案。因此，在项目集成计划编制过程中还必须认真收集和整理需要考虑的各种项目限制因素和条件，因为它们也是项目集成计划编制中所必须依据的信息之一。

（五）项目的假设前提条件

从项目计划管理的角度出发，项目的假设前提条件是指那些到计划编制时尚未完全确定的各种项目内外部条件。但是，人们为了制订项目计划就不得不对这些条件做出一些假定，并将这些假设的条件作为编制项目计划的依据之一，以便使用这些假设前提条件去制定项目计划（否则缺少条件就无法编制计划了）。例如，项目团队的某个关键成员（像科研项目中的首席专家）是否和何时能够参加项目最初是不确定的，但是项目管理者在制定项目计划的时候就必须假定这一关键成员参加项目和投入项目工作的时间，并以此作为编制和确定项目计划的前提条件。当然，任何假设前提条件都包含有一定的风险性，因为这类假设的前提条件实际上都是不确定的。

（六）其他信息

另外，在项目集成计划的制定过程中还需要收集一些具体项目所属专业领域的信息和相关专业领域的各种信息，以便作为项目集成计划编制工作的依据。例如，工业建筑项目的集成计划编制需要考虑资金的时间价值，所以就需要收集和输入有关现金流量、所属行业的基准收益率和贴现系数等方面的信息或数据以及所属行业的一些专业方面的相关数据和信息。然而，对于软件开发项目的集成计划编制就需要收集有关项目用户的信息需求信息、用户现有信息系统硬件信息和项目用户的信息载荷与数据容量要求等方面的信息。这些也都是在编制项目集成计划中需要依据的信息。

三、项目集成计划制定方法与技术

项目集成计划制定工作是一项需要反复优化和综合平衡项目各方面的因素，按照把握全局和系统思维的模式开展的一项计划编制活动和过程。项目集成计划编制过程中所使用的计划方法和技术主要包括下述几个方面：

（一）项目集成计划的编制方法

在编制项目集成计划过程中所采用的技术与方法首先就是各种项目集成计划的具体技术与方法。项目集成计划的技术与方法是指在项目集成计划的编制过程中所使用的一系列计划程序、做法和具体规则等构成的项目集成计划编制的特定的方法。不同规模的项目可能会使用不同的项目集成计划方法；其中小型项目所用的集成计划方法是比较简单的结构化计划编制方法；大型项目所用的集成计划方法就是比较复杂的，因为它需要包括像系统仿真模拟方法和各种综合平衡与优化方法等一系列的计划方法与模型。大多数项目集成计划的方法都是按照综合管理的原则和方法编制而成的，这既包括一些由计算机软件实现的方法，也包括一些通过项目会议讨论做出决定的方法。例如，对于项目工期、质量和成本的集成计划编制就可以运用价值分析和分步集成的方法去制定。这一方法的具体做法如下：

1. 项目质量与项目成本的集成计划方法

项目各个要素的集成计划编制可以来用分步集成计划的方法。第一步先编制项目质量与项目成本的集成计划，然后进一步编制项目工期与项目成本的计划和其他的集成计划。项目质量与项目成本的集成计划需要借助价值分析（或叫价值工程）的原理，通过对于项目产出物质量（或叫功能）进行的价值分析，最终确定出能使项目业主/客户获得最大价值的项目质量与项目成本的集成计划。

在项目质量与项目成本集成计划的方法中，首先要根据价值工程原理对项目质量进行价值分析。根据价值分析原理的公式 $V=F/C$ 可知，任何项目产出物的质量都可以用它的功能（即公式中用 F 表示部分）来表示，而项目产出物价值（即公式中用 V 表示的部分）的增加，可以通过增加项目产出物的功能（F）和降低项目成本（公式中用 C 表示）这两种基本方式来实现。所以，在项目集成计划编制过程中首先要应用价值工程的原理去综合考虑和安排好项目质量与项目成本的集成计划。

2. 项目工期与成本的集成计划方法

在完成了项目质量与项目成本的集成计划安排以后，一个项目的质量计划基本上就确定了，随后就需要进行项目工期与成本的分步计划集成工作了。这一工作要求按照既定的项目质量要求，通过分步综合平衡项目工期和项目成本各要素，最终编制出项目这三个主要素的集成计划。在安排项目工期、质量与成本的综合平衡时通常会有三种基本的选择。如图 4.1 所示：

图 4.1 中的三条“S”曲线分别代表三种不同的项目工期与成本的集成计划方案。其中 $P1$ 计划方案的项目工期较短（$T1$），但是项目成本较高（$C1$）；而 $P2$ 计划方案的项目工期较长（$T2$），但是项目成本较低（$C2$）；$P3$ 计划方案的项目工期与成本则介于 $P1$ 和 $P2$ 方案之间。人们在编制项目工期与成本集成计划的过程中可根据项目实际的限制条件和假设前提条件从上述三种集成方案中做出选择。例

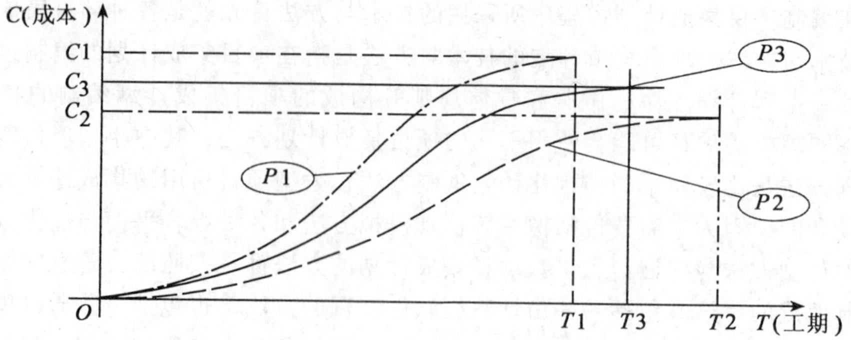

图 4.1 项目工期、成本和质量集成计划方案示意图

如：当项目急需而企业又能够负担得起时就可以选择 P1 计划方案，反之则应选择 P2 计划方案。通常在项目集成计划编制中需要运用这一原理去优化安排项目工期与成本。

3. 项目成本、工期和质量的全面集成计划方法

在完成上述两要素的集成计划安排以后，如果两种两要素的集成计划（项目成本与质量的集成计划和项目成本与工期的集成计划）发生冲突或者相差很大时，就需要进一步综合平衡这两种独立编制的两要素集成计划结果，即开展项目成本、工期和质量三要素的全面综合与集成。这种三要素综合平衡的集成计划有两种不同的做法：一是在两份两要素集成计划中的项目成本指标相差不大的情况下，只要通过对这两个两要素集成计划结果做交叉检验与适度调整即可得到一个三要素的项目集成计划；二是在两份两要素集成计划中的项目成本指标相差很大的情况下，必须采用分步和全面综合平衡的办法，根据具体项目的成本、工期和质量三大要素的特定关系，每次调整一个要素，通过全面综合平衡项目的工期、质量和成本计划指标的方法就可以编制出项目的三要素集成计划。这种方法一般采用先确定某一要素的计划指标值，然后通过逐步试算和优化的办法，最终找到一个最优或满意的项目质量、工期和成本三要素集成计划方案。

（二）项目相关利益者的相关技能和知识

每个项目相关利益者在项目集成计划的制定中都需要开展相应的工作，都需要运用它们自己掌握的项目计划和项目管理方面的技能与知识去为编制项目集成计划服务，所以项目相关利益者的相关技能和知识也属于项目集成计划工作的方法与技术的范畴。项目经理应该创造一个良好的环境使项目相关利益者都能够在集成计划的制定过程中贡献他们的才智和力量，充分使用他们在这方面的相关技能和知识，为编制科学合理的项目集成计划服务。例如，在确定一个建筑工程项目的成本、工

期和质量的集成计划过程中，项目业主的造价工程师和项目承包商的项目经理以及项目监理公司的监理工程师等就可以运用他们各自的相关知识和技能，在计划和分析项目成本构成、进行价值分析、评价项目的收益与投资回收比率、项目的工期进度分析、关键路径分析和项目质量分析等方面作出自己的贡献。特别是在对一些创新型和独特性很高的项目而言，人员数量和责任都已事先确定的科学技术研究与开发项目中，所有参与项目团队的成员都需要运用自己的知识和技能，努力分析、评价和计划安排项目的时间、资源、预算等，以便确定出能够达到成本限制和进度要求的项目集成计划。

（三）项目管理信息系统

在项目集成计划过程中，人们需要从事大量的信息收集、整理和加工处理工作。在这一活动中，人们需要使用项目管理信息系统（Project Management Information System，PMIS）这一技术工具和其中的各种计划方法与模型。项目管理信息系统可以是基于计算机的也可以是基于人工的，一般它是用来收集、加工处理和集成与传递各种项目管理信息的人机系统，是项目集成计划编制所依赖的主要技术工具和手段。在项目集成计划编制过程中，项目管理人员需要使用项目管理信息系统去帮助完成项目的集成计划编制工作，尤其需要用它完成项目集成计划方案的协调和优化工作。使用这种信息系统去编制项目集成计划，通常要比人工编制项目集成计划更为快捷和有效，特别是对于一些大型项目而言，没有这种基于计算机的项目管理信息系统就很难编制出相对复杂的项目集成计划。

四、项目集成计划工作的结果

运用上述的方法与技术，就可以给出集成管理工作的最终结果并使用这些结果去指导和规范项目集成管理了。项目集成计划工作的结果主要包括下述内容：

（一）项目集成计划

项目集成计划也叫项目计划，它是项目集成计划编制工作最主要的成果。它是一种正式获得批准的项目总体计划文件，是用来管理和控制整个项目实施过程的综合性、全局性的计划文件。项目集成计划文件需要根据项目组织信息沟通管理规定的范围向下发放，而且需要按照这种计划使用者的不同需要发放不同详细程度的项目集成计划。例如，对于项目业主/客户只需要发放一种全面而相对简略的项目集成计划综述性文件，而对于项目团队的管理者们则需要发放完整而又详细的项目集成计划文件。另外，还应该注意明确区分项目集成计划与项目绩效度量基准的差别。项目集成计划中有很多内容是一种基准性的，在一定时间内它们是项目绩效度量的基准（Base Line）；在项目集成计划实施过程中，这些项目绩效度量的基准一般需要保持相对稳定。但是，项目集成计划在实施过程中是可以根据项目内部和外部情况的变化进行修改与更新的。项目管理者必须清楚项目集成计划这种双重作用的特性，以便做到在努力保持项目绩效度量基准的前提下及时而又灵活地修订和调整项目的集成计划。一个项目的集成计划通常包括如下几方面的具体内容：

1. 项目的批准与特许情况的说明。这是有关项目何时、由何人或组织予以批准以及项目涉及的各种特许情况的描述与说明。它是关于项目背景、条件和依据等方面最为重要的说明和描述。

2. 项目管理方法与战略的说明。这是有关项目集成计划编制、修订、更新和审批等管理办法以及项目集成管理策略与大政方针方面的说明与描述，有时还会包括一些关于项目集成计划的概略性描述。

3. 项目范围的综述。这是有关整个项目范围的综述，包括对于项目产出物的说明与描述、对于项目各项目标的描述和说明，以及对于项目整体范围的界定和描述。

4. 项目工作分解结构的描述。这是有关项目工作分解结构及其相应任务和细节的详细描述和说明，它给出了项目不同组织层次的具体任务以及这些任务之间的相互关联与影响的说明，这是项目范围基线的规定。

5. 项目成本、进度和责任的说明。这是有关项目工作分解结构各层次工作所对应的项目成本预算、工期进度安排、质量要求和相关责任的分配以及相应管理办法的描述与说明。

6. 项目绩效度量基准的描述和说明。这是有关项目工作范围、工期和成本的绩效度量基线的描述和说明。它给出了度量各项目工作的时间和成本的基线和项目实施者工作绩效度量的基准。

7. 项目重要里程碑与目标日期的说明。这是有关项目阶段的划分和项目各阶段重要里程碑以及每个里程碑具体目标日期的描述和说明。项目各阶段的重要里程碑是指一个项目阶段中所要给出的标志性成果及其日期。

8. 项目团队成员的描述和说明。这是有关项目团队的构成、关键成员要求、具体人员类别以及项目所需各类人员的比例与要求等问题的描述和说明。这是项目集成计划中有关项目人力资源需求的描述和说明。

9. 项目风险管理计划及其说明。这是有关项目风险计划的描述和说明，包括项目面临主要风险、项目的各种限制条件和假设前提条件以及未来将要采取的项目风险应对措施和项目不可预见费用的安排说明等。

10. 项目各专项计划及其描述和说明。这是有关项目各主要专项计划的说明和描述。项目范围、进度、成本、质量、沟通、人力资源和采购计划等专项计划都可以根据情况需要列入到项目集成计划之中。

11. 存在的问题和尚需决策问题的说明。这是有关在项目集成计划制定过程中所发现但是尚未解决以及在项目集成计划编制中遗留下来的各种悬而未决或尚待决策问题的描述和说明。

另外，不同规模和不同专业领域项目的集成计划会涉及一些独特的内容，这些独特内容也可以根据项目集成管理的要求按照一定的方式在项目集成计划文件中给出。例如，大型项目的集成计划通常还需要包括项目组织和项目团队的组织结构图等内容。

（二）项目集成计划的支持细节

项目集成计划工作的另一项结果是生成一系列有关项目集成计划的支持细节的信息与文件。这种集成计划支持细节文件的具体内容会因项目的不同而有很大区别。但是，一般情况下项目集成计划支持细节的主要内容有如下几个方面：

1. 项目各专项计划工作的结果文件。这是指那些尚未包括在项目集成计划中的项目各专项计划工作的结果信息和文件。这既包括项目专项计划文件本身，也包括项目各专项计划的各种支持细节信息。

2. 各种新获得的信息和文件。这是指那些在项目集成计划的制定过程中通过信息收集和信息加工处理所获得的各种新信息和文件，包括各种新发现的项目限制条件和新设定的项目假设前提条件等。

3. 项目的各种技术文件。这是指能够对项目集成计划提供支持的各种项目技术文件，包括项目产出物和项目工作的技术要求文件、项目的技术设计文件和项目的各种技术说明书等文件。

4. 项目的相关标准文件。这是指根据项目计划（包括项目集成计划和专项计划）、目标和要求而编制的各种绩效考核指标文件和度量项目工作绩效的标准与规范性的文件等。

项目集成计划中给出的这些支持细节信息和文件同样需要很好地组织和编排，以便于在项目集成计划管理过程中作为依据和指导文件使用。

第三节　项目集成计划实施

项目集成计划实施过程就是完成整个项目集成计划文件所规定的全部任务的过程。所以在这个过程中，项目经理和项目管理队伍必须全面协调和组织指挥好项目所涉及的人员、资金、技术，做好项目组织与管理等方面的工作。同时，这一过程还会受到项目所属专业领域各种情况的影响，因为这一过程的最终工作结果所给出的是属于一定专业领域的项目产出物。项目集成计划实施的主要工作内容如下：

一、项目集成计划实施所需信息的收集

项目集成计划实施过程始于项目集成计划及其支持细节等信息的收集和整理。当项目组织或项目团队得到了项目集成计划和相应支持细节文件与信息以后，通常就可以开始实施项目集成计划了。但是，首先项目实施组织需要收集和获得有关项

目组织政策、规定和项目实施工作中出现的偏差以及项目组织将要采取的纠偏措施等方面的信息。实际上，在项目集成计划的实施过程中需要不断地获得这些方面的信息，以保证项目集成计划实施工作的正确和高效。项目集成计划实施过程中所需的信息除了项目集成计划文件、专项计划文件和相应的支持细节以外，还有以下两个方面的内容。

（一）项目相关组织的政策与规定

项目相关组织的政策与规定是在项目集成计划实施中所需的一项非常重要的信息。参与项目的任何一个组织都会有各种各样的正式的和非正式的政策与规定，这些政策和规定都会影响项目集成计划的实施工作。虽然这种影响有时是正面的，属于项目集成计划实施的推动和保障力量，但是我们必须获得相关的信息才能更好地开展工作。因此，在项目集成计划实施的全过程中应该不断地收集、了解和正确地贯彻这些项目相关组织的政策和规定，以推动和加速项目集成计划的实施。如果项目相关组织的政策和规定对于实施项目集成计划和实现项目目标有妨碍或者发生冲突，则需要修订和完善这些项目组织的政策和规定，以便使其能够更好地为项目集成计划的实施服务。

（二）项目纠偏措施与行动信息

项目的纠偏措施与行动信息包括各种项目实施的实际情况、项目计划的偏差信息、计划采取的纠偏措施与行动等方面的信息。通常，这些项目纠偏措施与行动的信息会指导项目组织去调整项目集成计划的实施工作并改进项目集成计划实施绩效，从而保证项目各项目标的实现。需要特别强调的是，项目纠偏措施与行动信息是在项目集成计划实施过程中，由项目管理控制人员根据项目集成计划实施过程中的实际绩效、工作情况与结果数据，通过加工处理而生成的项目集成计划实施的管理信息。这种信息的生成需要经历四个阶段：首先要对目前阶段的项目实施工作进行科学的度量，然后要将实际度量结果与项目集成计划指标和绩效基准进行比较并找出二者之间的差距，进一步分析产生这些差距的原因，最终根据造成差距的原因设计和确定出需要采取的纠偏措施和行动。所以，项目集成计划实施中所生成的纠偏措施与行动方面的信息，是在项目集成计划实施过程中不断更新的一种动态信息。

二、项目集成计划实施的管理方法和工具

在项目集成计划实施过程中所使用的主要管理方法和工具包括如下几项：

（一）一般管理使用的方法和工具

这主要包括在一般运营管理中使用的计划、组织、领导、控制、沟通、激励等常规的管理方法和工具。这些一般管理的方法与工具对于项目集成计划实施的管理也是有一定效力的。比如，一般管理中使用的激励方法对于推动项目集成计划的实

（二）项目变更要求及其实施结果

项目集成计划实施的另一项结果是在实施过程中所形成的项目变更要求和项目变更结果。所谓项目的变更要求是指在项目集成计划实施过程中，对于正在实施的项目集成计划所提出的各种改动的要求。这种项目变更要求应该分为两种情况进行管理：一种是由于项目实际的实施工作落后于项目集成计划而造成的项目变更要求，一种是项目集成计划在制定过程中本身就存在的缺陷而造成的项目变更要求。例如，项目业主/客户提出的扩大或者缩小项目任务范围的变更要求，项目实施组织为变更项目工作内容、修订项目集成计划、调整项目成本或质量而提出的变更要求等。这些项目变更要求多数是在项目集成计划的实施过程中提出、确定并实施完成的，所以它们也是项目集成计划实施的重要结果之一。

第四节 项目变更总体控制

项目变更总体控制也是项目集成管理的一项十分重要的工作，它涉及许多深层次的项目集成管理方面的问题。例如，如何集成管理项目的变更要求，如何集成管理项目变更的实施，如何确定哪些变更要求是可行的，在项目实施中如何控制变更作业等。

一、项目变更总体控制的概念

项目变更总体控制是针对项目变更的单一控制而言的。在项目实施中，项目的目标、范围、计划、进度、成本和质量等各个方面都会发生变更，任何一个项目要素的变更都会对于其他项目要素产生影响，所以需要对这些各方面的项目变更进行总体的控制。虽然在项目实施过程中的项目变更都有自己专门的单项变更管理，但是这些单项变更对于项目其他方面的影响必须通过项目变更的总体控制予以解决；同时，需要使用项目变更的总体控制来协调和管理好一个项目各相关利益总体所提出的各种项目变更要求。

项目变更总体控制涉及的内容包括：确保造成项目变更的影响因素之间的协调控制，发现和找出已经发生的项目变更及其相互之间的关系，集成管理已经发生和正在发生的各种项目变更，在项目变更发生后及时维护和修订项目绩效度量的基线等。图 4.2 给出了项目变更总体控制所涉及的相应内容和它与各个专项变更控制之间的关系。

由图 4.2 可以看出，项目变更总体控制与项目范围变更控制、项目进度变更控制、项目成本变更控制、项目质量变更控制、项目风险变更控制、项目合同变更控制等专项变更控制是紧密相关的，它是更高一层的全局性的项目变更控制。项目变更总体控制通常要求做到：

施也是非常有用的。

（二）相关专业领域的技术和方法

在项目集成计划的实施过程中，开展最多的活动是生成项目产出物的活这些活动中需要使用一系列的项目所属专业领域的技术、知识和方法。项目划实施中所必需的相关专业领域的技术、知识和方法，应该在项目集成计划明确的说明，并设法获得这方面的技术和知识。

（三）项目工作授权系统

项目工作授权系统是项目集成计划实施中使用的一种项目工作与决策授统，这种系统是保障项目集成计划实施的关键，因为在项目管理中最主要的工作授权允许和推动个人或群体去从事项目实施的具体工作。项目工作授权括工作授权和项目变更批准授权等子系统。

（四）项目进度情况评审会议

在项目集成计划实施过程中，需要定期或不定期地举行项目进度情况议，以交换项目实施进度情况和项目管理中的问题与意见。对于大多数项目项目进度情况评审会议可以按不同的频率（间隔时间）和不同的管理层次例如，可以每周或每月开一次或两次这样的会议。项目进度情况评审会的决要是项目集成计划实施的重要指导文件和更新项目集成计划的依据之一。

（五）项目管理信息系统

项目沟通管理是项目集成计划实施过程中的一项重要管理活动，而项目息系统是项目集成计划实施管理的一种重要方法和工具。项目沟通管理是对成计划实施中各种工作发展变化情况的数据资料的加工和使用管理。项目管系统是对项目信息进行收集、加工、存储、传递的系统，它是项目集成计划理中所使用的一种手段和方法。

三、项目集成计划实施的结果

项目集成计划实施的结果包括两个方面：其一是通过项目集成计划的实成的具体成果，其二是在项目集成计划实施中发生的相关项目变更的要求和

（一）项目集成计划实施所生成的成果

项目集成计划实施的根本结果是通过实施生成了项目产出物，这既包括项出物的中间形态，也包括项目产出物的最终形态，这是项目集成计划实施最主结果。项目集成计划实施的这一结果中还应该包括说明生成项目产出物的工作和工作结果的各种文件资料，包括哪些项目任务已经完成、哪些还没有完成、工作达到了什么样的程度以及达到的质量标准和已经发生的项目成本等。这些资料都需要与项目产出物一起作为项目集成计划实施的成果给出。

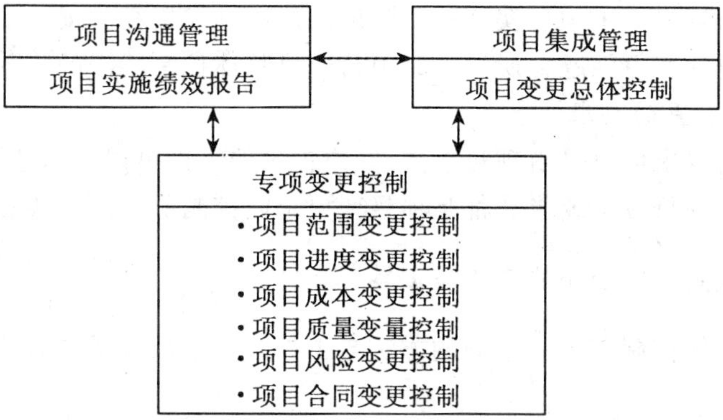

图 4.2　项目变更总体控制示意图

（一）保持项目原有绩效度量基线的完整性

保持原有项目绩效度量基线的完整性是指当项目的目标或计划发生变更时，项目的绩效度量标准要尽可能地保持不变，以保全原有项目绩效度量基线的完整性。因为项目绩效度量基准多数是成体系和经过验证的，在项目发生变更时需要对它们进行必要的维护和修订，但是不能出现绩效度量基准不科学等方面的问题。

（二）保证项目产出物变更与项目计划变更的一致

保证项目产出物变更与项目计划任务变更的一致性是指当项目产出物需要变更时，在这种变更获得确认的同时，必须将这种变更反映到项目集成计划和专项计划的变更之中去；必须采用附加计划或计划更新等方法，使得项目集成计划和专项计划中能够体现出项目变更所带来的工作和计划的变化，从而实现二者的匹配。

（三）统一协调好项目各方面的变更要求

统一协调好项目各方面的变更要求是指对于项目各相关利益主体提出的变更请求要进行全面的协调和统一的控制。例如，项目业主所提出的工期进度方面的变更请求和项目承包商所提出的成本方面的变更请求都会直接影响到项目目标的实现和项目风险特性及项目产出物质量等方面的变化，所以必须统一协调这些方面的变更，以便实现对于项目变更的总体控制。

二、项目变更总体控制所需的信息

项目变更总体控制所需的信息主要包括如下几个方面：

（一）项目的各种计划

项目的各种专项计划、项目的集成计划等都是项目变更总体控制的基线，所以它们都是项目变更总体控制所需的主要信息。

（二）项目绩效报告

项目绩效报告提供了项目实施的实际情况的数据和资料，揭示了项目实施中的问题和可能出现的变更问题，所以也是项目变更总体控制所需的主要信息。

（三）项目变更的要求

项目变更的要求可以是由项目业主/客户提出的，也可以是由项目组织提出的。不管是谁提出的项目变更要求，都是项目变更总体控制所需的重要信息。

三、项目变更总体控制的方法与工具

项目变更总体控制需要一系列的方法与工具，其中最主要的方法与工具有如下几项：

（一）项目变更控制系统

项目变更控制系统是指改变、修订或变更项目内容与文件的正式程序和办法所构成的一种管理控制系统。这包括：项目变更的书面审批程序、跟踪控制体制、审批变更的权限层级规定等。对于项目变更总体控制而言，没有项目变更控制系统是不行的，项目主管必须根据项目总体变更的情况建立和完善项目的变更控制系统。一般项目变更的总体控制系统需要包括一个专门负责接受或拒绝项目变更要求的项目变更控制委员会，项目变更控制委员会的权利和义务必须由正式文件作出明确的规定和说明。对于大型而复杂的项目会有承担不同责任的多个项目变更控制委员会共同工作。项目变更控制系统还包括那些处理未能事先预见变更的控制程序（如一些突发事件的应急处理程序等）。项目变更控制系统还需要充分考虑项目变更的分类、分级管理与控制，以及所有的项目变更都必须有正式文件证明和记录，这样就可以防止在项目后续阶段出现问题而无据可查。

（二）项目配置管理方法

项目配置管理（Configuration Management）是20世纪60年代开始使用的一种由一些文档化和工作程序所构成的一种项目集成管理中的方法，这种方法运用技术和管理手段对各种变更进行指导、监督和匹配。它们所监督、指导和匹配的方面包括：识别一个项目某些方面或者整个项目的功能和物理特征，控制这些特征的任何变更，记录和报告这些特征的变更和变更的执行情况，审查对项目某个方向或整个项目提出的变更要求的一致性，确保对于项目产出物描述的正确性和完整性，以及将所有涉及的信息进行文档化等方面的工作。其中，最为主要的是通过项目资源和项目变更的合理匹配实现对于项目变更的总体控制。

（三）项目的绩效度量方法

项目的绩效度量方法能够全面评估出项目集成计划的实施情况、项目实际实施情况与项目集成计划之间的差距、需要采取的纠偏措施与行动，所以项目的绩效度量也是一种项目变更总体控制的方法与工具。由于项目绩效度量的基准在项目变更总体控制中多数是保持不变的（见前面的论述），所以项目绩效度量是项目变更总体控制主要的方法与工具之一。

（四）项目计划的修订与更新方法

项目极少有完全按照最初制定的集成计划实施完成的，因此在项目集成计划的实施过程中，应该根据实际和预计的项目变更需要，修订或更新项目的成本计划、项目工作顺序的安排、项目风险应对计划，以及修改和调整其他相关的一些项目专项计划。这些计划的修订和更新都属于项目变更总体控制方法与工具的范畴。

（五）其他方法

在项目变更总体控制中还需要使用许多其他方法，这既包括一般日常运营管理中的一些方法，也包括像项目工作分解结构（WBS）、项目关键路径管理（CPM）、项目全生命周期管理（LCM）和项目组织分解结构（OBS）等项目管理的方法，还包括项目所属专业领域的一些管理技术和方法（比如教育培训项目的一些专门的管理方法等）。

四、项目变更总体控制的结果

项目变更总体控制给出的结果主要包括如下三个方面：

（一）更新后的项目计划

项目变更总体控制的结果之一是更新后的项目计划。这是指对原有项目集成计划、专项计划及其相应的支持细节等所做的修改和更新的结果，这种计划更新多数使用附加计划（Additional Plan）的办法。在更新了项目计划以后还必须通知这一更新所涉及的各个项目相关利益者。

（二）项目变更的行动方案

项目变更总体控制的结果之一是实施项目变更的行动方案。这是项目变更总体控制过程中的一个重要结果，它给出了下一步在项目变更中所要采取的行动方案。这一结果应该尽快传递给变更行动的执行者并充分监控这些变更行动方案的实施结果和绩效。

（三）项目应吸取的教训

项目变更总体控制的第二项结果是在项目变更中所发现的问题和应该吸取的经验与教训。这包括：项目变更原因的分析，项目变更行动方案的说明以及项目变更所带来的经验和教训等。这些都需要用文件的形式记录下来，并作为项目变更总体控制结果保存起来，以供今后的项目参考和借鉴。

本章小结

本章全面讨论了项目集成管理的内容、方法和理论。在第一节简要阐述了项目集成管理的基本概念和基本内容。第二节较为深入地讨论了项目集成计划的定义、项目集成计划编制中需要收集的信息、项目集成计划制定中所使用的方法与技术和项目集成计划工作的结果。第三节讨论了项目集成计划的实施，从集成计划实施所需的信息收集开始，接着介绍了集成计划实施所常使用的方法和工具，最后介绍了项目集成计划实施的结果。第四节讨论项目变更总体控制，讨论了项目变更总体控制的概念、使用的方法与工具，以及项目变更总体控制的结果。

思考题

1. 项目集成管理的基本概念是什么，它包括哪些工作？
2. 什么是项目集成计划？在项目集成计划编制中要收集哪些信息作为输入？
3. 简述项目集成计划编制的方法。
4. 简述项目集成计划实施的管理方法。
5. 简述项目变更总体控制的方法与工具。

第五章　项目范围管理

项目范围是指项目组织为了成功的完成项目并实现项目目标，所必须完成的全部项目工作和各项活动。项目范围界定了项目的工作界限，正确理解项目范围要准确把握两个关键词："必须"和"全部"。前者是指，项目工作范围只包括完成该项目，实现该项目目标所"必须进行的工作"，不进行此项工作，项目就无法完成；后者是指项目的工作范围要包括完成该项目，实现该项目目标所"进行的全部工作"，任何工作都不能够遗漏。项目的工作范围既不能超出生成既定项目可交付成果和实现项目目标的需要，也不能少于这种需要，项目工作范围所界定的每一项工作，都是成功完成项目、实现项目目标的充分必要条件。

根据美国项目管理协会（PMI）项目管理知识体系中的定义，项目范围（Project Scope）是指项目的"产出物范围"和"工作范围"的总和。产出物范围是项目业主（客户）对项目最终产品或服务所期望包含的特征和功能的总和；工作范围是指为了交付满足产出物范围要求所必须完成的全部工作的总和。

第一节　项目的起始工作

项目的起始工作是项目范围管理的第一个阶段。项目的起始工作具有两层含义：其一，正式识别并启动一个新项目；其二，确定一个既存项目是否可以进入下一个阶段。项目的起始工作有正式的，也有非正式的，应该根据项目的特点来选择。正式的项目启动工作要展开一系列正规的项目可行性研究，对项目所能带来的预期经济效益和社会效益进行充分论证，得出项目可行充分理由后，才能正式启动。对于一些大型项目，重点项目的起始工作必须如此；非正式的项目起始工作则相对简单，不必经过这一系列复杂程序，在项目构思初步形成之后可以直接进入项目的规划和设计阶段，它通常适用于一些科研性、开发性的项目和小型项目。

一、项目起始的原因

项目不是凭空出现的。当项目业主（客户）遇到了某些新问题，针对该问题提出了一个解决方案，这个解决方案就是项目思想的雏形，然后对这一方案进行多方面的可行性研究，经过论证、认定其可行后，该方案就以项目的形式付诸实施。

通常当项目业主（客户）遇到了新问题而开发一个项目，主要源于以下几方面需要：

1. 市场需求的变化。主要指因为消费者需求的变化而出现需要解决的新问题。例如：市场上增加了对空调的需求，公司决定引进一条空调生产线。

2. 竞争的需要。公司基于提高竞争优势而开发一个项目。

3. 科技进步的趋势。由于知识更新，技术进步，公司原有产品被市场淘汰，不得不开发出新产品来维持生存。例如：电力公司核准一个引进音像设备的项目，是为了发展影视娱乐业。

4. 客户的需求。比如，一家电力公司核准一个建一家新的发电厂的项目，为新的工业园服务。

5. 法律法规的要求。由于政府颁布了新的立法、规章等，公司为了不违背法律，而淘汰老项目，开发新项目。例如为了不违背环保法，某公司决定改造供暖系统，使用对环境无污染的能源。

任何一个项目都有起始阶段，对于项目组织来说，项目起始阶段的目的有两个。一是判断这个项目是否可行，二是分析项目组织是否有能力承担这一项目。如果这个项目的经济效益好，社会效益高，并且项目组织有能力得到项目所需的全部资源和服务时，这个项目就可以启动或开始下一阶段的工作了。

二、项目启动的依据

项目组织通常会根据下列文件或信息来选择并启动一个项目：

1. 实施动机。实施动机是指项目业主（客户）基于何种需求而决定开始这一项目。项目组织只有明确了项目的实施动机，才能判断项目的预期结果能否满足项目业主（客户）的基本标准。

2. 项目目的。项目目的是指项目业主（客户）期望项目结束时所能达到的预期结果。这是项目成功的重要保证因素，项目组织应该根据目前的自身条件和资源，服务的获取能力，对能否实现项目目的，满足客户要求做出客观、合理的分析与判断。

3. 产出物说明。产出物说明是描述项目产出物的正式文件，它具体说明项目产出物和特性、项目目标、开展项目的理由以及项目产出物与其他同类产品或服务的不同等。一般情况下，项目产出物说明在项目的初期会比较粗略，而在项目后期阶段会逐步细化。许多项目都包括一个按购买者的合同进行工作的销售组织。在这种情况下，最初的产出物说明通常是由购买方提供的。项目产出物说明能够使项目业主（客户）和项目实施组织对项目有一个统一、准确的理解，它应能对以后的项目规划提供详细、充分的资料。所以它是启动项目的根本依据之一。

4. 战略目标。项目实施应符合项目组织的战略计划，项目组织所从事的一切活动都要以实现其战略目标为中心。项目组织在选择一个项目时，应认真考虑这一因素。

5. 项目的标准选择。当项目业主（客户）决定以项目的形式解决他们所面临的问题时，提出的解决方案可能不只一个，这些不同的解决方案被称为项目备选方案。当项目组织面临多个项目备选方案时，就需要建立一套备选方案的评价体系作为选择标准。

6. 相关历史信息。相关历史信息包括两方面：一是记录以前项目选择和决策信息的历史资料；二是记录项目的以前阶段执行情况的项目文件。相关历史信息主要为项目组织在选择和决策一个项目时提供借鉴资料。

三、项目起始工作中的工具与技术

项目选择方法主要有以下两种方法：

（一）项目选择方法

项目选择方法通常是下列两种模型之一：一是利润测量方法——比较研究法、评分模型、利润贡献或经济模型；二是制约最优化方法——数学模型、线性的、非线性的、动态的、完整的及混合目标项目规则系统。

这些方法通常被作为决策模型来考虑。决策模型既包括常规技术（决策树、核心选择和其他），也包括特殊技术（历史进程分析、逻辑结构分析及其他）。在一个成熟模型中，对项目选择标准的应用通常被作为一个分离独立的阶段。

（二）专家判断法

专家判断法是选择项目时经常采用的一种定性方法。可以邀请项目所属专业领域中的专家，凭借他们的专业知识和丰富的实践经验对各种项目方案进行分析评估。这些专家主要来自：项目组织中的其他部门、咨询公司、行业或技术协会等民间组织。专家判断法具体可分为：专家打分法，层次分析法和特尔菲法。在此不做详细介绍。

四、项目启动的结果

项目启动的结果主要包括：项目许可证、项目说明书、项目经理的委派以及识别和确认项目的假设条件和约束条件。

（一）项目许可证

项目许可证是项目正式确立、标准项目实施的书面文件，它赋予项目组织利用特定资源，实施项目有关活动的权利。项目许可证的签发者一般为项目业主（客户）或是项目组织所归属的上级机关的决策者，表明项目经过认可、同意实施；项目许可证不是由项目经理签发，项目经理只是项目实施的最高执行者，而不是项目的最高决策者。

（二）项目说明书

项目说明书是对项目的总体情况进行说明的文件。它的主要内容包括项目的实施动机、项目目的、项目的总体情况的相关描述、实施项目管理所需要的有关内容和项目经理被赋予的权利等。项目说明书不仅是项目起始工作的结果，而且还是制定其他项目管理文件的一个重要依据。对于一个合同项目来说，项目组织同项目业主（客户）签订的合同就可以作为项目说明书的主要内容；如果项目单位自己来实施项目，承包单位就是项目单位本身，那么项目说明书将由项目单位自行拟定。

（三）项目经理的确定

优秀的项目经理是项目成功的关键因素。项目经理应该及早确定。通常在项目的可行性研究工作结束之后，接下来的首要任务就是尽快任命项目经理，组建项目团队。项目经理的人选可以是多方面的，他可来自企业内部、职业项目经理人市场或咨询公司的推荐。项目业主（客户）有权决定项目经理的人选。一名优秀的项目经理应具备多方面的能力，如领导能力、沟通能力、组织能力等。在任命项目经理的同时，要明确项目经理的责、权、利，并建立适当的约束和激励机制。

（四）项目的约束条件

项目的约束条件是指在项目的实施过程中，限制项目组织进行某些选择时的制约因素。项目组织在实施一个项目时，通常会面临很多制约因素，诸如人员约束、技术约束、环境约束和法律约束等，其中最主要的限制因素是以下三个：工期约束、成本约束和质量约束。项目组织必须在预定的时间内，以预定的成本按规定的质量标准完成项目。对于合同项目来说，则不能超越合同条款。

（五）确定项目假设条件

项目假设条件是指项目在实施过程中可能会出现一些不确定条件，将这些不确定条件假定为确定因素，这也是项目实施过程中风险的主要来源。因此尽量准确估计项目的假设条件，是降低项目风险的一项重要措施。明确了假设条件以后，项目组织应该进行必要的风险识别、分析和衡量，并采取一定的风险控制手段。项目的假设条件不仅包括对未来一些不确定性情况（如原材料到货时间）做出合理估计，而且还包括当实际情况同假设条件发生偏离时，对项目组织应采取的调整措施做出合理设计。项目组织应该在一系列重要项目计划（如工期计划，成本计划等）制定之前及时明确项目假设条件。

第二节　项目范围规划

项目范围规划就是确定项目范围并编制项目范围说明书的过程。项目范围说明书说明了为什么要进行这个项目，明确了项目的目标和主要可交付的成果，是将来项目实施的重要基础。例如：一个工程公司签订的合同是设计一个石油处理工厂，就要求在设计具体目标时，要界定好具体的工作范围。项目和子项目都要编写项目范围说明书。一般来说，项目范围说明书要由项目组织来写。项目范围说明书是项目组织和项目业主（客户）对项目的工作内容达成共识的基础。

一、项目范围规划的依据

- 产出物说明（见上节）
- 项目说明书（见上节）
- 项目的约束条件（见上节）
- 项目的假设条件（见上节）

二、项目范围规划的方法和工具

1. 成果分析。通过成果分析可以加深对项目成果的理解，确定其是否必要，是否有价值。主要包括系统工程、价值分析、质量功能分析等技术。

2. 成本效益分析。成本效益分析就是估算不同项目方案的有形和无形的费用和效益，并利用诸如投资收益率、投资回收期等财务计划手段估计各项目方案的相对优越性。

3. 项目方案识别技术。这里的项目方案是指实现项目目标的方案。项目方案识别技术泛指提出实现项目目标的方案的所有技术。管理学中提出的许多现成的技术，如头脑风暴法和侧面思考法可用于识别项目方案。

4. 专家判断。请各领域的专家对各种方案进行评价。任何经过专门训练或具有专门知识的集体或个人均可视为领域专家。

三、项目规划的结果

项目规划结束时应有下列成果：

（一）项目范围说明书

项目范围说明书是项目范围规划的一个重要结果。它以项目的所有相关利益者（包括项目业主（客户）和项目组织）对项目的共同理解为基础，是将来项目决策的指导性文件。主要包括以下内容：

1. 项目论证：即项目实施的动机，成立的理由。

2. 项目成果的简要描述。

3. 可交付的成果清单。列一个子产品级别概括表，完整的、满意的子产品标志着项目工作的完成。例如：为一个软件开发项目设置的主要子项目可能包括工作所需的电脑代码、工作手册和专门的导师。当这些子产品都知道了，排除（非项目范围）应该是确定了，任何不明显的排除都包含在这个排除中了。

4. 项目目标的实现程度：即完成项目所必须达到的量化指标。任何项目至少有三个主要目标：成本目标、工期目标、质量目标。项目目标应该有标志，例如：成本、单位（如美元、英镑）和绝对的或相对的价值（如：少于150万美元等）。不可量化的目标（比如："客户的满意程度"）要承担很高的风险。

（二）补充性文件

主要包括已经识别的项目的约束条件和假设条件以及编制项目范围说明书所依据的相关材料。

（三）范围管理计划

范围管理计划是描述项目范围如何进行管理，项目范围怎样变化才能与项目要求相一致等问题的。它应该包括一个对项目范围预期的发展。例如：怎样变化、变化频率如何及变化了多少。范围管理计划也应该包括对变化范围怎样确定，变化应归为哪一类等问题的清楚描述。该文件包括以下内容：如何控制项目管理范围，如何识别项目范围的变动，如何对项目范围的变动进行有效管理。

第三节　项目范围界定

项目范围界定就是将项目的主要可交付成果（在项目范围说明书中确定的）进一步分解为更小、更便于管理的组成单位。项目范围界定的目的在于通过细化项目产出物，提高对项目成本、工期及需要的人员、材料等估算的准确性；便于项目的具体分工，明确各成员的权、责、利。其目的是为了提高估算成本、时间和资源的准确性；为绩效测量和控制确定一个基准线；使工作变得更易操作，责任分工更加明确。

一、项目范围界定依据

- 项目范围说明书。项目范围说明书是项目范围界定最重要的依据
- 项目假设条件
- 项目约束条件
- 其他计划结果。主要应考虑项目范围管理计划是否会影响和制约项目范围的界定
- 历史资料。目的是从中吸取经验，并对以前的错误引以为戒

二、项目范围界定的方法和工具

（一）工作分解结构样板

工作分解结构样板是由项目各部分构成的、面向成果的树型结构。该结构定义并组成了项目的全部范围。一个过去所实施的项目工作分解结构常常可以作为新项目的工作分解结构样板。虽然每个项目都是独一无二的，但仍有很多项目彼此存在

某种程度上的相似之处。许多应用领域都有标准或半标准的工作结构可用样板。在使用工作分解结构样板时要注意以下几点：要根据以前做过的项目，而不是根据看起来很完善的计划来制定和修改工作分解结构样板；在项目开始的时候而不是项目结束的时候使用样板；为了反映从以前完成的不同项目中获得的经验，要不断更新工作分解结构样板，使其日臻完善。图 5.1 就是一个工作分解结构样板的一般形式。

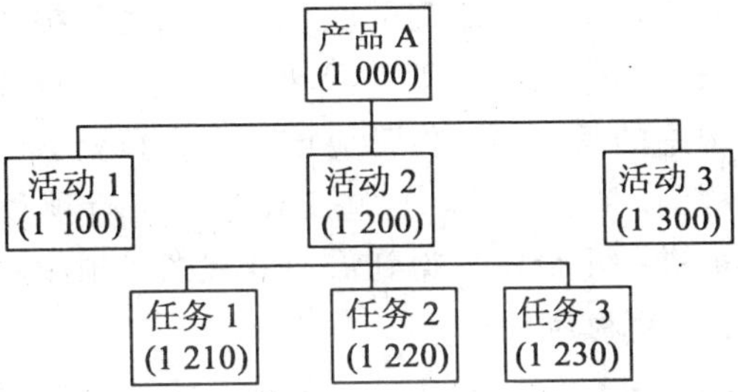

图 5.1　工作分解结构样板

（二）分解技术

将项目产出物逐层细分为更小、更利于管理的子项目或者是项目工作要素，直到将项目可交付成果定义分解得非常详尽，足以支持项目的计划、实施、控制等管理活动。项目分解技术主要有以下几个步骤：

1. 识别并分解项目的组成要素。以项目目标作为第一级的最整体性的要素，按照项目实施、管理的方法去分解。

2. 确定项目每一部分的组成要素是否分解得足够详细。以是否可以对其进行费用和时间估算作为标准。

3. 确定项目可交付成果的构成要素。构成要素应该是有形的、有衡量标准的、可检查的结果，以便对项目绩效进行评价。有形的、可证实的结果既包括服务，也包括产品。例如：情形报告能够用图形来描述；对于一个工业项目，组成要素可能包括几个独立单位及对它们的综合。

4. 检验分解结果的正确性。经常采用的标准是：（1）位于项目工作分解结构中最底层的要素是否有重复的；（2）位于最底层的分解要素是否为实现项目目标的充分必要条件。（3）每个要素是否被完整定义；（4）是否位于最底层的组成要素都做了成本预算和时间安排并分配了相应部门和人员负责。

三、项目范围界定的结果

（一）项目工作分解结构（Work Breakdown Structure，WBS）

项目范围界定的一项最重要的结果就是项目工作分解结构。项日工作分解结构是由那些构成项目范围的项目要素按照一定的原则分类编组构成的层次性结构体系，是一个树型结构。它对项目进行了由粗到细的分解，确定了项目整个范围，凡是不在项目工作分解结构中的工作，均不在项目范围之内。它是以项目说明书为基础，并对项目范围说明书加以细化的工作。在项目工作分解结构中，每下降一层，就说明对项目组成部分的说明更详尽了一步。通过项目分解样板和分解技术可以绘制出项目工作分解结构。此外，还应注意以下几点：分解后的工作应该是可以管理的，可定量检查的；要表示出任务之间的联系；使用动词描述各项工作；不表示各项工作之间的顺序关系；要包括各种管理活动；要包括分包商的活动。

项目工作分解结构中的每一项工作都应该有专人负责。位于项目分解树型结构中最底层的工作通常称为“工作包”，这些工作包在进行项目时间管理和成本管理等其他方面管理时将被进一步分解，得到需要开展的各项项目活动。

（二）项目工作分解结构词典

这是对项目分解结构进行说明的文件。将项目工作分解得够详细之后，对项目工作分解结构中的所有工作包的重要情况进行详细说明。一个典型的项目工作分解词典，既包括了对工作包的阐述，也包括了对其他规划资料如进度表的日期、成本预算和员工分配等问题的阐述。一般来讲，项目工作分解结构词典应包含下列基本信息：工作细节，描述为完成这项工作所要实行的各种工作过程和方法；先期工作投入，即这项工作将会使用到其他工作产品；工作产出，完成这项工作预计会产生的可交付成果；人员联系，即如何调配不同工作组成员相互之间的工作；持续时间，每项工作预计耗用时间；需用资源，为完成这项工作需要的人员、资金、材料、技术等；紧前工作，在本工作开始之前，应该完成的其他工作；紧后工作，在本工作完成之后，就可以立即开始的工作。

第四节　项目范围核实

项目范围核实是指项目或项目阶段结束时，项目组织在最终应交付的项目产出物交给项目业主（客户）之前，由项目的相关利益者，如项目业主（客户）、项目组织等，对项目范围予以正式的认可和接受，并对已完成的工作成果进行审查，核查项目范围内的工作或活动是否已按计划完成，项目的应交付成果是否令人满意的工作过程。在项目范围核实工作中，包括两方面的工作内容：其一是审核项目范围界定工作的结果，确保所有的、必需的项目工作和活动都包括在项目工作分解结构中，而一切与项目无关的工作和活动均不包括在项目范围中。其二是对项目或者项目各个阶段所完成的可交付成果进行检查，审核项目是否按计划或者超计划完成。

一、项目范围核实的依据

基于项目范围核实上述两方面的工作内容，项目范围核实的依据包括项目定义、项目范围界定的各种依据、项目实施的结果以及有关项目产出物文件。

- 项目说明书
- 项目范围说明书
- 工作结果。即项目计划实施的结果，它反映了项目计划的实际执行情况
- 项目产出物文件：是对项目和项目阶段有关产出物情况的全面描述。项目产出物文件包括项目计划、施工规范、产品技术文件、产品图纸等。依据项目产出物文件对项目范围进行核实，有助于统一项目双方（项目业主（客户）和项目组织）的范围核实标准，对项目目标、项目产出物和项目范围的认定达成共识

二、项目范围核实的方法

（一）核实项目目标是否为工作结果的方法

1. 项目范围核验表的主要内容

- 项目目标是否完整和准确
- 项目目标的衡量标准是否科学、合理和有效
- 项目的约束条件、限制条件是否真实并符合实际
- 项目的重设假设前提是否合理，不确定性小
- 项目的风险是否可以接受
- 项目成功的把握是否很大
- 项目的范围界定是否能保证上述目标实现
- 项目范围能够产生的收益是否大于成本
- 项目的范围界定是否需要进一步辅助性研究

2. 项目工作分解结构的核验表的主要内容

- 项目目标描述是否清楚明确
- 项目产出物的各项成果描述是否清楚明确
- 项目产出物的所有成果是否都是为了实现项目目标服务的
- 项目的各项成果是否为工作分解的基础
- 项目工作分解结构中的工作包是否都是为了形成项目某项成果服务的
- 项目目标层次的描述是否清楚
- 项目工作分解结构的层次划分是否与项目目标层次的划分和描述统一
- 项目工作、项目成果与项目目标之间的关系是否一致和统一
- 项目工作、项目成果与项目目标和项目总目标之间的逻辑是否正确、合理
- 项目目标和衡量标准是否为可度量的数量、质量或时间指标

- 项目工作分解结构中的工作是否有合理的数量、质量或时间指标
- 项目目标的指标值与项目工作绩效的度量标准是否匹配
- 项目工作分解结构的层次分解结构是否合理
- 项目工作分解结构中的各个工作包的工作内容是否合理
- 项目工作分解结构中的各项工作所需的资源是否明确与合理
- 项目工作分解结构中的各项工作考核指标是否合理
- 项目工作分解结构总体协调是否合理

（二）核实项目或项目各个阶段可交付成果的方法

项目的相关利益者通过观测、检查，对已完成的项目可交付成果进行考察、测量、测试和检验，以确定项目或者项目阶段是否已按计划完成。

三、项目范围核实的结果

- 对项目范围界定的工作结果正式认可
- 对项目或者项目阶段的可交付结果正式验收

这种接收最好有正式的文件加以确认，并分发到有关项目相关利益者手中。如果项目范围未得到认可，则整个项目必须宣告终止。

第五节　项目范围变更控制

项目范围变更是指对项目的最终产品或最终服务范围的增加、修改或者删减。在大多项目里，项目范围变化主要发生在项目要求和项目设计上，但是有时也会发生在项目应用技术、经营环境以及人员安排方面。

1. 项目要求变化：这是项目发起人对项目的需求和期望发生了变化。

2. 项目设计变化：这主要是指对项目设计方案的改进。

3. 工艺技术的变化：主要是指在项目实施阶段，出现了新材料，新设备，新工艺，并且采用了这些新技术。

4. 经营环境的变化：项目外部环境的动态开放性，会引发项目经营环境的变化。例如市场上出现了某种新产品或替代品，都会使项目范围受到不同程度的影响。

5. 人员的变化：同环境变化一样，在项目实施过程中，项目人员也有可能发生变化。例如项目经理、技术人员被调离等。

在项目实施之后，由于以上种种不确定性因素会使项目范围发生变动。范围变更对项目的影响是很大的，甚至可能引起项目目标的变化。因此必须对项目范围变更进行控制。

一、项目范围变更的依据

1. 工作分解结构。

2. 项目实施进度报告。包括两方面内容：(1) 项目的实际进展情况。例如项目实际发生的成本、耗费的时间等。(2) 有关项目实际施工情况同项目计划的偏差变动。

3. 项目范围变更要求。必须有充分的理由，项目范围才可以发生变更。例如：外部环境（有关法律、法规）的变化；在界定项目范围时发生了错误或疏漏；技术条件的变化；项目业主（客户）的需求变化。

4. 项目范围管理计划。事先确定的，对项目范围进行总体管理和控制的计划文件。

二、项目范围变更的方法和工具

（一）范围变更控制系统

该系统是对项目范围变更进行控制的主要办法。它对项目范围发生变更时所应遵循的程序做了硬性规定。这些程序包括：范围计划文件、项目实施跟踪系统、项目范围变动申请的审批系统。

（二）项目进展情况的分析衡量

这种方法主要是通过对项目进度报告进行分析，并同相关的计划文件进行比较，寻找偏差、度量偏差、分析偏差，纠正偏差。

（三）调整计划

为了能对项目范围变更进行有效的控制，需对原先的项目工作分解结构图（WBS）根据实际情况进行修正，项目组织要根据变更后实际情况，以修正后的工作分解结构图（WBS）为基础，调整、分析、确定新的计划，并根据新计划的要求，对项目范围的变更进行控制。

三、项目范围变更的结果

1. 范围变更（要形成文档记录）。

2. 纠偏措施。具体来说，主要有两大类：一是根据经过规定程序批准后的项目变更要求采取的措施；二是根据实际情况，将项目实施过程中产生的偏差消除，使项目的进展情况再次同计划目标一致。

3. 吸取经验教训。我们应该把各种变化的原因，纠正行为选择的背后理由，以及从范围变化控制中得出的其他形式的经验教训，当做文件记录下来，目的是把这些资料变成历史记录的一部分，为项目执行组织执行这个项目和其他项目提供参考。

4. 调整基准计划（Baseline），指原定计划加上或减去允许的变更幅度。项目范围发生变更，项目的其他方面，如成本、工期、质量等指标也要进行相应的调整。因此，有必要调整项目实施的基准计划，使之与项目范围变更后的要求相符合。

本章小结

项目范围管理就是指对于项目产出物范围和工作范围的全面识别、确认和控制的管理工作。简言之，项目范围管理包括用以保证项目能按要求的范围完成所涉及的所有过程，包括范围核准、范围规划、范围定义、范围变更控制和范围核实。项目范围管理是制定项目计划的基础，以此形成其他相关子计划并综合成整个项目计划。

思考题

1. 项目范围管理的起始工作包括哪些方面？
2. 项目范围规划有哪些结果？
3. 如何进行项目范围界定？
4. 项目范围核实的依据、方法和结果分别有哪几方面？
5. 如何进行项目范围变更控制？

第六章 项目时间管理

在项目管理中，实现对时间的控制是使项目管理成功的关键。项目的时间管理在项目管理中作为计划的首要任务而得以体现，它包括为确保项目按时完成所需要的所有过程，如项目活动定义、项目活动排序、项目活动时间估算、制定项目时间计划和项目时间控制等。项目活动定义就是指为了完成在工作分解结构中规定的可交付物而必须进行的具体活动，并将其形成文档的过程。项目活动排序是确定各活动之间的相互依赖关系，项目活动时间估算就是估计完成单项活动所需的工作时段数，项目时间计划就是对项目活动所作出的一系列时间计划，项目时间控制就是对项目进度的时间计划进行控制。这些过程虽然是作为彼此独立、相互间有明确界定的组成部分分别介绍的，但是在项目管理的实践中，它们可能会相互交叉重叠，互相影响。

第一节 项目活动定义

项目活动定义就是指为了完成在工作分解结构中规定的可交付物而必须进行的具体活动，并将其形成文档的过程。为了使项目目标得以实现，在项目管理过程中对活动做出定义无疑是必要的。完成每一项目，不论项目的大小，都必须完成特定的活动。

一、项目活动定义的依据

（一）工作分解结构（WBS）

工作分解结构就是根据需要和可能，将项目分解成一系列可以管理的基本活动，以便通过对各项基本活动进度的控制来达到控制整个项目的进度的目的，是系统安排项目工作的一种常用的标准技术。任何一个项目，无论是简单还是复杂，它都是由一些简单的基本活动组成的，而这些活动又是由更为简单的基本活动组成，并可据之而分解下去。项目活动定义所依据的项目工作分解结构的详细程度和层次多少主要取决于两个因素：一个是项目组织中各项目小组或个人的工作责任划分和他们的能力水平，另一个是项目管理与项目预算控制的要求高低和具体项目团队的管理能力水平。

(二) 项目范围界定

项目范围界定是指在活动定义期间，必须考虑其中所列入的项目合理性和项目目标说明，它是项目活动定义的另一个依据。项目范围的界定可以防止我们在项目活动定义的过程中漏掉一些必要的项目活动，或者是将一些与项目无关的活动定义为必要的活动。因此，恰当的项目范围界定对项目的成功来说是十分关键的。

(三) 历史的资料

在定义项目活动过程中，要考虑历史的资料。历史资料既包括通过查阅资料所收集的各种历史信息，也包括项目组织过去开展过的类似项目所积累的各种经验。历史资料可以为项目活动的定义提供各种有用的信息，具有很强的借鉴作用。

(四) 项目的约束条件和假设因素

项目活动定义的依据还包括项目约束条件和假设因素。项目的约束条件是限制项目管理小组进行选择的因素。任何一个项目都会面临着各种各样的限制条件，这些约束条件既可能是内部的，也可能是外部的。同时，由于在项目定义的过程中还存在着一些不确定因素，因此要作出一些假设。这些假设通常包含一定的风险，假设是对风险确认的结果，因此要考虑这些假设因素的真实性、确定性。

二、项目活动定义的方法

(一) 分解法

分解法是指为了使项目便于管理而根据项目工作分解结构，通过进一步分解和细化项目工作中的任务，从而得到全部项目具体活动的一种结构化、层次化的项目活动分解方法。这种方法是把项目范围管理中确认的项目工作包逐个按照一定的层次结构细分为详细的、具体的、可管理的项目活动。这种活动分解法有助于完整的找出一个项目的所有具体活动。项目分解主要包括以下步骤：

1. 确定项目的主要元素
2. 确定在每个详细元素层次上能否编制出恰当的费用和历时估算
3. 确定可交付物的组成元素
4. 核实分解的正确性

(二) 参考样板

参考样板是指把以前已完成项目的活动目录或活动目录的一部分作为新项目活动目录的样板，并结合当前项目的各种具体要求和限制条件与假设因素，通过对样板的修改，从而得到一个新项目的活动目录。同时，当前工程的工作分解结构中的要素目录可作为今后其他类似工作分解结构要素的参考样板。在我们进行活动定义时，它常常是一种高效的工具技术或方法。

三、项目活动的结果

（一）活动目录

活动目录是项目活动定义得到的最主要的文件，这份目录必须包括项目中所要执行的所有活动。活动目录可视为项目工作结构的一个细化，它比项目工作分解结构给出的项目工作更具有可操作性，同时还应包括活动的具体说明，以确保项目团队成员能理解工作需要如何去做。对于活动目录有两点要求：一是这个活动目录应是完备的，它不包含任何不在项目范围里的活动；二是不能包括任何与项目目标无关的活动。

（二）细节说明

细节说明是指用于支持和说明项目活动清单的各种具体文件与信息。细节说明既应包括对所有假设和限制条件的说明，也包括对于项目活动目录的各种解释和说明。细节的内容还随应用领域不同而不同。细节说明应根据需要归档或组织，并应表达清楚，以方便今后其他项目管理过程的利用。

（三）工作分解结构的更新

在利用工作分解结构去确定哪些活动是必需的过程中，项目团队也以发现哪些项目细目被遗漏了或者意识到哪些项目细目的描述需要修改或应更清楚。任何这样的修改必须在项目工作结构的相关文件中反映出来，例如成本估算。这种更新通常叫做“精炼”，当项目包含新的或未经证明的技术时，最有可能出现这种情况。

第二节　项目活动排序

项目活动排序是指通过确定各活动之间的相互依赖关系，对项目各活动的先后顺序进行安排，并形成文档的过程。为了进一步编制切实可行的进度计划，必须首先对活动进行排序。项目活动的排序既可用手工来作，也可以利用计算机软件来进行。

一、项目活动排序的依据

（一）活动目录和细节说明

活动目录和细节说明是在活动定义过程中得到的成果文件。其中，项目活动目录给出了项目开展所需的全部活动，而项目活动细节说明则说明和描述了项目活动目录的各种细节，因此，可以通过对活动目录和细节说明的分析来确定项目活动的顺序。

（二）各活动之间内在的相关性

内在相关性是指各活动之间强制性依赖关系、可自由决定的依赖关系和外部依赖关系等。强制性依赖关系就是所做工作中固有的依赖关系；可自由决定的依赖关系是指由项目团队确定的那些依赖关系；外部依赖关系就是项目活动与非项目活动之间的依赖关系。各活动之间的相关关系是项目活动之间的一种逻辑关系，它也是项目活动排序的依据之一。

（三）指定性的相关性

指定性的相关性是指由项目管理团队所规定、确定的相关性，它是人为规定的项目活动之间的关系，因此应小心使用并加以充分陈述，因为承认并使用这样的相关性进行排序会限制以后进度计划的选择。指定性相关也可称偏好相关或软相关。这种相关性通常发生在以下一些情况：

1. 在一个特定应用领域有一个“最好的做法”。

2. 有些时候，即使有几种可接受的排序，但因某种原因一个特定的活动排序关系被偏爱。

（四）约束条件及假定

在活动排序的过程中，也要考虑到约束条件和我们作出的相关的合理假定。项目活动的约束条件是项目活动所面临的各种资源与环境条件的限制因素，这些约束因素既有自然因素也包括社会因素。项目活动假定是对项目活动所涉及的一些不确定性条件的人为假定。这些约束条件和假定都会影响项目活动的排序。

二、项目活动排序的方法

（一）前驱图法（PDM）

前驱图法是一种利用节点代表活动，并利用表示依据关系的箭线将节点联系起来的编制项目网络图的方法。图 6.1 表示一个用 PDM 法编制的简单网络图，这种方法也叫节点网络图（AON）是大多数项目管理软件包所采用的方法。PDM 法可用手算也可用计算机实现。

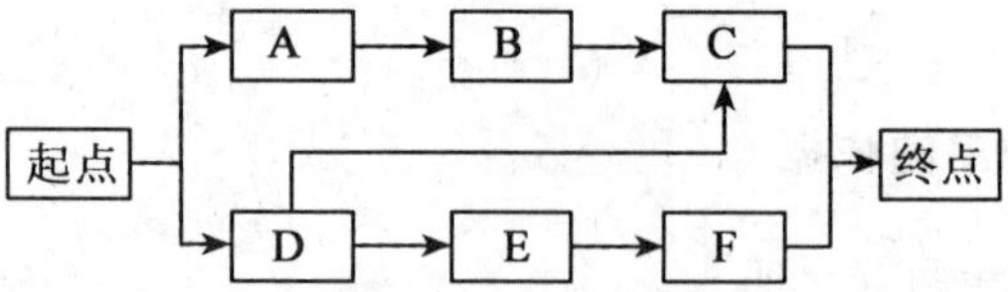

图 6.1 简单的 PDM 表示

PDM 中包括四种相关的前驱关系：

- 结束→开始：某活动必须结束，然后另一活动才能开始
- 结束→结束：某活动结束前，另一活动必须结束
- 开始→开始：某活动必须在另一活动开始前开始

• 开始→结束：某活动结束前另一活动必须开始

在 PDM 中，“结束→开始”是最常见的逻辑关系。“结束→结束”和“开始→开始”节点式关系是最自然的，它允许某项工作和其紧后工作在某种程度上可以同时进行。使用“结束→结束”和“开始→开始”节点式关系，可以使项目跟踪和项目设施的建立更加快捷。至于“开始→结束”型则很少使用。对管理软件，如果用“开始→开始”、“结束→结束”或“开始→结束”关系会产生混乱的结果，因为很多管理软件编制时并没有对这三种类型的相关性加以考虑。

在节点代表活动的网络图中，每项活动由一个方框或圆框表示，对项目活动的描述一般直接写在框内。项目活动之间的顺序关系用连接这些活动框的箭线表示。

（二）箭头图方法（ADM）

箭头图方法是一种利用箭线代表活动而在节点处将活动联系起来表示依赖关系的编制项目网络图的方法。图 6.2 表示用 ADM 法做的一个简单项目网络图。这种方法也叫双代号网络图法（AOA），虽比 PDM 法较少使用，但在某些应用领域仍是一种可供选择的技巧。ADM 仅利用“结束→开始”关系以及用虚工作线表示活动间逻辑关系。ADM 法可手编也可在计算机上实现。

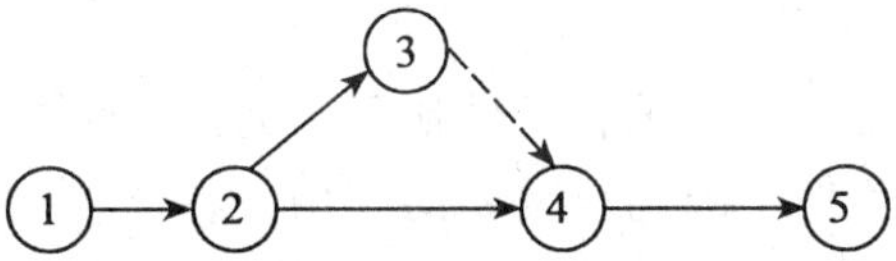

图 6.2 简单的 ADM 表示

在箭式网络图中，活动由连接两个点的箭线表示，有关这一活动的描述可以写在箭线的上方，代表项目活动的箭线通过圆圈连接起来，这些连接用的圆圈表示项目的具体事件。

（三）条件图方法

有些绘图技术，如图表审评技术（GERT）和系统动力学，这些模型允许非前后排序活动的存在，诸如回路（例如，某试验须重复多次）或条件分枝（例如，一旦检查中发现错误，设计就要修改），而 PDM 法和 ADM 法均不允许回路和条件分枝的出现，条件图法则可以解决这些问题。

（四）网络参考样板

用各种标准网络可用来加速项目网络图的编制。网络的一部分叫子网络，当一个项目包含几个相同或几乎相同的内容时，子网络特别有用。例如：一个高层写字楼的地板，一个新药品研究项目的临床试验；或一个软件工程的程序模块等。

三、项目活动排序的最终目的

（一）项目网络图

项目网络图是项目所有活动以及它们之间逻辑关系（相关性）的一个图解表示。在上面我们讲述了绘制项目网络图的两种不同方法（PDM、ADM）。网络图可手工编制也可用计算机实现。网络图应伴有一个简洁说明以描述基本排序方法，但对不平常排序应充分地加以叙述。

项目网络图经常被不正确的称为 PERT 图（计划评审技术）。实际上 PRET 图是一类特殊类型的项目网络图，今日这种图很少应用了。

（二）活动目录更新

在项目网络图的编制过程中，往往会发现一些在先前开展的项目活动排序中所存在的问题和遗漏。为了正确的反映项目活动间的逻辑关系和解决这些问题与遗漏，就必须对某些活动进行再分解或重新定义。这样就需要更新原有的项目活动目录，这样就可以得到更新后的活动目录。

第三节　项目活动时间估算

项目活动时间估算就是根据现有条件估算出完成一项活动所需要的时间。项目活动历时的估算在项目管理中起到很重要的作用，在此基础上可以进行工作计划的制定与项目时间控制，并给各种活动分配相应的资源。

对一个项目所需要的时间进行估算时，需要分别估计项目包含的每一种活动所需的时间，然后根据活动的先后顺序来估计整个项目所需要的时间。

一、项目活动工期估算的依据

（一）活动目录

活动目录是在活动定义时所得到的文件之一，是进行项目历时估算的重要依据。因为在项目历时的估算中，只有清晰定义了每一个活动并且完全了解每个活动的目的、成员的职责，才能确保项目历时估算的准确性。

（二）约束和假设

这是指项目活动在时间估算过程中所依据的各种约束条件和假设因素。其中，约束条件是指限制项目管理团队进行时间选择的因素，假设条件是项目开展过程中依据的各种假设因素。只有在明确了各种约束条件和假设因素后，我们才可能对活动的历时进行估算，从而得出项目整体的时间计划。

（三）资源的数量和质量

大多数活动所需时间是由项目所需相关资源和所能达到的资源的数量和质量决

定的。例如，二人一起工作完成某设计活动只需一半的时间（相对一个人单独工作所需时间）。然而，每日只能用半天进行工作的人通常至少需要两倍的时间完成某项活动（相对一个人能整天工作所需时间）。另外大多数活动所需时间与人和材料的能力或质量有关，例如，对同一活动，设有两个人均能全日进行工作，两个高级技工所需时间少于低级技工所需时间。

（四）历史资料

在估算和确定项目活动的工期的过程中，还要参考有关项目活动工期的一些历史资料。这些资料主要包括：

1. 项目档案。参与项目的一个或几个组织也许保留有以前项目结果的详细记录，而这些记录非常详细，可帮助时间估计。在许多应用领域，个别小组成员也许也保留这些记录。

2. 商业用的时间估计数据库。过去的一些数据往往是有价值的，当活动所需时间不能由实际工作内容推算时，这些数据库特别有用，例如混凝土多少时间干、一个政府机构对某种类型申请的批复需多少时间。

3. 项目团队知识。项目团队的个别成员也许记得先前活动的实际或估计数。虽然这种重新回忆的方法也许有用，但比起记录的档案文件可靠性低得多。

二、项目工期的估算方法

（一）专家判断

估计一个项目所需时间往往是很困难的，因为许多因素会影响所需时间，例如，资源质量的高低，劳动生产率的不同。因此，我们可以借助一些专家的经验来进行判断。对于一个有经验的专家来说，当前进行估算的活动可能和以往所参加的项目中一些基本活动较为相似，借助这些经验可以得到一种具有现实根据的估计。当然，现实中不可能有完全相同的活动，因此还往往需要一些推测，但这毕竟提供了一种可以接受的估算。以下情况下专家判断是可靠的：

- 先前活动和当前活动是本质上类似而不仅仅是表面的相似
- 专家有所需专长

（二）利用历时数据法

在很多的文献资料中存在相关行业的大量信息，这些信息可以作为一种估算的基础，其中不仅包括杂志、报刊、学术刊物等正式出版的刊物，还包括各种非正式的印刷品。在一些正规成熟的企业中，往往有关于以往完成项目的资料记载，从中也可以获得真实有用的信息。

（三）模拟法

模拟法用不同的假设来计算相应的时间，最常见的是三角模拟法和蒙特卡罗模拟法。

1. 三角模拟法

当项目活动比较简单，项目活动时间的估计比较准确，但是当项目的干扰因素比较多时，项目活动时间的估计就很难那么准确，编制的项目进度计划也是不可靠的。对于不确定性较大的问题，可以预先估计三个时间值，然后运用概率的方法计算各项活动时间的平均值和方差。见表 6.1。

表 6.1 三角模拟的活动时间

序号	名称	表示符号	说明
1	最乐观的时间	a	完成该项活动所需的最短时间
2	最悲观的时间	b	完成该项活动所需的最长时间
3	最可能的时间	c	在正常的情况下完成该项活动所需的时间

活动时间的平均值和方差计算如下：

平均时间 $$t=\frac{a+4c+b}{6}$$

均方差 $$\sigma=\frac{b-a}{6}$$

2. 蒙特卡罗模拟法

这种方法是首先确定每个活动可能历时的分布，进而利用这些结果计算整个项目可能历时的分布。蒙特卡罗模拟法是来自于一般管理的技术，通过多次模拟事实，提供计算结果的统计分布。

图 6.3 的曲线显示了完成项目的累积可能性与某一时间点的关系。比如说，虚线的交叉点显示：在项目启动后 145 天之内完成项目的可能性为 50%。项目完成期越靠左则风险愈高，反之风险愈低。

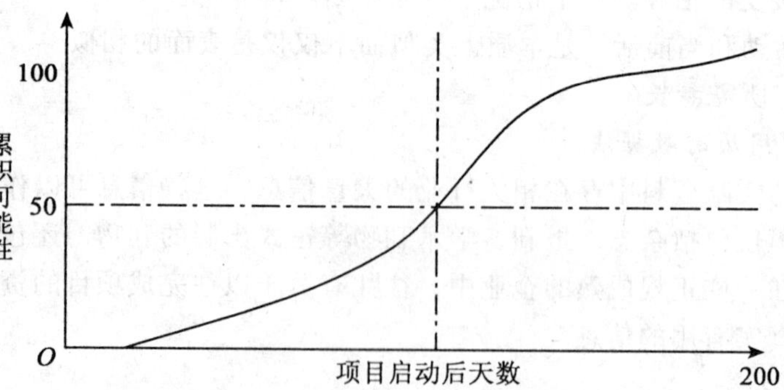

图 6.3 项目时间计划的蒙特卡罗仿真结果

三、项目活动工期的结果

（一）各活动所需时间的估计

活动所需时间的估计是关于完成一活动需多少时间的定量估计。项目活动所需时间的估计既应包括对于项目活动所需的时间，也包括项目活动时间可能的变化范围。活动所需时间估计值用某一范围表示。例如：

（1）2 周 ±2 天，表示该活动至少需 8 天和最多不超过 12 天。

（2）超过 3 周的概率为 15%，表示以 85% 概率活动将用 3 周或更短时间。

（二）估计的基础

在进行估算时，我们所做的各种合理的假定，使用的各种约束条件，参照的各种历时信息以及项目活动目录与所需资源数量和质量等资料都必须以基础文档的形式保留下来，作为备查资料，也是我们进行风险管理和控制的关键依据之一。

（三）活动目录更新

在项目活动时间估算的过程中，同样也会发现现有的活动目录的一些问题和遗漏，因此同项目活动排序一样，在项目活动时间估计之后，也要进行活动目录更新。这也是这一阶段的主要成果之一。

第四节　项目时间计划的制定

制定项目时间计划是为了控制时间和节约时间，而项目一般都具有严格的时间要求，因此使得时间计划在项目管理中变得很重要。

项目时间计划是在工作分解结构的基础上对活动、项目做出的一系列的时间计划，它主要说明哪些工作必须于何时完成，以及完成每一项任务所需要的时间，有时也表示出每项活动所需的人数。

一、项目时间计划编制的依据

（一）项目网络图和项目活动所需时间估计

项目网络图是项目活动排序得到的项目各项活动的内容，以及它们之间的逻辑关系示意图。项目活动所需时间的估计是在项目活动时间估计阶段得到的项目活动时间和项目总体时间的估计文件。它们是项目时间计划制定的依据之一。

（二）资源需求和资源库描述

对进度编制而言，需要什么资源，有什么资源，在什么时候，以何种方法可供利用是必须知道的。例如，安排共享的资源也许是特别困难的一件事，因为这些资源的可利用性是高度可变的。在资源库描述中，详细资料的数量和具体水平是不同的。例如，一个咨询项目最初的进度计划编制时，仅须知道，在某一段时间内有两个咨询人员可供利用，然而在同一项目的最终进度编制时，必须确定使用哪一位特定的咨询人员。

（三）日历表

项目日历表和资源工程日历表确定了可用于工作的日期。项目日历表对所有资源有影响。例如，一些项目仅在法定的工作时间内进行，而有的项目可一日三班安排工作。各种资源日历表对特定的资源有影响。例如，项目团队的成员可能正在放假接受培训；某一劳动合同可能限定工人一周的工作天数。

（四）约束条件和假设

有两类约束在编制进度计划时必须加以考虑：

1. 强制性日期。某些工作细目应项目支助者、项目顾客或其他外界因素的要求必须在某一特定日期完成。例如，某技术项目的市场窗口；某董事会要求在某日期前完成一个环保项目。

2. 关键事件或里程碑事件。项目支助者，项目顾客或其他项目相关人提出在某一特定日期前完成某些工作细目，一旦定下来，这些日期就很难更改了。

（五）超前与滞后

为了精确说明活动间相互关系，有些逻辑关系可能需考虑超前和滞后的时间。这种可能的情况在订购一台设备和使用之间有两个星期间隔。

二、项目进度计划的时间参数

项目进度计划记录了项目中每一活动的计划和实际的开始日期、完成日期和周期。在大多数复杂的进度计划中，都会用到下列时间参数以及相关的时间参数：

（一）工期

工期是完成活动所需的时间。在每个活动开始之前，都有一个估算的周期，而在每个活动开始之后完成之前，我们也可以估算剩余周期。一旦活动已经完成，我们就可以记录实际周期。

（二）最早开始时间（ES）和最早结束时间（EF）

最早开始时间是指某项活动能够开始的最早时间。它可以在项目的预计开始时间和所有正常的工期估计基础上计算出来。最早结束时间是指某一活动能够完成的最早时间，它可以在这项活动最早开始时间的基础上加上这项活动的工期估计计算出来。

$$EF = ES + \text{工期估计}$$

（三）最迟开始时间（LS）和最迟结束时间（LF）

最迟开始时间是指为了使项目在要求完工的时间内完成，某项活动必须开始的最迟时间。最迟结束时间是指为了使项目在完工时间内完成，某项活动必须完成的最迟时间。它可以在项目的要求完工时间和各项紧随活动工期估计的基础上计算出来。最迟开始时间可以用这项活动的最迟结束时间减去它的工期估算计算出来。

$$LS = LF - \text{工期估计}$$

（四）时差

如果最迟开始时间与最早开始时间不同，那么该活动的开始时间就可以浮动，称之为时差：

时差 = 最迟开始时间 - 最早开始时间

同理，如果最迟结束时间和最早结束时间不同，那么该活动的结束时间也可以浮动，同样称为该活动的时差：

时差 = 最迟结束时间 - 最早结束时间

三、编制项目时间计划的方法与工具

（一）关键路线法（CPM）

关键路线法（CPM）是一种常用的数学分析技术，是根据网络图和各活动所需时间（估计值），计算每一活动的最早或最迟开始和结束时间。但计算时并没有考虑资源限制，这样算出的日期并不是实际进度，而是表示所需的时间长短，考虑活动的资源限制和其他约束条件，把活动安排在上述时间区间内。

在计算出作业时间、节点时间和活动时间后，结合考虑时差，可以求出项目的关键路线。关键路线法（CPM）的关键是计算总时差，这样可决定哪一活动有最小时间弹性。CPM 算法也在其他类型的数学分析中得到应用。CPM 算法的具体步骤如下：

1. 求出各活动的 ES 和 EF。我们可以通过公式求出各活动的时间参数 ES 和 EF，这是通过正向计算得到的。即从项目开始沿网络图到项目完成进行计算。在进行这些正向计算时必须注意：某项活动的最早开始时间必须相同或晚于直接指向这一活动的所有活动的最早结束时间中的最晚时间。

2. 求出各活动的 LF 和 LS。计算各活动的 LF 和 LS，可以通过反向推算得出。即从项目完成沿网络图到项目的开始进行推算。在进行这类推算时也必须注意：某项活动的最迟结束时间必须相同或者早于该活动直接指向的所有活动最迟开始时间的最早时间。

3. 计算时差。要分别计算出活动总时差和每项工作活动的单时差。活动总时差是指在不影响整个项目完工时间的条件下，某项活动最迟开始时间与最早开始时间的差。它表明该活动开始时间允许推迟的最大限度。活动单时差是指在不影响下一活动的最早开始时间的前提下，该活动完工期可能有的机动时间。

4. 找出关键路线。在一个网络图中，总时差为零的活动，称为关键活动。时差为零的节点称为关键节点。一个从始点到终点，沿箭头方向由时差为零的关键活动所组成的路线，就称为关键路线。

关键路线通常是从始点到终点时间最长的路线，要想缩短整个项目的工期，必须在关键路线上想办法，即缩短关键路线上的作业时间。

（二）计划评审技术（PERT）

计划评审技术是利用网络顺序逻辑关系和加权历时估算来计算项目历时的重要技术。它是一种双代号非肯定型网络分析方法，其理论基础是假设项目持续时间以及整个项目完成时间是随机的，且服从某种概率分布。这种网络计划方法适用于不可预知因素较多、从未做过的新项目和复杂项目。

PERT 对各个项目活动的完成时间按三种不同情况估计：乐观时间——任何事情都顺利的情况下完成某项工作的时间；最可能时间——正常情况下完成某项工作的时间。悲观时间——最不利的情况下完成某项工作的时间。

假定三个估计服从 β 分布，由此可算出每个活动的期望 t_i：

$$t_i = \frac{a_i + 4m_i + b_i}{6}$$

其中：a_i 表示第 i 项活动的乐观时间，m_i 表示第 i 项活动的最可能时间，b_i 表示第 i 项活动的悲观时间。

根据 β 分布的方差计算方法，第 i 项活动的持续时间方差为：

$$\sigma_i^2 = \frac{(b_i - a_i)^2}{36}$$

下面举例说明。例如，某政府某系统的建设可分解为需求分析、设计编码、测试和安装部署四个活动，各个活动顺次进行，没有时间上的重叠，活动的完成时间估计如图 6.4 所示。

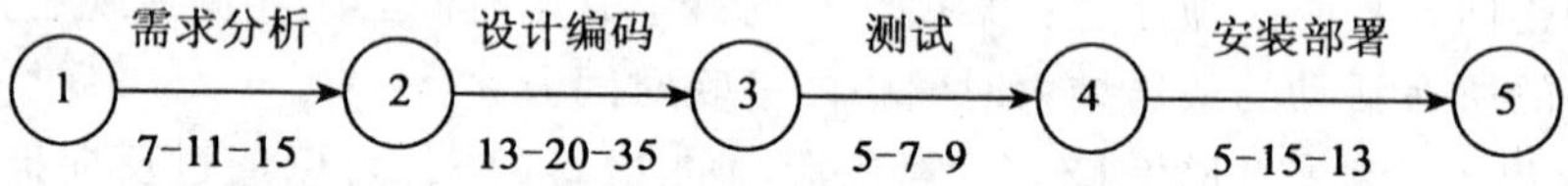

图 6.4 某系统的工作分解和活动工期估计

则各活动的期望工期和方差为：

t 需求分析 $= \frac{7 + 4 \times 11 + 15}{6} = 11$　　σ^2 需求分析 $= \frac{(15 - 7)^2}{36} = 1.778$

t 设计编码 $= \frac{14 + 4 \times 20 + 32}{6} = 21$　　σ^2 设计编码 $= \frac{(32 - 14)^2}{36} = 9$

t 测试 $= \frac{5 + 4 \times 7 + 9}{6} = 7$　　σ^2 测试 $= \frac{(9 - 5)^2}{36} = 0.101$

t 安装部署 $= \frac{5+4\times13+15}{6} = 12$　　　　σ^2 安装部署 $= \frac{(15-5)^2}{36} = 2.778$

PERT 认为整个项目的完成时间是各个活动完成时间之和，且服从正态分布。整个项目完成的时间 t 的数学期望 T 和方差 σ^2 分别等于：

$$\sigma^2 = \sum \sigma_i^2 = 1.778 + 9 + 0.101 + 2.778 = 13.657$$

$$T = \sum t_i = 11 + 21 + 7 + 12 = 51$$

标准差为：

$$\sigma = \sqrt{\sigma^2} = \sqrt{13.657} = 3.696 \text{ 天}$$

据此，可以得出正态分布曲线图 6.5。

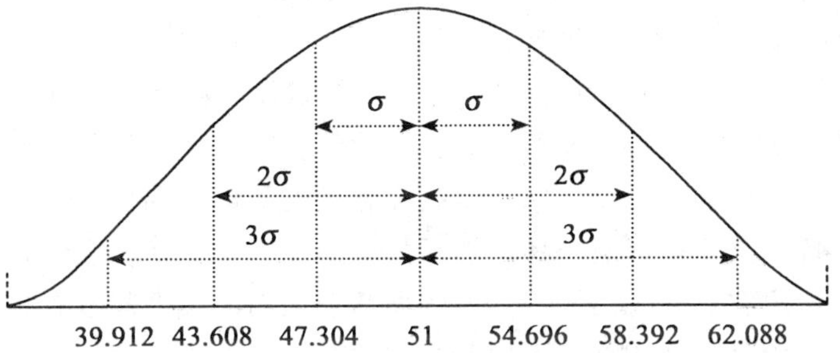

图 6.5　某项目的工期正态分布图

因为图 4.5 是正态分布曲线，根据正态分布规律，在 $\pm\sigma$ 范围内即在 47.304 天与 54.696 天之间完成的概率为 68%；在 $\pm2\sigma$ 范围内完成即在 43 .608 天到 58.392 天完成的概率为 95%；在 $\pm3\sigma$ 范围内即 39.912 天到 62.088 天完成的概率为 99%。如果客户要求在 39 天内完成，则可完成的概率几乎为 0，也就是说，项目有不可压缩的最小周期，这是客观规律。

通过查标准正态分布表，可得到整个项目在某一时间内完成的概率。例如，如果客户要求在 60 天内完成，那么可能完成的概率为：

$$P\{t \leqslant 60\} = \Phi\left(\frac{60-T}{\sigma}\right) = \Phi\left(\frac{60-51}{3.696}\right) = 0.99286$$

如果客户要求再提前 7 天，则完成的概率为：

$$P\{t \leqslant 53\} = \Phi\left(\frac{53-T}{\sigma}\right) = \Phi\left(\frac{53-51}{3.696}\right) = 0.7054$$

（三）模拟法

模拟法是根据给定的一些假设条件与参数和这些条件与参数发生的概率，运用蒙特卡罗模拟和三角模拟等仿真的方法，模拟确定每个项目活动可能工期的统计分布和整个项目可能工期的统计分布，然后使用这些统计数据去编制项目工期计划的一种方法。

（四）资源调整尝试法

数学分析法通常产生一个初始进度计划，而实施这个计划需要的资源可能比实际拥有的更多，或要求所用资源有大幅度变化。资源调整尝试法可在资源有约束条件下制定一个进度计划。用资源调整尝试法计算出的项目完成时间一般比初始进度长。用计算机优化软件编制进度计划时这种方法叫建立在资源约束基础上的方法。资源有约束的进度编制是资源调整的一个特例，前者涉及的仅是可利用资源在数量上有限制。

（五）甘特图法

甘特图法是由美国学者甘特在20世纪初发明的一种最早的项目计划方法，这种方法是用条形图表示项目活动及其顺序并安排和计划项目的工期。甘特图也叫做线条图或横道图，如图6.6所示。它是以横线来表示每项活动的起止时间。甘特图的优点是简单、明了、直观，易于编制，因此到目前为止仍然是小型项目中常用的工具。即使在大型工程项目中，它也是高级管理层了解全局、基层安排进度时有用的工具。在甘特图上，可以看出各项活动的开始和终了时间。在绘制各项活动的起止时间时，也考虑它们的先后顺序，但各项活动之间的关系却没有表示出来，同时也没有指出影响项目寿命周期的关键所在。因此，对于复杂的项目来说，甘特图就显得不足以适应。

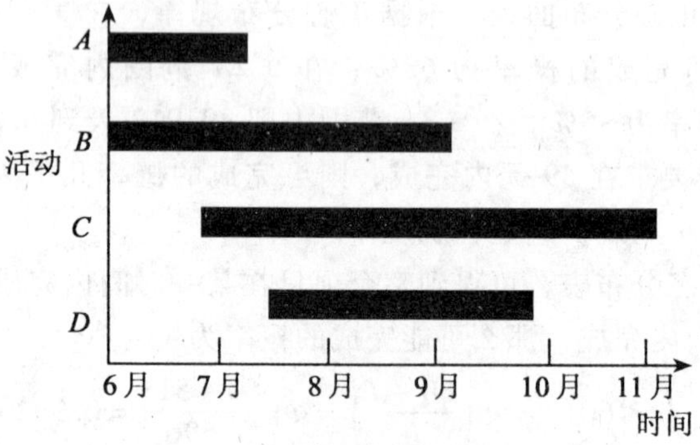

图6.6 甘特图的示意图

（六）项目管理软件法

项目管理软件被广泛地使用以帮助项目进度的编制。这些软件可自动进行数学计算和资源调整，可迅速地对许多方案加以考虑和选择。用这些软件，还可打印显示出计划编制的结果。

很显然，采用以上几种不同的进度计划方法本身所需的时间和费用是不同的。关键日期表编制时间最短，费用最低。甘特图所需时间要长一些，费用也高一些。CPM 要把每个活动都加以分析，如活动数目较多，还需用计算机求出总工期和关键路线，因此花费的时间和费用将更多。PERT 法可以说是制订项目进度计划方法中最复杂的一种，所以花费时间和费用也最多。应该采用哪一种进度计划方法，主要应考虑下列因素：

1. 项目的规模大小。很显然，小项目应采用简单的进度计划方法，大项目为了保证按期按质达到项目目标，就需考虑用较复杂的进度计划方法。

2. 项目的复杂程度。这里应该注意到，项目的规模并不一定总是与项目的复杂程度成正比。例如修一条公路，规模虽然不小，但并不太复杂，可以用较简单的进度计划方法。研制一个小型的电子仪器，则要很复杂的步骤和很多专业知识，可能就需要较复杂的进度计划方法。

3. 项目的紧急性。在项目急需进行时，特别是在开始阶段，需要对各项工作发布指示，以便尽早开始工作，此时，如果用很长时间去编制进度计划，就会延误时间。

4. 对项目细节掌握的程度。如果在开始阶段项目的细节无法明确，CPM 和 PERT 法就无法应用。

5. 总进度是否由一、两项关键事项所决定。如果项目进行过程中有一、两项活动需要花费很长时间，而这期间可把其他准备工作都安排好，那么对其他工作就不必编制详细复杂的进度计划了。

6. 有无相应的技术力量和设备。例如，没有计算机，CPM 和 PERT 进度计划方法有时就难以应用。如果没有受过良好训练的合格的技术人员，也无法胜任用复杂的方法编制进度计划。

此外，根据情况不同，还需考虑客户的要求，能够用在进度计划上的预算等因素。到底采用哪一种方法来编制进度计划，要全面考虑以上各个因素。

四、项目时间计划的编制结果

（一）项目进度计划书

通过项目时间计划编制而给出的项目时间计划书，至少应包括项目整体和每项活动的计划开始时间和计划结束时间等信息。一般在项目资源配置得到确认之前，这种项目时间计划只是初步计划；在项目资源配置得到确认之后，才能得到正式的项目时间计划。项目时间计划可以使用文字描述的形式给出，也可以使用图表的形式给出。例如表 6.2 就是一种用里程碑表的形式给出的项目时间计划书。

表 6.2 项目时间计划里程碑表

时间	一月	二月	三月	四月	五月	六月	七月	八月
A			△ ▼					
B				▽				
C					△			
D						△		
E							△	
F								△

（二）详细说明

项目进度的详细说明要包括对所有假设和约束条件的说明和具体实施计划的措施说明等。详细依据的数量因应用领域而异。例如，在建筑项目中，它可能包括资源柱状图、现金流预测以及订货和交货时间表。在电子项目中，它可能只包括资源柱状图。详细说明提供的信息通常包括：按时段提出的资源需求，替代进度计划以及进度储备或进度风险估算。

（三）进度管理计划

项目进度管理计划是说明对进度的变化应如何加以变更和如何开展项目时间控制的计划安排。根据实际需要，进度管理计划可做得非常详细也可粗框架，可用正规形式也可以非正规形式表示。但无论采取什么方式，它都是整个项目计划的一部分。

（四）资源需求的修改

在项目时间计划编制中，资源调整和活动目录的修改可能对资源的初始估计产生很大的影响，往往会出现对于项目资源需求的各种调整和改动。因此，在项目时间计划的制定过程中，需要对所有的项目资源需求调整和改动进行必要的管理，并编制一份更新后的项目资源需求文件。

第五节　项目时间控制

在网络计划的执行过程中，由于各种因素的影响，往往使得项目很难按照计划的进度进行，因此，在计划的执行过程中，要随时掌握项目实施动态，检查计划的执行情况，并要随着情况的变化对计划进行调整，这对保证项目目标的顺利实现具有重要的意义。

一、项目时间控制的依据

（一）项目进度表

项目进度表提供了度量项目实施绩效和报告项目时间计划执行情况的基准和依据，是项目总计划的一部分，是项目时间计划控制的最根本依据。

（二）项目时间计划执行情况报告

这一报告提供了项目进展方面的信息，包括哪一活动如期完成了，哪一活动未如期完成以及项目时间计划的总体完成情况，报告中也可提醒项目团队值得注意的问题。通过比较项目时间计划和项目时间计划执行情况报告，可以发现项目时间计划实施的问题和差距。

（三）项目时间变更的要求

项目时间变更的要求是对项目时间计划所提出的改动要求，它可以是由任何一个项目相关利益主体提出的。要求改变进度的形式有多种，口头或书面的，直接或间接的，由外部或内部因素导致的，强制性的或有多种选择的。这些具体的改变要求的结果可能是加快进度也许是进度的延长。

（四）项目时间管理计划

项目时间管理计划安排给出了如何应对项目时间计划变更的措施和管理办法，包括项目资源方面的安排和各种应急措施方面的安排等。这些项目时间管理计划也都是项目时间计划控制的重要依据之一。

二、项目时间控制的方法与工具

（一）进度改变控制系统法

可改变进度的控制系统指一些特定过程，通过这些过程可改变项目进度。该系统包括书面工作，追踪系统以及允许的进度偏差。进度改变控制应当作为项目的整体控制的一部分，同整体变更系统有机结合起来进行。

（二）执行情况测定法

描述项目执行情况测定的方法是一种测定和评估项目的实施情况，确定项目时间计划完成程度和项目实际完成情况与计划要求的差距大小的管理控制方法。项目进度控制系统的一个重要组成部分是决定对已经发生的进度偏差是否采取纠正偏差的措施。描述项目执行情况测定方法可用来评估实际与计划时间进度间差异的大小。例如，在一个非关键活动的一个较大时间延误也许只对项目产生较小的影响，而在关键活动的较小延误也许就需要马上采取纠正措施。这一方法要求有固定的项目时间计划的实施情况报告期，要求定期不定期的度量和报告项目时间计划的实施情况。一般从项目控制的角度看，这种报告的报告期越短越有利于及早发现问题并采取纠正措施。

（三）附加计划法

极少有项目精确地依计划进度行事，有很多项目会提前完成而另一些项目活动则会延期完成。因此，项目时间计划控制方法中还有一种附加计划法。这种方法可以根据可预料到的改变重新估计活动所需的时间，重新修改活动排序，或对多种进度计划作出分析。

（四）项目管理软件法

对项目时间计划控制而言，运用项目管理软件也是很有用的方法之一。这种方法能把计划日期和项目实际实施情况加以对比，并能预测和分析进度改变所造成的影响，以及调整、更新和追加项目时间计划。

三、项目时间控制的结果

（一）时间计划的更新

进度更新是指根据执行情况对计划所进行的调整。如有必要，必须把计划更新结果通知有关方面。进度更新有时需要对项目的其他计划进行调整。在有些情况下，进度延迟十分严重以致需要提出新的基准进度，给下面的工作提供现实的数据。

（二）纠正措施

这里的纠正措施是指为纠正项目进度的实际情况与项目时间计划之间的偏差所采取的各种具体行动。在项目时间控制中，需要采取纠正措施以确保某一活动按时完成或尽可能减少延误而采取特殊措施。

（三）经验与教训

在项目时间控制中所获得的进度产生差异的原因，采取纠正的措施和理由，项目时间计划失控造成的各种问题和损失以及其他方面的经验教训都应当被记录下来，成为执行本项目和今后其他项目的历史数据与资料。

本章小结

本章讨论了项目时间管理的有关各方面的问题，包括项目活动的定义，活动的排序，项目活动时间的估算，项目时间计划的制定和项目时间的控制等。在项目时间计划制定中介绍的 CPM、PRET 和 GRET 实际上都是网络计划方法。

网络计划方法是利用网络图来表达项目中各项活动的进度和它们之间的相互关系，并在此基础上进行网络分析，计算网络中各项时间参数，确定关键活动与关键路线，利用时差不断的调整和优化网络，以求得最短周期。然后，还可将成本与资源问题考虑进去，以求得综合优化的项目时间计划方案。

在计划的执行过程中采取相应措施来进行管理非常重要。在计划执行过程中，要随时掌握项目实施动态，检查计划的执行情况。更应随着情况的变化对计划进行调整，这对保证计划目标的顺利实现具有决定意义。

思考题

1. 选用时间计划方法主要考虑哪些因素？
2. 项目进度计划的目的是什么？
3. “项目时差”意味着什么？
4. “甘特图简单的外表常常带有欺骗性。”请简略说明。

案　例

三峡工程的时间管理

一、工程概况

三峡工程是一个具有防洪、发电、航运等综合效益的巨型水利枢纽工程。枢纽主要由大坝、水电站厂房、通航建筑物三部分组成。其中大坝最大坝高181m；电站厂房共装机26台，总装机容量18 200MW；通航建筑物由双线连续五级船闸、垂直升船机、临时船闸及上、下游引航道组成。三峡工程规模宏伟，工程量巨大，其主体工程土石方开挖约1亿立方米，土石方填筑4 000多万立方米，混凝土浇筑2 800多万立方米，钢筋46万吨，金属结构安装约26万吨。根据审定的三峡工程初步设计报告，三峡工程建设总工期定为17年，工程分三个阶段实施。其中：

第一阶段工程工期为5年（1993～1997年）。主要控制目标是：1997年5月导流明渠进水；1997年10月导流明渠通航；1997年11月实现大江截流；1997年年底基本建成临时船闸。

第二阶段工程工期6年（1998～2003年）。主要控制目标是：1998年5月临时船闸通航；1998年6月二期围堰闭气开始抽水；1998年9月形成二期基坑；1999年2月左岸电站厂房及大坝基础开挖结束，并全面开始混凝土浇筑；1999年9月永久船闸完成闸室段开挖，并全面进入混凝土浇筑阶段；2002年5月二期上游基坑进水；2002年6月永久船闸完建开始调试，2002年9月二期下游基坑进水；2002年11～12月三期截流；2003年6月大坝下闸水库开始蓄水，永久船闸通航；2003年第4季度第一批机组发电。

第三阶段工程工期6年（2004～2009年）。主要控制目标是：2009年年底全部机组发电和三峡枢纽工程完建。

二、进度计划管理

（一）管理特点

针对三峡工程特点、进度计划编制主体及进度计划涉及内容的范围和时段等具体情况，确定三峡工程进度分三个大层次进行管理，即业主层、监理层和施工承包商层。通常业主在工程进度控制上要比监理更宏观一些，但鉴于三峡工程的特性，三峡工程业主对进度的控制要相对深入和细致些。这是因为三峡工程规模大、工期长，参与工程建设的监理和施工承包商多。参与三峡工程建设的任何一家监理和施工承包商所监理的工程项目和施工内容都仅仅是三峡工程一个阶段中的一个方面或一个部分，而且业主在设备、物资供应及标段交接和协调上的介入，形成了进度计划管理的复杂关系。这里面施工承包商在编制分标段进度计划时，受其自身利益及职责范围的限制，除原则上按合同规定实施并保证实现合同确定的阶段目标和工程项目完工时间外，在具体作业安排、公共资源使用上是不会考虑对其他施工承包商的影响的。也就是说，各施工承包商的工程进度计划在监理协调之后，尚不能完全、彻底地解决工程进度计划在空间、时间和资源使用上的交叉和冲突矛盾。为满足三峡工程总体进度计划要求，各监理单位控制的工程进度计划还需要协调一次，这个工作自然要由业主来完成，这也就是三峡工程进度计划为什么要分三大层次进行管理的客观原因和进度计划管理的特点。

（二）管理措施

1. 统一进度计划编制办法。业主根据合同要求制订统一的工程进度计划编制办法，在办法里对工程进度计划编制的原则、内容、编写格式、表达方式、进度计划提交、更新的时间及工程进度计划编制使用的软件等作出统一规定，通过监理转发给各施工承包商，照此执行。

2. 确定工程进度计划编制原则。三峡工程进度计划编制必须遵守以下原则：

（1）分标段工程进度计划编制必须以工程承包合同、监理发布的有关工程进度计划指令以及国家有关政策、法令和规程规范为依据。

（2）分标段工程进度计划的编制必须建立在合理的施工组织设计的基础上，并做到组织、措施及资源落实；分标段工程进度计划应在确保工程施工质量，合理使用资源的前提下，保证工程项目在合同规定工期内完成。

（3）工程各项目施工程序要统筹兼顾、衔接合理和干扰少。

（4）施工要保持连续、均衡。

（5）采用的有关指标既要先进，又要留有余地。

（6）分项工程进度计划和分标段进度计划的编制必须服从三峡工程实施阶段的总进度计划要求。

3. 统一进度计划内容要求。三峡工程进度计划内容主要有两部分，即上一工程进度计划完成情况报告和下一步工程进度计划说明。具体如下：

对上一工程进度计划执行情况进行总结，主要包括以下内容：主体工程完成情况；施工手段形成；施工道路、施工栈桥完成情况；混凝土生产系统建设或运行情况；施工工厂的建设或生产情况；工程质量、工程安全和投资计划等完成情况；边界条件满足情况。

对下一步进度计划需要说明的主要内容有：为完成工程项目所采取的施工方案和施工措施；按要求完成工程项目的进度和工程量；主要物资材料计划耗用量；施工现场各类人员和下一时段劳动力安排计划；物资、设备的定货、交货和使用安排；工程价款结算情况以及下一时段预计完成的工程投资额；其他需要说明的事项；进度计划网络。

4. 统一进度计划提交、更新的时间。三峡工程进度计划提交时间规定如下：三峡工程分标段总进度计划要求施工承包商，在接到中标通知书的 35 天内提交，年度进度计划在前一年的 12 月 5 日前提交。三峡工程进度计划更新仅对三峡工程实施阶段的总进度计划和三峡工程分项工程及三峡工程分标段工程总进度计划和年度进度计划进行，并有具体的时间要求。

5. 统一软件、统一格式。为便于进度计划网络编制主体间的传递、汇总、协调及修改，首先对工程进度计划网络编制使用的软件进行了统一。三峡工程进度计划网络编制统一使用 Primavera Project Planner for Windows（以下简称 P3）软件。同时，业主对 P3 软件中的工作结构分解、作业分类码、作业代码及资源代码作出了统一规定。通过工作结构分解的统一规定对不同进度计划编制内容的粗细作出具体要求，即三峡工程总进度计划中的作业项目划分到分部分项目工程。三峡工程分标段进度计划中的作业项目划分到单元工程，甚至到工序。通过作业分类码、作业代码及资源代码的统一规定，实现进度计划的汇总、协调和平衡。

（三）进度控制

1. 贯彻、执行总进度计划。业主对三峡工程进度的控制首先是通过招标文件中的开工、完工时间及阶段目标来实现的；监理则是在上述基础上对工期、阶段目标进一步分解和细化后，编制出三峡工程分标段和分项工程进度计划，以此作为对施工承包商上报的三峡工程分标段工程进度计划的审批依据，确保工程施工按进度计划执行；施工承包商三峡工程分标段工程总进度计划，是在确定了施工方案和施工组织设计后，对招标文件要求的工期、阶段目标进一步分解和细化编制而成。它提交给监理用来响应和保证业主的进度要求。施工承包商的三峡工程分标段工程年度、季度、月度和周进度计划则是告诉监理和业主，如何具体组织和安排生产，并实现进度计划目标。这样一个程序可以保证三峡工程总进度计划一开始就可以得到正确的贯彻。

上述过程仅仅是进度控制的开始，还不是进度控制的全部。作为完整的进度控制还需要将进度实际执行情况反馈，然后对原有进度计划进行调整，作出下一步计划。这样周而复始，才可能对进度起到及时、有效地控制。

2. 控制手段。三峡工程用于工程进度控制的具体手段是：建立严格的进度计划会商和审批制度；对进度计划执行进行考核，并实行奖惩；定期更新进度计划，及时调整偏差；通过进度计划滚动（三峡工程分标段工程年度、季度、月度及周的进度计划编制）编制过程的远粗、近细，实现对工程进度计划动态控制；对三峡工程总进度计划中的关键项目进行重点跟踪控制，达到确保工程建设工期的目的；业主根据整个三峡工程实际进度，统一安排而提出的指导性或目标性的年度、季度总进度计划，用于协调整个三峡工程进度。

三、进度计划编制支持系统

（一）计算机网络建设

为提高工作效率、加强联系并及时互通信息，由业主出资在坝区设计、监理、施工承包商和业主之间建立了计算机局域网，选择 Lotus Notes 作为信息交换和应用平台。这些基础建设为进度计划编制和传递提供了强有利的手段。

（二）混凝土施工仿真系统

三峡水利枢纽主要由混凝土建筑物组成，其混凝土工程量巨大，特别是二阶段工程中的混凝土施工更是峰高、量大。在进度计划编制安排混凝土施工作业程序时，靠过去的手工排块方法，很难在短时间内得出一个较优的混凝土施工程序。在编制进度计划时，为了能够及时、高效地得到一个较优的混凝土施工程序，业主与电力公司成都勘测设计研究院，共同研制三峡二阶段工程厂坝混凝土施工仿真系统和永久船闸混凝土仿真系统，用于解决上述问题。目前三峡二阶段工程厂坝混凝土施工仿真系统在进度计划编制过程中已初见成效。

（三）工程进度日报系统

要做好施工进度动态控制并及时调整计划部署，就必须建立传递施工现场施工信息的快速通道。针对这样一个问题，业主组织人力利用 Notes 开发三峡工程日报系统。该系统主要包括实物工程量日完成情况、大型施工设备工作状况、工程施工质量及安全统计结果、物资（主要是水泥和粉煤灰）仓储情况等。利用该系统，业主和监理等有关单位就可及时掌握和了解到工程进展状况。如再通过分析和加工处理，就可为下一步工作提供参考和决策依据。

以上是业主针对三峡工程特点，在三峡工程进度计划管理中所做的一些探索性的工作。目前三峡工程虽已进入第二阶段，但仅仅是开始，三峡工程的进度计划管理体系还需进一步完善和接受工程的实践考验。

案例来源：http：//www. ctgpc. com. cn

第七章　项目成本管理

项目成本管理是指在规定的时间内，为保证实现项目的既定目标，对项目实际发生的费用采取的各种措施。通过项目成本管理可以实现对整个项目实施的管理和监督，及时发现和解决项目实施过程中出现的各种问题。具体来说，项目成本管理包括在批准的预算内完成项目所需要的每一个过程，即资源计划、成本估算、风险分析、成本计划和成本控制。这五个过程相互影响、相互作用，有时也与外界的过程发生交互影响，根据项目的具体情况，每一过程由一人或数人或小组完成，在项目的每个阶段，上述过程至少出现一次。

第一节　资源计划

一个项目目标的实现必然消耗一定的资源，由于现实社会中资源本身的短缺性和价值性，所以项目中所消耗的资源是形成项目成本的根源。在项目成本管理活动中，项目资源需求的数量、质量和投入的时间都是项目成本管理中最基本的计划管理内容。一个项目的资源计划若安排不当，就会使项目工期拖延或者使项目实施成本超出预算范围。

项目资源计划是指通过分析和识别项目资源需求，明确项目所需投入资源种类(如人力、设备、材料、资金等)、资源数量和资源的投入时间，并制定出项目资源计划安排的项目成本管理活动。

例如，建筑工程队需熟悉当地建筑方面的法规，若利用当地劳动力，这些法规往往可以通过利用当地劳动力获得而不需增加其他费用。若当地劳动力中缺乏专门建筑技术人才时，则获得当地建筑法规的最有效方法是雇用一名咨询人员，但这需要增加成本。

再如，汽车设计小组应熟悉最新的汽车装配技术，这些知识也许得通过雇用一位咨询者，或派出一位设计人员去参加关于机器人的研讨会或吸纳某制造专家作为小组成员才能获得。

一、编制资源计划的依据

资源计划的编制涉及项目的范围、项日时间、项目质量等各个方面的计划与要求文件，以及相关各种支持细节文件和资料。主要包括：

（一）项目工作分解结构

项目工作分解结构（Work Breakdown Structure，WBS）是既定项目各项工作的结构图或说明。当一个项目的目标确定以后，就需要确定出人们可以通过开展哪些工作来实现这些目标，在项目管理的实践中，人们经过探索，逐步开发出了一种确定工作任务的新技术——工作分解结构（详见第五章项目范围管理第三节）。这些为实现项目目标所展开的工作和它们的组成结构就是一个项目的工作分解结构。项目的工作分解结构中给出的各项工作都会占用或消耗资源，而且不同的工作会有不同的资源需要，因此项目工作分解结构是安排项目资源计划的主要依据之一。WBS的具体编制方法我们将在下一节谈到。

（二）项目工作分解结构的支持细节

1. 历史项目信息。这是指已完成的同类项目在项目所需资源、项目资源计划和项目实际消耗纪录等方面的历史信息。

2. 项目范围计划。项目范围计划确定了项目的目标、产出物和工作，这些都是造成项目资源消耗和占用的要素，所以它也是制定项目资源计划的根据之一。

3. 项目资源描述。要制定一个项目的资源计划，就必须对该项目所需资源的种类、数量、特性和质量予以说明和描述，应知道什么资源（人、设备、材料）可供利用。资源库里资源的详尽程度前后不同，例如，在一个工程设计项目的早期，资源库也许是"许多初级与高级工程师"，然而，在同一工程的后期，资源库限定为对这个项目有一定了解的工程师，这些工程师参加过早期的工作。

4. 组织方针政策。项目组织方针政策主要包括人力资源政策、设备材料选用政策、组织和获得资源的方式和手段政策等，这些也会影响项目资源计划的制定。

5. 资源供给情况的信息。这是指针对一个项目的资源需求而给出的各种资源供给情况的信息，人们只有掌握了这些信息以后，才能作出切实可行的项目资源计划，否则任何计划都是纸上谈兵。

二、项目资源计划编制的方法

（一）专家判断法

这是指由项目成本管理专家根据经验和判断去确定和编制项目资源计划的方法。具体有两种形式。

1. 专家小组法。组织一组有关专家在进行调查研究的基础上，通过召开专家小组座谈会议的方式，共同探讨并提出项目资源计划备选方案，然后制定出项目资源计划。

2. 特尔斐法。这种方法需要有一名协调者去组织专家进行项目资源需求计划的安排，然后汇总专家的意见，最终整理编制项目资源计划。它的优点是：主要依靠专家判断，适合于创新性的项目；它的缺点是：在专家水平不一和意见不一致时，容易使项目资源计划存在问题。

（二）统一定额法

这是指使用国家或民间统一的标准定额和工程量计算规则去制定项目资源计划的方法。所谓统一标准定额是指由权威部门（国家或民间）所制定出的为完成一定量的项目工作所需要消耗和占用的资源质量和数量限额标准。套用统一标准定额是编制项目资源计划最简单的方法。但是，由于统一标准定额相对固定，无法适应现代技术、工艺及生产率的快速变化，所以现在很多国家都放弃使用这种方法。

（三）资料统计法

这是指使用历史项目的统计数据资料，计算和确定项目资源计划的方法。这种方法要求有足够数量的历史统计资料。利用这种方法计算和确定项目资源计划，能够得出比较准确合理、切实可行的结果，但这一方法要求有详细的历史数据，所以实行起来有一定难度。

（四）项目管理软件法

这是使用现成的项目管理软件去编制项目资源计划的方法。现在市场上已经有许多项目资源计划编制方面的通用软件系统，不仅可以储存资源库信息，而且可以定义资源的使用定额，以及确定资源需求的时间等。但是，这种系统有不同的复杂程度和功能强度，需要根据项目的需要进行必要的选用。

三、项目资源计划的编制结果

项目资源计划编制工作主要是生成了一份项目资源计划书。这一计划给出了项目资源的数量、质量和投入等方面的要求与安排。这种资源的数量、质量和投入等方面的安排至少应该是针对项目工作分解结构（WBS）的最下层要素（工作包）（见下节图7.1）给出的。更进一步，这种资源计划也可以按照项目活动分解的结果，即按照项目每项活动所需消耗的资源，自上而下滚动到工作包的资源需求，然后编制资源计划。

在资源计划中安排的各种项目所需的人力资源和物力资源可以分别通过招聘与采购的方法来获得，有时也可以通过招标的方式获得项目实施组织提供的各种服务。

第二节　成本估算

项目的成本是指项目从设计到完成期间所需全部费用的总和。项目成本包括基础投资、前期的各种费用、项目建设中的贷款利息、管理费用及其他费用。

成本估算就是编制一个完成项目各活动所必需资源成本的近似估算。

值得注意的是要将成本估算与项目报价区别开来。成本估算上对一个目标的定量评估，是指为了提供产品或服务，执行组织要付出的成本。项目的报价则是一种经营决策，是指针对这种产品或服务，执行组织要收取多少费用。成本估算仅是在制定报价决策时必需考虑的众多因素之一。

这里，我们就成本估算的方法、成本估算的种类、工作结构分解和成本估算的影响因素四个方面来展开论述。

一、成本估算的方法

由于成本估算以其预算资金关系影响到项目的设计、决策和实施，因此，必须利用科学的方法或手段进行估计和预测。成本估算的方法有很多，比较常用的有以下几种：

（一）经验估算法

经验估算法又称类比估算法，自上而下估算法，是指利用以前类似项目的实际成本作为估算当前项目成本的基本依据。譬如，某连锁集团要新开第二家连锁超市分店，那么建设这一分店的成本数据就可以以第一家连锁店的成本为基础，并结合第二家连锁店的实际情况就可估算出拟建项目的成本。按这一方法进行估算，要求估算的人有丰富的专业知识和项目建设经验，以保证所作的估算有足够的参考价值。

因此这一方法的特点就是依靠上层或中上层管理人员的经验和判断以及可以获得的关于以往类似活动的历史数据。上层和中层管理人员可以估计出对项目整体的成本和构成项目的子项目的成本，并将这种数据估算和判断自上而下的传给低一层的管理人员，在此基础上他们对组成项目和子项目的任务和子任务的成本构成进行细分估计。然后，再向下一层传递他们的估计，直到最底的基层。

经验估算法的这种过程是由上到下一层一层地进行的，同项目一样被分解为更丰富的细节，从最上层或者是最为综合的层级一层层向下分解。但在实际操作中，可能会出现下层人员认为不足以完成任务的情况。这时下层人员并不一定会表达出自己对该估算的不同见解，从而上下层共同讨论得出更合理的预算分配方案。下层人员往往会保持沉默地等待上层自行发现问题并纠正，这有时会使得项目的进行出现问题，甚至失败。

利用这种方法进行估算，可以在很短的时间内获得大致的成本数据，但由于影响项目成本的因素较多，同类项目在不同的时间或地点投资额可能会有很大差别，所以，这种估算的误差较大，只能是一种近似的猜测。因此，根据经验估算主要适用于机会研究，作为提出项目任务考虑投资的参考。

（二）参数模型法

这是一种比较科学的方法，它立足于过去对成本产生影响的各种因素在现在和将来仍然起作用这一前提，以过去建设同类项目的资料为基础，运用一定的数学方法进行加工、处理和推理，借以估算项目成本。这种方法主要分为指数估算法和系数估算法。

1. 指数估算法。指数估算法在估算工厂建设及成套设备价格时都可以采用。其优点是利用已知条件，很快能估算出投资。只要资料可靠，条件基本相同，求得的结果是很接近实际的。其计算公式为：

$$X = Y\ (C2\ /\ C1)^{n}$$

式中：X——新项目所需投资

Y——已知项目的投资

$C1$——已知项目的生产能力

$C2$——新项目的生产能力

n——指数（一般情况下 n 小于 1）

指数 n 是一个关键因素，在不同的建设水平、不同的行业和不同工艺流程的项目中都有不同的指数。在国外，各行业都曾根据大量实际资料测算出各种工艺流程的指数，供估算投资时参考。

采用指数估算法要注意以下两点：

(1) 对于各种指数的选择，应采取分析的态度。例如：扩大生产规模靠增大设备或装置的尺寸（规格）和增加设备或装置的数量，其 n 值应该有所不同。前者 n 小些，后者则 n 大些。

(2) 准备估算投资项目的生产能力与原有项目的生产能力的比值有一定限制范围，一般在 10 倍以下比较合适，不然就会影响估算的精确度。

2. 系数估算法。系数估算法又称因子估算法，其计算公式为：

$$X = E \cdot K$$

式中：X——新项目中所需投资

E——因子（或系数）

K——已知系数或项目的投资

对于因子估算法而言，主要可分为设备系数法和设备及厂房系数法两种。

当项目的工艺设备已经选定，其他专业还未设计时，采用设备系数法是比较合适的，通常可以这样估算：

估算工艺成套设备到现场的价格（设为 K）；

设备及其安装费 $A = 1.43K$

设备配套安装 $B = A \times 1.6$

直接建设费 $D = B \times 1.5$

总建设费 $D \times 1.38 = 4.74K$

设备系数法的特点就是非常简单，但精确度不高。因为成套工艺设备组成的变化、设备规格的不同以及设备使用材料的差异，都会影响成套设备的价格。只以设备价格为基础计算总投资，当然不会得到较精确的结果。

设备及厂房系数法是在工艺设备及设备厂房的高度和面积可以得到确定的情况下，应用的一种系数估计法。在这种方法中，工艺设备投资和厂房建设的投资可以分别估算出来，其他与设备关系较大的按设备投资系数来计算，与厂房建设关系较大的按厂房投资系数来计算，两类投资加起来就是整个项目的投资。设备及厂房系数法常常被用到项目的可行性研究中。

（三）自下而上估算法

自下而上估算就是先算出各个单位的独立成本，然后将各个工作的估算自下而上地汇总，从而估算出项目总成本。这种方法是对项目所有部分进行全面的细致分析，项目的每一个环节的成本都要逐项落实，分别详细估算。

自下而上成本估算受各个单位的单项估算制约，由于参加的单位较多，因此用于成本估算的成本也会增加。在这种估算方法中，大量工作都是在中下层进行，并逐层向上传递和沟通，在这个过程中，项目的每个单元任务以及它们的时间和预算被估算出来，同时尽可能精确的确定费用。所以这种方法估算结果比较精确，但耗用时间长，费用支出大。

在项目工作的不同时期，可以分别使用上面的三种方法。在项目处于选择和计划时，只能采用经验估算法；当项目经过筛选后，可以用参数估计法来进行可行性研究；设计已经完成，项目目标确定后则可采用最后一种方法进行详细估算了。

在项目管理中，并不是一定需要用到每一种方法，至于用哪一种或哪几种方法取决于项目管理的要求。一般来说，对于项目的主要部分，如设备投资、基础设施及主要原材料投资等数额大而计算不太复杂的事项应用自下而上法进行详细的成本估算；而对于其他部分，特别是那些内容比较复杂而费用额又较少的事项可以按经验或按参数估算法进行估算。这样，估算结果既具有一定的精确性，又节省时间和费用。

成本估算是成本分析的基础，也是进行安排项目进度的前提，所以，成本估算的精确性就显得尤为重要。精确性与估算的详细程度存在对应关系。在说明估算精确性时常用精确系数来描述，它是反映成本估算精确范围的指标：

$$成本上限 = 成本估算值 \times 精确系数$$

$$成本下限 = 成本估算值 \div 精确系数$$

二、成本估算的种类

项目管理中要进行好几次成本估算。每次估算的时期不同，详细程度和精确程度的要求也不同。我们可以把成本估算分为下面三种类型：

（一）概念估算

这种在可行性研究后期所进行的估算，也叫做初步估算，其估算依据就是项目组的可行性研究报告。估算的精确度约为1.60。

通过概念估算时，连同费用支出和未来的收入预测，提供给管理部门一个初步的项目经济情况，并为筹措资金提供依据。根据概念估算的情况，如果认为项目有经济价值，就要转入计划阶段。

进行概念估算时，并没有诸如平面图、条线图、结构图之类的详细资料，因此这时所做的估算是比较粗略的，可以运用经验或按参数估算法进行估算。如果主要资源的规格已经确定，也可以作一些详细估算。

（二）控制估算

控制估算就是在项目计划阶段，伴随项目工作内容的精确确定进行的。在这一阶段，项目工作内容已初步确定，控制估算要求比较精确。通常，控制估算的精确系数为1.15，进行这一估算的准确率约为90%。

进行控制估算所用的价格，都是最新的市场价格。这样，可以使成本估算更接近现实的情况。

制定控制估算的同时，要进行正式的风险分析，使项目组在考虑到可能影响项目的各种因素的情况下，正确确定项目成本的可行性范围。

通过控制估算可以比较精确的估算出项目成本，既可作为筹措资金的依据，也可用于明确责任和实施成本控制。控制估算是由项目组全面负责制订的，但其中某一部分也可在项目组的协助下委托财务部门拟订，也可以请专门咨询部门完成。

（三）最终估算

在项目实施阶段，对项目进程中的一些重大工作做出详细的估算，并把它作为项目成本报告和执行情况监控的基础，将详细估算与最新估算和预测相结合，就可编制出最终估算。这时，估算的精确度系数为1.08。

进行最终估算的方法是，主要资源按照实际价格详细估算，投资较少且不易确定的部分采取类比或预测。最终估算并不是对整个项目的估算，而是项目组剩余时间的最终估算。最终估算是项目组控制剩余时间内项目成本的依据。

进行最终估算时，项目组在评估剩余时间内与项目有关的一些不确定因素，采用正式的风险分析来测定最终估算的精确度及不确定的数额。

成本估算的主要目的是根据不同时期的项目情况为项目管理者提供精确的信息，并作为一种工具来控制项目成本，使之不超过预算范围。所以，在项目的不同阶段所作的不同类型的估算是与项目管理的任务相适应的，是为了满足管理工作而进行的，上述三种估算与项目建设阶段的不同相对应。

三、工作分解结构（WBS）

在上一节资源计划中，我们谈到 WBS 是制定资源计划的主要依据。在成本估算中，WBS 同样也是重要内容。制定成本估算首先要正确确定项目的工作内容，确定工作内容最常用的手段是编制任务表，但是，因为任务表是由基本任务编起而后汇总为整个项目，所以，存在忽略某些任务的可能性。

工作分解结构是按照项目工作内在包容关系将整个项目逐级分解的技术，是把整个项目逐次分解为基本任务，这样就能保证所确定项目内容的完整性。工作结构分解常用图的形式和编码的形式表示出来。见图 7.1。

项目　（责任人——项目经理）

↓

子项目　（责任人——分部或职能经理）

↓

工作任务　（责任人——分组组长）

↓

成本账目　（目标任务的成本总和）

↓

工作包（定义工作；预算时间、成本、资源；负责人）

图 7.1　工作分解结构常用图

四、成本估算的影响因素

对项目成本估算得越精确，项目成功的概率就越大。但是，项目成本估算往往也受一定因素的制约，通常将这些影响成本估算的主要因素分为两类：一类是可计算因素；一类是估计因素。可计算因素是指估算对象具有一定的数据基础，并可以通过计算获得的因素，如通过知道设备单价、规格、数量等，可以很容易地知道设备成本。估计因素是指对各种不确定因素的分析判断，以主观估计求得。估计因素很大程度上依靠有相关经验的管理人员根据经验推论获得。

通常可计算因素比较好进行估算，而估计因素则相对较为复杂。比较可行的做法是：在进行成本估算时，应参考时间、物价变化、现场条件、装备水平等因素对投资的影响，由项目管理经验较丰富的专家加以分析、判断、预测，也可选定一个可行的参数，来对项目成本进行估算。另外，在进行项目估算时，成本估算还应加上适当的不可预见费用。特别是对于工期较长、工程复杂或新开发的项目，不可预见费用可能更高，而对于在很大程度上重复过去经验的工程项目和建设工期短的项目，不可预见费用所占比例较低。

在一个项目的实施过程中，无论项目计划和成本估算得如何仔细，事情总不会如预想的那样运作，总会出现这样或那样的问题。因此，在实际工作中，成本估算只是项目成本控制的第一步，除此之外，还需要我们不断调整与控制才能保证一个项目得以成功地实施。

五、成本估计的结果

（一）成本估计

成本估计是项目各活动所需资源的成本的定量估算，这些估算可以简略或详细的形式表示。对项目所需的所有资源的成本均需加以估计，这包括（但不局限于）劳动力、材料和其他内容（如考虑通货膨胀或成本）。

成本通常以现金单位表达（如元、美元等），以便进行项目内外的比较，也可用人＊天或人＊小时这样的单位（除非这样做会混淆项目成本，例如不能区分具有不同成本的资源）。为便于成本的管理控制，有时成本估计要用复合单位。

成本估计是一个不断优化的过程。随着项目的进展和相关详细资料的不断出现，应该对原有成本估计做相应的修正，在有些应用项目中提出了何时应修正成本估计，估计应达到什么样精确度。例如 AACE 已经确认工程建筑成本估计的五个精度等级：数量化、粗略估计、初步估计、精确估计和成本控制。

（二）详细说明

成本估计的详细说明应该包括：工作范围的描述，通常可参考 WBS 获得；对估计的基础作确认，即确认估计是合理的，说明估计是怎样做出的；确认为成本估计所作的任何假设的合理性；可能结果用一个范围表示。

例如$10 000 ±$1 000 表示：估计成本在$9 000 和$11 000 之间。不同应用领域细节的总量和种类也不同。留下甚至是粗糙的注释也常被证明是有价值的，因为它能提供如何估算成本的一个较好的说明。

（三）成本管理计划

成本管理计划描述当实际成本与计划成本发生差异时如何进行管理（差异程度不同则管理力度也不同）。一个成本管理计划可以是高度详细或粗框架的，可以是正规的也可以是非正规的，这取决于项目相关人员的需要。项目管理计划是整个项目计划的一个辅助部分。

第三节　风险分析

虽然可以运用种种科学的手段和方法进行成本估算，但现实与计划肯定有所出入。事实上，人们无法确切知道影响决策的各种因素在未来的存在状态，这些随时间发生变化的不确定因素，构成了项目的风险。所以，在项目成本估算时，要充分考虑风险因素，除了以上方法确定的项目成本外，还要增加一部分意外费用，以应付各种未预见到的变化，以保证项目目标的顺利实现。在整个项目期间，既要进行多次成本估算，也要进行多次风险分析。

风险分析是预测不确定性因素的成本影响情况时经常使用的工具，制定控制估算和最终估算时都要进行正式的风险分析。对于大型项目，风险分析可以帮助人们认识不确定性因素的范围及一些意外事件发生的可能性。

一、成本分析中的不确定性因素

进行风险分析，首先要确定影响项目成本的不确定性因素。影响项目成本的因素很多，在进行风险分析时，主要应有以下内容：

（一）项目目标的确定

确定项目目标是成本估算的基础。在进行成本估算时，项目的详细程度不够，就难以把成本估算准确，就会有很大的不确定性。比如：产品开发项目，在项目初期，甚至过了一段时间之后，仍有许多内容无法确切知道，需要边研究，边实践，也就有很大的风险性。

（二）估算成本方法

估算成本时方法采用的不同，面临的风险也不同。根据经验估算法，所得的成本可能与实际情况有较大出入，风险也大；根据自下而上估算法，估算成本比较准确，比较而言，风险也较小。

（三）项目的复杂程度与规模

大规模的项目，涉及的范围广，需要协调的环节多，容易出现配合不好、指挥不灵的情况，从而项目周期延长，成本增加。尤其是那些规模大、工作环节关系复杂的项目，更易出现低效率的情况。这类项目的风险程度一般较高。

（四）新技术的运用

如果在项目中采用了只有在实验室或少量项目中证实的新技术，这些技术还有一定的不稳定性或有待进一步观察，但企业为了抢先占领市场，需要迅速开发新产品，这样的项目的风险就较大。因为，对这一新技术来讲，新产品开发可能只是一次试验。

二、风险分析的工具和方法

（一）项目的现金流分析

项目成本管理的基础是编制财务报表，主要有财务现金流量表、损益表、资金来源与运用表、借款偿还计划表等。其中，项目的现金流量分析是最重要的项目管理报表。

通过项目的财务现金流分析，可以计算项目的财务内部收益率、财务净现值、投资回收期等指标，从而对项目的决策做出判断。

1. 财务内部收益率（FIRR）。它是指项目在整个计算期内各年净现金流量现值累计为零时的折现率，是评价项目盈利能力的相对指标。该指标可根据财务现金流量表中净现金流量，用插值法计算，也可以直接利用微软 Excel 软件提供的财务内部收益率函数计算，计算得到的项目财务内部收益率与行业基准收益率（Ic）比较，如果 $FIRR > Ic$，即认为项目盈利能力能够满足要求。

2. 财务净现值（FNPV）。它是指项目按基准收益率 Ic 将各年净现金流量折现到建设起点的现值之和。它是评价项目盈利能力的绝对指标，反映项目在满足基准收益率要求的盈利之外所获得的超额盈利的现值，也可直接利用微软 Excel 软件提供的财务净现值函数计算。若得到的 $FNPV \geq 0$，表明项目的盈利能力达到或超过基准计算的盈利水平，项目可接受。

3. 投资回收期（Pt）。它是反映项目真实偿债能力的重要指标，是指以项目的净收益抵偿项目全部投资所需要的时间。在现金流量表中，是累计现金流量由负值变为 0 的时点。

投资回收期越短，表明项目盈利能力和抗风险能力越强。

（二）项目的不确定性分析

根据拟建项目的具体情况，有选择性地进行盈亏平衡分析、敏感性分析和概率分析等。

1. 盈亏平衡分析。它是根据项目正常生产年份的产品产量（销售量）、固定成本、可变成本、税金等，研究建设项目产量、成本、利润之间变化与平衡关系的方法。当项目的收益与成本相等时，即为盈亏平衡点（BEP）。

通常只进行线性盈亏平衡分析，图示如图 7.2。

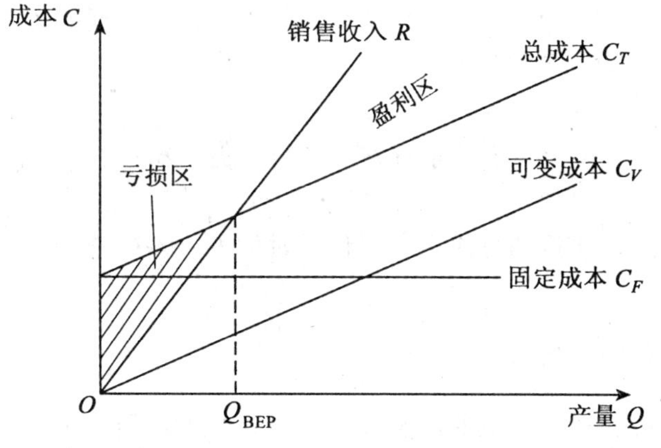

图 7.2　线性盈亏平衡分析图

2. 敏感性分析。它是研究项目的产品售价、产量、经营成本、投资、建设期等发生变化时，项目财务评价指标（如财务内部收益率）的预期值发生变化的程度。通过敏感性分析，可以找出项目的最敏感因素，使决策者能了解项目建设中可能遇到的风险，提高决策的准确性和可靠性。一般以某因素的曲线斜率的绝对值大小来比较。如图 7.3 所示。

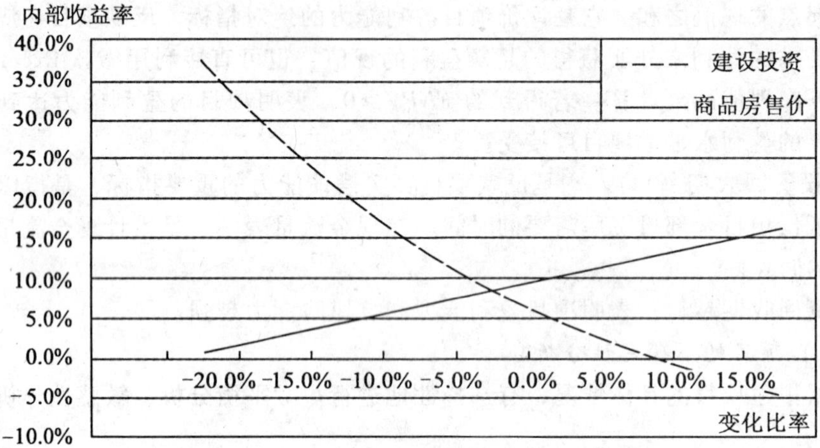

图 7.3 某房地产开发项目的内部收益率对建设投资和商品房售价的敏感性分析图

从图 7.3 可以看出，财务内部收益率对建设投资和商品房销售价格的变化都较为敏感。相比之下，财务内部收益率对建设投资的变化更为敏感。

3. 概率分析。它是通过概率预测不确定性因素和风险因素对项目经济评价指标的定量影响。一般是计算项目评价指标，如项目财务净现值的期望值大于或等于零时的累计概率。累计概率值越大，项目承担的风险越小。

第四节 成本计划

成本估算决定了项目的总成本，但什么时候需要多少资金，还需要通过成本计划来解决。

一、成本计划的目的

成本计划是根据现金流出的情况来确定的。成本计划是在成本估算和日程安排的基础上进行的，一份详细完整的成本计划是进行项目管理的重要工具。

成本计划是筹措资金的依据。对于大型项目，项目周期长、投资数额大，需要分期分批的筹集资金。如果资金准备的较多，就会挤占其他投资的机会，也会产生不必要的利息支出；若资金准备不足，就会影响项目工作的正常开展。借助于成本计划，财务人员就能确定项目建设各个时期的资金需要量。

另一方面，成本计划是将整个项目投资按照一定的时间间隔分配于各个工作环节的手段。资金项目组要根据实际工作的需要按一定的时间进行详细的资金分配，这一工作就是通过成本计划的制定来实现的。在项目开始实施之后，实际支出与成本计划对比还可帮助项目组进行成本控制。

二、制定成本计划

对项目的各项工作环节或工序进行成本和时间估计，并进行网络分析后，就可以进行成本计划的制定。

步骤一：准备好项目工作分解结构（WBS）图或说明。包括既定项目的具体工作；预算时间、成本、资源；负责人。

步骤二：准备一张各环节或工序的成本坡度表。每一环节的成本坡度表都是用该环节成本估算除以时间估计的值，即单位时间的现金支出。成本坡度表见表7.1。

表7.1　**成本坡度表**

工作	成本	完成时间（月）	成本坡度（元/月）

较大规模的项目，表格的第三栏完成时间常以月为单位，规模较小的项目则可用周或其他单位。

步骤三：确定考虑成本的时间间隔。如同工序时间单位一样，通常为一个月。如果需要注重加强成本控制，则需要选用更短的时间间隔。

步骤四：对照WBS，计算各时间段内每道工序所需资金。即将各工序的成本坡度与该工序在这一段时间内的持续时间相乘，然后以时间段为单位分别累计各工序的成本，就可得到这一时间段所需的资金数额。随着各时间段所需资金的落实，项目的成本计划也就制定出来了。为了应用的方便，成本（或支出）计划常用表7.2所示的表格表示。

表7.2 成本计划表

时间段	工序	工序时间（周）	成本坡度（元/周）	成本（元）
	合计			

在成本计划表中，工序时间可用天、周或月为单位，但必须小于时间间隔并和成本坡度使用的单位一致。表的最后一栏有两种功能：一是表达每个时间段内各工序的资金需要量；二是在每个时间段的最后一行表示出该时间段所需的资金的总和，所以，在各时间段最后一行的工序栏中有合计二字。

三、不可预见费用的准备

不可预见费用又称为应急费用，它是为应付未能预见的事件变化而准备的费用。这种费用主要用于防备因失误和疏漏而造成的成本增加。同类项目经验表明：对于不确定事件及可能发生的环节，都要留足不可预见费用。

不可预见费用的数额是根据风险分析、类似项目的经验以及项目组的评估来确定的，在成本计划中，一般都将不可预见费用单列出来。不可预见费用在项目成本中所占的比例一般为10%；但是如果是个特殊项目，没有经验，情况不明，风险很大，通常也可取20%的比例；反之，如果是有丰富经验的项目，各种资料齐全，把握较大，风险较小，5%也可以。不可预见费用的计划一般取决于实际情况，不能一概而论。

随着项目工作的逐步展开，许多不确定因素也逐渐减少。所以，要定期对剩余时间的不可预见性进行正式评估。从整个项目周期来看，不可预见费用的调整要依据不可预见费用缩减原则进行。可以采取直线下降法确定，即从项目实施开始恒量地减少到项目目标的实现，通常在项目完成时仍要保持占总成本0.5%的不可预见费用，以备意外开支。

第五节 成本控制

项目的成本控制是指为了实现成本计划，降低项目成本，把影响项目成本的各项费用控制在成本计划和成本标准之内，并尽可能的使耗费达到最小。这是在项目实施过程中，通过展开项目管理，努力将项目的实际成本控制在项目预算范围内的一项管理工作。随着项目的实施，根据项目的进展，根据项目实际成本发生的情况，不断修正原先的成本估算，并对项目的最终成本进行预测等工作都属于项目成本控制工作的范畴。

研究成本控制的意义在于，它可以提高项目管理水平；促进企业不断挖掘潜力、降低成本，发现项目建设和成本控制的新方法和新技术；促进企业加强经济核算，提高经济效益。

一、成本控制的对象

(一）项目成本和形成过程

1. 在项目成本的投标阶段，根据项目概况和招标文件，进行项目成本预测，提出投标决策意见。

2. 在项目准备阶段，编制实施性项目组织设计方案，通过多方案的技术经济比较，从中选出经济合理、先进可行的方案，编制明细而具体的成本计划，对项目成本进行事前控制。

3. 在项目实施阶段，以设计图预算、工作预算、劳动定额、材料耗费定额和费用开支标准等，对实际发生的成本费用进行控制。

4. 在项目完成并交付使用及保修期阶段，对项目验收过程中发生的费用和保修费用进行控制。

(二）项目实施的职能部门

1. 以项目组、部门、分组作为成本控制的对象，接受项目经理和公司有关部门的指导、监督、检查和考评。

2. 项目的职能部门、项目组、分部门、分组应对承担的责任成本进行自我控制。

(三）分部分项工程

根据分部分项工作的实物量，参照项目实施预算定额，联系项目管理的技术素质、业务素质和技术组织措施的节约计划，编制包括工、料、机消耗数量、单价、金额在内的项目预算。

(四）对外经济合同

在签订经济合同的时候，还必须将合同的数量、单价、金额控制在预算以内。

二、成本控制的依据

对于成本控制而言，其直接依据就是项目的成本计划、执行情况报告、变更申请、成本管理计划。

成本预算计划提供了项目成本和使用的一个基本范围，是实施成本控制最基本的依据。执行情况报告则提供了有关成本执行的资料，例如，哪些满足预算，哪些不满足预算。执行情况报告还提醒项目组注意将来可能会引起问题的事项。变更申请是对成本使用方向和范围发生改变时的一种记录。可能以多种形式表达，如口头的，书面的；直接或间接的；外部或内部的；法制强制的或可以选择的等。变更可能是要求增加预算，也可能是允许减少预算。成本管理计划是对整个成本控制过程进行有序的安排，以达到实现成本的合理使用的目的。

三、成本控制的方法

项目成本控制的方法包括两大类，一类是分析和预测项目各要素变动与项目成本发展趋势的方法；一类是如何控制各种要素的变动从而实现项目成本管理的方法。具体有如下几种方法：

（一）项目变更控制体系

这是指通过建立项目变更控制体系来对项目成本进行有效控制的方法。这包括从提出项目变更请求到项目变更请求获得批准，一直到最终变更项目成本预算的一套变更全过程控制体系。一般有两种方法去解决这种问题：

1. 规避的方法。在项目定义和设计的阶段，努力通过项目业主和全体项目相关利益者的充分参与，从而真正了解需求；在这一阶段结束后，通过积极组织设计评审等方法倾听各方面的意见；在项目实施阶段，通过与项目业主和项目实施者的有效沟通和及时反馈等一系列工作，努力避免项目发生变更和返工，从而规避项目的成本变更。

2. 控制的方法。建立严格的项目变更控制系统和流程，对各种项目变更申请进行一系列有效评估，分析和确定项目变更带来的成本变动；然后设法找出项目变更的最优方案，使项目变更所造成的成本变动最小化和项目利益最大化。

（二）项目成本实际情况度量的方法

在现代项目成本管理中引入“挣值”度量方法是非常有价值的一种方法。这种方法的基本思想是通过引进一个中间变量即“挣值”（Earned Value）以帮助项目成本管理者分析项目成本和项目工期变化，并给出相应信息，从而使人们能够对项目成本的实际情况和未来发展趋势做出科学的预测与判断。

挣值管理（Earned Value Management，EMV）是综合了项目范围、进度计划和资源，测量项目绩效的一种方法。它比较计划工作量、实际挣得多少与实际花费成本，以决定成本和进度绩效是否符合原定计划。要进行挣值管理，必须熟悉与挣值管理密切相关的计划成本（PV）、挣值（EV）和实际成本（AC）之间的相互关系，以及完工预算（BAC）、完工估算（EAC）和完工尚需估算（ETC）之间的相互关系。

挣值管理也离不开偏差管理。

$$偏差 = 计划 - 实际$$

偏差分析图示如图 7.4。

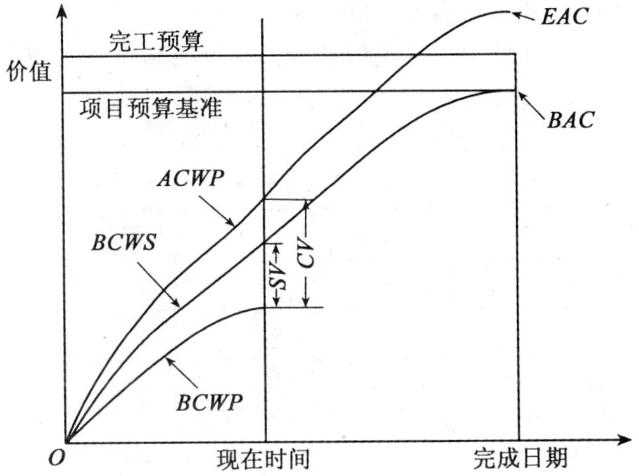

图 7.4　挣值管理偏差分析图

当成本偏差 $CV>0$，表明成本节约；反之，当 $CV<0$，表明成本超支。

当进度偏差 $SV>0$，表明进度超前；反之，当 $SV<0$，表明进度滞后。

特别注意的是，这是根据 PMI 的偏差含义做出的推断，与我国的工程监理投资控制中的偏差定义正好方向相反。

（三）附加计划法

很少有计划是按照原定计划完成的，所以需要采用附加计划法。通过新增计划的办法对项目成本进行有效的控制。如果没有附加计划往往会出现如下的情况：当遇到意外情况时，项目管理者缺少应付紧急情况的资金，这可能造成因实际与计划不符而形成项目成本失控的局面。所以，附加计划法是防患于未然的成本控制方法之一。

1. 计算机软件工具法。这是一种使用项目成本控制软件来控制成本的方法。目前市场上有大量的这方面的软件可供选择。利用项目成本控制软件，用户可以进行的工作有：生产任务一览表；建立项目工作任务之间的相互依存关系；以不同的时间尺度测量项目工作；处理某些特定的约束条件；跟踪项目团队成本的薪金和工作；统计公司假期等；处理工人的轮班工作时间；监控和预测项目成本发展变化；根据不同要求生成不同用途的绩效报告；对项目进度、预算或职员变动迅速做出反应；通过实际成本与预算成本比效分析找出项目实施中的问题与对策，以供项目管理人员参考。

2. 成本情况报告。在项目管理过程中为了反映和控制项目支出情况，需要定期和不定期的成本报告。成本报告包含各种成本信息的综合处理结果，是进行成本控制的好工具。利用成本报告可以评审项目的支出现状；还可以确定是否需要追加投资，如果需要还可以进一步确定投资时间。

这种报告适应广，容量大，提供信息多，比较能满足成本控制的需要。其形式见表7.3。

表7.3 成本情况报告表

工作环节	预算	已支出	需支出	预支出	偏差（+/-）	百分比（+/-）

偏差是报告时预测的成本与预算的差额，在数值上等于预算减去预计开支。如果偏差超过一定限度（一般是10%），项目就可能被迫停止，直到得到不再进一步超支的保障。

百分比是发生偏差的程度，在数值上为：

$$（预算 - 预计支出）\div 预算 \times 100\%$$

在项目有成本控制的实际运作中，如果项目即将完成，近于10%的超支也可以勉强接受，但如果在项目开始时超支接近10%，则需要进行深入的分析和评审。

四、成本控制的输出

1. 原成本估计的修正。修改原有成本数据并通知与项目有关的涉及方。修改成本估计可能要求对整个项目计划进行调整。

2. 预算修改。预算修改是一种成本修改。预算修改是对原基准成本的更改，这些数字通常在范围改变时作修改的。有时成本偏差非常显著以至于重新制订基准成本显得必要，以便对下一步执行提供一个现实的基准成本。

3. 纠正措施。指采取措施使项目执行情况回到项目计划。

4. 完成项目所需成本估计。完成项目所需成本估计（EAC）是根据项目执行的实际执行情况为基础，对整个项目成本的一个预测。最常见的EAC有以下几种：

EAC = 实际已发生成本 + 对剩余的项目预算。在项目现在的偏差可视为将来偏差时，这种方法通常被利用。

EAC = 实际已发生成本 + 对剩余项目的一个新估计值。当过去的执行情况表明

先前的成本假设有根本缺陷或由于条件改变而不再适用新的情况时，这种方法最为常见。

EAC = 实际已发生成本 + 剩余原预算。当现有偏差被认为是不正常的（由偶然因素引起），项目管理小组认为类似偏差不会发生时，用这种方法最为常见。

不同的工作可选用上述方法中的一种。

5. 教训。应记录下产生偏差的原因、采取纠正措施的理由和其他的成本控制方面的教训，这样记录下来的教训便成为这个项目和执行组织其他项目历史数据库的一部分。

本章小结

只有通过本章所述成本管理中的这些过程以及与其他过程之间的相互作用，才能够完成项目的整个管理过程。根据项目需要，每一个过程都包含了一个或多个个人与团队的协同工作。在每一个项目阶段中，每一个过程至少要涉及一次。虽然这里各个过程是作为独立而相互之间又有明确的组成部分来分别介绍的，但在具体实践中，它们却很可能会出现交叉重叠、互相影响。

思考题

1. 开展成本管理要经过哪几个阶段？
2. 如何编制资源计划书？
3. 成本估算有哪些方法？
4. 如何进行成本控制？

案　例

三峡二期工程 79 项目成本控制点滴

三峡二期工程 79 拌和、运输系统（简称 79 系统）设备固定资产达 5.6 亿元人民币。主要承担三峡二期工程泄洪坝段 580 万 m^3 混凝土拌制及水平、垂直运输任务。

79 项目采取项目法管理模式，为此成立了 79 项目经理部，实行一级核算、一级管理。通过不断加大施工成本管理的力度，向管理要效益，在控制生产成本上取得一点成绩。

1. 建立规章制度，推行成本管理

79项目经理部刚成立，第一个管理重点就是建章立制。制定了物资采购、设备租赁、用工、“十三必究”、“成本管理六要素”等各种规章制度，其目的就是为了加强成本管理。

“成本管理六要素”是项目部控制成本的重要方法之一，即成本控制点、成本控制方法、成本控制定额、成本控制目标、成本控制责任制、成本控制奖惩激励办法。具体也就是指首先找到成本控制点，针对控制点寻求成本控制方法，制订成本控制目标，签订成本控制责任书，用成本控制奖惩激励办法来鼓励先进、鞭策落后，通过成本控制六法来实现成本的控制。

2. 明确目标成本，制订定额指标

目标成本是根据对企业未来发展规模与管理水平的预测，确定在比较稳定的生产经营条件下，施工企业（或车间、队）完成工程施工的成本水平，它标志着在一定时期内工程施工成本应达到的水平。

目标成本管理是通过制定目标成本定额来控制的。目标成本定额是79系统，按各个工序（车间或队）以投标的直接费为上线，以劳动定额为基础，制定各个工序（车间或队）成本控制定额及经济技术指标。主要有：水、电消耗指标，主材损耗指标，外加剂消耗指标，皮带消耗指标，配件消耗指标等。各指标按季节（主要是气温）进行调整，所制定指标是各车间（队）通过努力能够达到的，并与职工工资挂钩，这样既可调动车间（队）的积极性，也能调动职工的积极性。

3. 合理定岗定员，减员增效显著

79项目部根据专业特点和施工生产能力，调整劳动组织，按定额合理组合和使用劳动力，降低劳动消耗；合理组织与改善施工生产中的分工与协作关系，实施“定员”“定机”“定岗”优化人员配置，提高效率，减少人工费开支。

按旧的部颁劳动定额“定机”“定岗”“定员”总人数为1 050人，项目部根据进口设备要求及技术要求，对各台设备人数进行科学配备，精简管理人员。使项目部人员总数控制在837人。仅人工费一项，每月就节约21.3万元。

4. 加强内外控制，减少成本消耗

材料费、水电费每月在79项目部的成本消耗中占了很大的比例，管好材料费、水电费对控制成本的作用重大。从项目部成立时的移交验收到每月盘存清点，都本着实事求是的原则进行材料盘存，结合成本档案管理系统对每月的实际消耗实施监控，发现每月系统运行过程中的不足与缺陷，及时反馈回相应的车间、队，并限期整改，从而提高自身的管理水平。

（1）水电控制。79项目部的设备均为大型机械化设备，耗电量大，每月水费、电费都要100多万元，对此79项目部派专人管理，并制订了各车间、队的每月用水、用电定额指标，指标直接与工资挂钩，使职工人人都有节约意识，从而节约了水、电费的开支。如动力车间就自觉地将项目部下达的月总消耗成本细分为各班组的消耗成本，由各班的班长对每班实施单机成本控制，从根本上降低能源消耗。在气温最高的7、8、9三个月，通过对耗电量的控制共节约用电625 455kW·h，折合人民币17.51万元。再如制冷车间，该车间是79项目用电大户，在实行限额指标考核前5月份电能消耗为267.3万kW·h，通过调查发现，在骨料一次风冷时，由于骨料没有超过预冷仓覆盖预冷进口风道，使冷风损失较大，实行限额指标考核后，车间在运行时对预冷仓料位高度进行严格控制，避免冷风的浪费，并在仓位需混凝土量小时，关闭一座拌和楼，减少拌和楼和制冷楼的电耗。在相同月份（气温）月电能消耗为206万kW·h，1999年6月至2000年1月共节电312万kW·h，折合人民币87.36万元。

（2）配件控制。机械配件、材料费开支一直是成本控制的难点，我们采用的方法是在现场不设各车间、队的仓库，需要材料直接由机电科、主管项目部副经理签字后在现场物资公司仓库领取，这样既减少仓库保管费用，又保障了货物的齐全。对材料、配件采购价格上货比三家，最大限度地降低了材料采购价格。79项目部的设备主要是进口设备，效率高，但配件价格很高，我们就通过采用使配件国产化的方式来解决。

控制配件消耗关键是做好对设备的维护保养工作。维护和保养按保养频度分为日常维护保养和定期维护保养两种。主要目的是预防故障的发生，确保设备正常运行，提高设备的利用率，通常我们称之为“预防性维护和保养”。

项目部对生产设备，特别是大型设备和关键设备制定了定期保养制度，建立了必要的零件使用时间定额，定期更换，提高设备运转的可靠性和安全性。

（3）合理调度。提高生产效率是控制生产成本的重要途径之一。混凝土拌制到入仓是一个连续的施工过程。项目部抓住混凝土生产的这个特点，要求调度人员不但要掌握拌和楼生产情况，而且要主动了解仓位情况，及时调整拌和楼生产，充分发挥胶带机、汽车运输能力，既满足仓面需要，又提高拌和楼生产效率，降低了生产成本。

（4）奖罚分明。项目部为了加强系统运行管理，落实各级岗位责任制，特制定了《79项目部运行管理若干规定》，即“十三必究”，按规定要求对责任单位和个人进行奖罚。如：混凝土出机口超温、低温必究；机械空转必究；低产高耗必究；撕皮带、压皮带必究；设备维修不及时必究；执法不严必究等13种规定，从而减少了人为的机械故障发生率，降低了生产成本。

（5）控制临建费。对需要由外施队承担的小型临时工程，采用招标的形式选择施工队伍，以保证用最经济的价格完成项目建设。

案例来源：http：www.//ctgpc.com.cn

第八章　项目质量管理

“百年大计，质量第一”是项目建设的永恒主题，质量管理是整个项目管理体系中的重要环节。如果一个项目是生产一种新的产品，怎样吸引消费者购买呢？很明显，消费者不会花钱买那些做工低劣、样式陈旧、颜色单调，而且价格昂贵的商品，所以在项目管理中，要严格把好质量关。那么如何进行项目的质量管理呢？

本章从质量的涵义出发，介绍了项目质量管理中的质量计划、质量控制、质量保证、质量审计的内容和方法，并对质量管理组织形式和项目质量体系进行了简单的介绍。

第一节　项目质量管理的概念和主要内容

一、质量的涵义

在了解什么是项目质量管理之前，应先弄清楚“质量”的涵义和特点。ISO（国际标准化组织）在其《质量管理与质量保障术语》中定义：“质量是反映客体（产品、过程或活动等）能够满足主体明确和隐含需要的能力的特性总和。”由上述定义可以看出质量包括如下的涵义：

“主体”和“客体”。“主体”就是指客户。“客体”是指承载质量属性的具体事物，主要包括3种：一是能够为客户提供各种享用功能的有形产品。其质量主要指产品能满足客户使用要求所具备的功能特性，一般包括产品的性能、寿命、可靠性、安全性、经济性、外观等具体特性。二是为客户带来某种享受的过程或服务。其质量主要指服务能满足客户期望的程度，因为服务质量取决于客户对于服务的期望与客户对服务的实际体验二者的匹配程度。三是在生产产品或提供服务中所展开的活动或工作。其质量一般是由工作的结果来衡量的，工作的结果既可以是工作所形成的产品，也可是通过工作而提供的服务，所以工作质量也可以用产品或服务质量来量度。反过来说，实际上是工作质量决定了工作产出物即产品和服务的质量，因此，质量管理基础就是对于工作质量的管理。

“明确需要”是指与要求的一致性，即在标准、规范、技术、图纸要求等方面必须满足产品交易合同中明确规定的要求。

“隐含需要”是指适用性，即那些被客户公认的、不言而喻的、约定俗成的需要，是指产品能像它被客户计划的那样使用。

“特性”是指客体特有的性质，它反映客体满足主体需要的能力。主要包括：内在质量特性，主要指在产品的持续使用中体现出来的产品的性能、强度、精度等方面的质量特性。外在质量特性，主要指产品外在表现方面的特性，比如产品外形、包装、装潢、色泽、味道等方面的特性。经济质量特性，主要指与产品的购买和使用成本相关的特性，比如产品的寿命、成本、价格、运营维护费用等方面的特性。商业质量特性，主要指与产品生产企业承担的商业责任有关的特性，比如产品的保质期、保修期、售后服务水平等方面的特性。环保质量特性，主要指与产品对环境的影响有关的特性，比如产品对于环境保护的贡献或对于环境的污染等方面的特性。

二、项目质量管理

项目质量管理是指确定项目质量方针、目标和职责，并在项目质量体系中通过诸如质量计划、质量控制、质量保证、质量审计、全面质量管理和质量改进等使项目质量得以实现的全部管理活动。由这一定义可以看出，项目质量管理是各级管理者的一项重要职责，包括从项目最高管理者的质量管理决策（制定“质量方针、目标和职责”），中层管理者对于质量管理的实施（“质量计划、质量控制、质量保证、质量审计和全面质量管理”等）和基层管理者对于质量管理方针政策的贯彻执行(“质量改进”)。

“质量方针”是指由组织的最高管理者正式发布的一个组织总的质量宗旨和质量方向，是质量管理的核心和出发点。它反映了项目最高领导的质量意识和决心，是一个项目在一定时期内相对稳定的质量工作指导思想。

“质量体系”是指为了实施质量管理所需的组织结构、程序、过程和资源的总称。一个项目的科学质量体系是开展全面质量管理活动的依据。

质量管理只是现代项目管理的重要组成部分，是一个项目的性能或功能、成本、进度三项指标实现的重要领域。如果哪个方面不能满足质量的要求，那么就会对项目及其相关者带来负面效应。比如，当质量达不到要求时，意味着技术性能的降低，甚至失败和报废；对质量问题的处理，需要投入资金，相应的会加大成本；出现质量问题造成的反复，必然延缓进度。质量与三项指标又是相辅相成的，如在进度不允许延迟时，由于处理质量问题造成突破预算又不能追加预算时，有时就不得不降低质量要求，这对研发者和使用者都是不公平的。

项目质量管理也包括很多内在的相互关联的方面，根据项目质量管理的概念，我们将分别从“质量计划”、“质量控制”、“质量保证”、“质量审计”、“全面质量管理”和“质量改进”等方面进行讨论。

第二节　项目质量计划

一、项目质量计划的概念

项目质量计划就是参照质量体系要素的目标和要求，确定项目应该达到的质量标准，提出如何达到这些质量标准的工作计划与安排。项目质量计划工作是整个项目计划工作的一部分，它必须考虑与其他项目计划之间的匹配问题和项目质量计划的便于实施的问题。项目质量管理的基本原则之一是：项目质量是通过项目质量计划的制定与实施和根据项目质量计划所开展的质量保证与控制活动达到的。因此，项目质量管理就是从对项目质量的计划开始的，也是通过对于项目质量计划的实施实现的。项目质量管理通过这一过程，希望达到控制和从源头杜绝返工和质量失败等消极后果的出现，最终使项目达到质量要求。

项目质量计划编制就是确定与项目相关的质量标准，并决定达到标准的方法。它是项目计划制定中主要过程之一，并与其他项目计划编制过程同步。比如，项目质量管理的预期可能要求对成本和进度作调整，或产品质量的预期可能要求对一个特定问题做详细的风险分析。项目团队应该意识到现代质量管理应该从源头——质量计划抓起，而不是等项目开始后，才在过程中进行检查。通常这种项目质量计划要充分体现全面质量管理的思想和贯彻 ISO9000 系列标准和指南的主导思想与方法。

二、项目质量计划编制的依据

在项目开始初期，项目经理就应该草拟出一个质量标准设计和工作包计划，以确定质量如何实现，公司的程序如何作用于项目，以及项目经理打算如何控制质量。项目质量计划可以包括一些在项目总计划中没有包括的新条目，也可以包括报告、文档、报告机制、客户联络等一些其他事项。

项目质量计划的编制可以依据项目质量方针、项目的阶段划分、项目质量范围、项目质量计划的内容、项目质量计划的其他要求来进行。

（一）项目质量方针

项目质量计划应该制定明确的质量方针。质量方针是指由组织的最高管理者正式发布的一个组织总的质量宗旨和质量方向。它是项目组织将如何实现项目质量的正式描述和表达，是一个项目组织对待项目质量的指导思想和中心意图。从项目质量管理的角度来讲，质量方针的主要内容包括：项目设计的质量方针、项目实施的质量方针和项目完工交付的质量方针。

执行组织的质量方针应该作为项目随时可以采用的标准来应用于项目，质量方针一般要借助必要而有力的形式予以颁布。但是，如果执行组织缺少正式的质量方针，或项目涉及多个执行组织（如合资），那么项目质量方针就需要由项目管理班子来制定。无论质量方针出自何处，项目管理班子都有责任保证整个项目团队全面了解所执行的质量方针。例如，一些著名的大公司以质量纲要的形式颁布一个产品研制型号项目的质量总纲领，提出严格的质保机构要求，要求每个员工都要有“用户至上，质量第一，以最佳成本极大限度满足客户需要”的信念，在质保部门设有质保管理、质保工程、质保材料、质量检验和质量审计五个机构。在执行上确保质保部门独立行使职权，能在决定有关工艺质量、符合性、可靠性、不合格产品评审和纠正措施等问题时，不受其他因素的影响。

（二）项目的阶段划分

把整个项目科学合理地划分为各个不同的阶段，有利于加强项目管理。根据项目性质和目的的不同，可以将项目划分为若干个阶段。比如一个完整的软件开发项目，就可以分为可行性分析、需求分析、FS + UI（功能规范和用户界面）、总体设计、详细设计、编码、集成、α 测试、问题处理与设计文档改进九个阶段。

（三）项目质量范围

质量计划编制的关键输入是对质量范围的描述。因为对项目质量范围的描述是以书面形式来说明投资者的需求以及项目的主要可交付成果和目标，其重要组成部分是对产品的描述，产品描述经常包含可能影响质量计划编制的技术要点和其他注意事项的详细内容；所以项目质量范围的确定是项目质量计划确定的主要依据和基础。

（四）项目质量计划的内容

根据中华人民共和国国家标准——质量管理和质量保证标准的规定，质量计划应是供应方制定质量计划，并作为开发策划的一部分。质量计划应随开发的进展而及时更新，各阶段有关的软件项目应在该阶段开始时完全确定。质量计划必须经过正式评审并得到所有与该计划的执行有关的组织同意方可。描述质量计划的文档可以是一个独立的文档即“质量计划”；也可以包含在其他文档之内，成为文档的一部分；还可以由多个文档组成，其中包括开发计划。

质量计划的内容主要包括：一是质量目标，尽可能以定量的形式给出；二是定义每一开发阶段的输入和输出标准；三是确定要进行的测试、验证和确认活动的类型；四是要执行的详细测试、验证和确认活动计划，包括时间进度、资源和批准权力等；五是对质量活动的具体职责，比如评审和测试、配置管理和更改控制、对缺陷的控制和纠正措施等。

（五）标准和规定

项目质量计划的制定还必须考虑所有与项目质量相关领域的国家、地方、行业、部门等标准、规范以及政府规定等。当项目所属专业领域暂时没有相关的标准和规范时，项目组织应该组织有关人员根据项目目标制定相关的项目标准和规范。

（六）项目质量计划相关要求

项目质量计划相关要求是指除了以上五个方面的要求以外，其他与项目质量计划有密切关系的要求：

1. 质量计划中必须明确划分各部门的权利和责任。例如，一些著名大公司就制定了明确合理的权责划分，规定在负责生产的执行副总裁的领导下，设工程、制造、质保三大部门，明确全公司各部门都对质量负责，在质量纲要中具体列出工程、制造、材料、合同和质量保证等部门的质量责任：工程部门要优化设计，保持图纸、规范的正确有效，是生产的立法部门；制造部门要严格按照图纸、规定操作，确保优良的加工质量，是生产的执法部门；质保部门要对质量进行预防、控制、监督和把关，是生产的监控部门。三大部门各司其职，各负其责，相互协调、制约和促进，保证了产品质量和技术水平的不断提高。

2. 质量计划中要制定严格的管理程序，并能保证严格地执行。比如公司建立严格的管理程序，其质保系统的文件结构分为三层：第一层是公司级管理程序、质量规范和质量保证条例；第二层为部级管理程序，又称标准工作程序。这些管理程序分工明确，具有可操作性；工作内容和要求明确，具有可检测性；程序有指令性质，作为质量法规执行严格，具有严肃性。各职能部门按照文件规定的分工和工作步骤、要求，开展具体业务活动，保证质保工作有秩序地进行。

3. 质量计划还要考虑到对人力和设备的配备。比如，规定操作工人、检验人员及其他关键工种员工必须经过培训、考试持证上岗，按技术复杂程度确定工人和检验人员的比例，质保人员的级别保持比同类工种、业务人员略高一级，生产工装和检测设备定期复检，保持其精密度并及时更新以保持先进性。

三、项目质量计划的常用方法和技术

（一）成本—收益分析法

成本—收益分析法也叫经济质量法，这种方法就是要求在制定项目计划时必须同时考虑项目质量的经济性。项目质量成本就是开展项目质量管理活动所需要的开支；项目质量收益就是开展质量活动带来的好处。在项目管理中，质量与经济成本与效益是相互依存、相互制约的。降低返工率是在使得客户满意的质量要求条件下减少质量成本支出、增加利润的主要方式。使得客户满意的质量要求包括两个方面：一是要达到客户的质量要求，满足客户“适用性”愿望，否则，势必造成需求与生产脱节，最终失去客户和市场，经济效益也就无从谈起；二是不能片面追求质量，擅自过分提高质量标准，要满足客户的“经济性”愿望，否则客户不堪承受额外的质量成本。因此，有必要以客户满意为标准，开展成本—收益分析。成本—收益分析法的实质就是通过运用这种方法编制出能够保证项目质量收益超过项目成本的项目质量管理计划。

以建筑工程项目质量管理为例，建筑工程项目质量成本主要包括：外部故障成本、内部故障成本、预防成本和鉴别成本。

1. 内部故障成本是指产品形成过程中，由于自身的缺陷而造成的损失费用与处理缺陷所发生的费用总和。在项目核算体系中一般包括：返工损失费、停工减产费、事故分析处理费、复检费、质量超标支出、技术超前支出、废品损失和其他费用。

2. 外部故障成本是指工程交付后发现的质量缺陷而造成的一切损失。主要包括：保修费用、索赔费用等。

3. 鉴别成本是指保证产品质量一次验收合格即达到合同规定的标准而发生的一切鉴定费用。主要包括：进料检验费、工序检验费、竣工检验费和设备试验维修校核费等。

4. 预防成本是指防止工程质量低于合同规定要求而进行审核的费用。主要包括：质量计划与工作费用、评审费、质量数据收集与分析费、工序能力研究费等质量管理活动费。

总的来看，内外部故障成本基本上属于可避免成本，而鉴别成本与预防成本则属于必须发生的成本，增加一定的鉴别与预防成本可以大大减少故障成本。随产品或服务的质量的提高，内外故障成本是逐渐减少的，但是鉴别成本和预防成本却是增加的；因此，质量总成本先是随产品或服务的质量的提高而减少，但降到中间某一点时，又开始增加，使总成本增加。所以说，并不是产品质量越低或越高就越好，而应该综合考虑，达到中间合适的质量点，从而使总成本降到最低点。

成本—收益分析法就是一种合理安排和计划项目各种成本，使项目的质量总成本相对最低，而质量收益相对最高的一种项目质量计划方法。

（二）质量标杆法

质量标杆法又称确定基准计划，是为了开发、改进和提供用于测量执行情况的标准，作为新项目的质量参照体系和比照目标，通过比较制定出新项目质量计划的方法。这里所说的“标杆项目”可以是本项目组织以前完成的项目，也可以是其他项目组织以前完成的或者正在进行的项目，但最好是同一类型的项目。

通常，项目质量标杆法的主要做法是以标杆项目的质量方针、质量标准与规范、质量管理计划、质量核检清单、质量工作说明文件、质量改进记录和原始质量凭证等文件为蓝本，结合新项目的特点，制定出新项目的质量计划文件。使用这一方法时，应充分注意“标杆项目”质量管理中实际发生的各种质量问题，在制定新项目质量计划时要考虑采取相应的防范和应急措施，尽可能避免类似项目质量事故的发生。

（三）系统流程图法

流程是一个由箭头与连线联结的若干因素关系图。如图 8.1 所示。系统流程图用于表达一个项目的工作过程和项目不同部分之间的相互关系，可被用于分析和确定项目的质量形成过程。编制项目流程图有利于预测项目质量问题在哪一个环节发生，有利于分配项目质量管理的责任，有利于找出解决项目质量问题的办法。

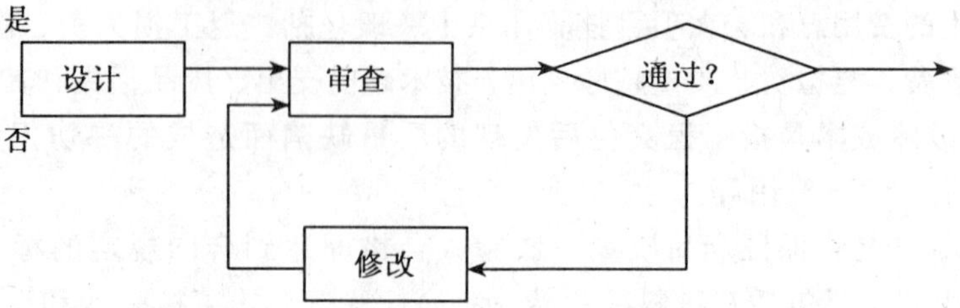

图 8.1 系统流程图

（四）试验设计法

它是一种计划安排的分析技术，通过试验可以帮助鉴别哪些因素对整个项目成果的影响最大。这项技术最常用于项目产品分析，也同样应用于诸如成本和计划平衡的项目管理事项。

例如，在汽车领域，设计和试验尤为重要，设计不仅是保证产品质量的重要因素，而且是降低费用的关键，试验贯穿新产品研制全过程。汽车的设计阶段的质量要求首先是保证行驶安全；要进行一系列审查，如可靠性审查、可制造性审查、可检验性审查和可维修性审查等。原型汽车试制的质量要求主要是保证试制产品符合预先规定的指标。试验既是检验新研制各阶段工作质量的主要手段，试验本身的质量又直接影响产品研制质量。所以，必须非常重视各种试验人员是否符合要求，各种试验设备的运行情况是否良好，试验结果的鉴定是否经过严格检查。新车试制、试验与鉴定的重要手段之一就是原型车试制和外场试验。首先是原型车鉴定，这是鉴定新车研制全过程质量控制的重要环节，通过原型车可对产品设计和试制质量进行全面鉴定。质量把关的关键，一是必须有齐全、协调、配套的各种资料，并有严格的管理制度；二是根据情况随时制定新的技术规范；三是对参加试制的人员必须进行技术培训和考核合格后持证上岗。

四、项目质量计划应注意的其他问题

按照 ISO9000 术语，质量计划应描述项目的质量管理体系："实施质量管理的组织结构、责任、程序、过程和资源。"质量计划应描述项目团队如何执行质量方针，质量计划为项目总体提供输入，并必须陈述项目的质量控制、质量保证和质量提高方案。根据项目需求，质量计划可以灵活多样，既可以是正式的或非正式的，也可以是很详细的或简要概括的。

质量计划还要求有可操作性，并以专业术语来描述事物，说明在质量控制过程中是如何对其进行测量的。例如，仅规定满足计划进度日期是管理质量的测量尺度是不够的；同时项目管理班子必须明确指出每一个活动是否必须按时开始，还是只需要按时结束；是否只对单个活动进行测量，还是仅仅对某些可交付成果进行测量。在某些应用领域，操作定义也称为度量标准。

质量计划通常利用检查表（通常是特定工业或活动，用于核实一系列要求的步骤是否已经实施的结构化工具）来计划工作安排。检查表可以简单也可以复杂。它们通常简要描述为命令或询问。许多组织拥有标准的检查表以保证和按序实施的活动保持一致。在某些应用领域，检查表来自专业协会或商业服务组织。

第三节　项目质量控制

一、项目质量控制的概念

项目质量控制是指监督每个子项目的实施状况，不断地监控过程，识别和消除问题，以确定它们是否与相关质量标准相符，并根据质量计划提出的内容，找出避免出现质量问题的办法，找出改进质量、组织验收和必要返工的方案。这项工作的主要内容包括：对项目质量标准的界定，项目质量实际与项目质量标准的比较，项目质量误差与问题的确认，项目质量问题的原因分析和采取纠偏措施以消除项目质量差距与问题的一系列活动。

PMBOK（质量管理知识体系）认为质量控制是质量管理的一个技术方面。在质量控制中，有不同技术特长的项目组成员建立了一些技术方法和程序，来保证项目在进行中从设计到开发的每一环节都能提供符合全部质量标准和计划的产出。一般来说，质量控制应该做到：选择控制的对象，为提供可能的正确行动决策基础设定标准，确立测量方法，将实际结果与质量标准作对比，通过收集信息将不一致的过程和材料统一到标准上来，管理和校准测量设备。

质量控制贯穿于项目实施的全过程，由项目参与各方组织实施。质量控制的实施者主要包括：业主及其委托人（监理）、承包商、政府质量监督机构。业主是质量的切身利益者，居于质量控制的顶层，对他来说，其质量控制是间接的、外部的控制。主要控制依据是法律、法规、合同文件、设计图样以及行业规范。承包商是项目质量的直接负责人，其质量控制是自身的内部控制，是直接控制，其依据大致和业主相当。政府的质量监督机构，旨在维护社会公共利益，保证有关法规和技术标准的贯彻执行，其依据是有关法律文件、法定技术标准以及维护城市规划和环保等规定，其质量控制是间接的、粗线条的，只限于对关键问题的审核和不定期检查。

二、项目质量控制的依据

项目结果包括产品结果（如交付成果）和管理结果（如费用和时间计划执行情况）。质量控制的不同实施者，各有其特殊性，其利益目标也不尽相同，那么项目管理班子应具有质量控制统计的工作知识，尤其是抽样和概率，以帮助他们评估质量控制的结果。在具体的实施中，项目质量控制的依据包括：

1. 质量管理计划。这是在项目质量计划编制过程中所产生的项目质量计划文件，它给出了整个项目的质量管理工作的计划和安排，包括项目质量控制工作的计划和安排；所以它是项目质量控制工作的最主要的依据。

2. 工作结果。包括过程结果和产品结果，可以在有关实际结果的信息中得到关于来自项目计划的期望结果的信息。

3. 操作描述。操作定义以专业术语来描述某事物是什么及其在质量控制过程中是如何进行测量的。比如，不仅要规定满足计划进度日期是管理质量的测量尺度，还要指出每一个活动是否必须按时开始或者只需要按时结束，还要指出是对单个活动进行测量或是仅仅对某些可交付成果进行测量（哪些又是可交付成果）。

4. 检查表。检查表是用于核实一系列要求的步骤是否已经实施的结构化工具，可以简单也可以复杂，通常被描述为命令或询问。

三、项目质量控制的方法

（一）总体的方法

从不同的角度分析，质量控制有不同的内容。一般来说，大型产品研制项目中，可从以下几个方面着手：

第一，弄清所要求的产品是什么，要达到目标需要什么样的产品设计。客户最关心的是产品的质量，而生产单位在决定产品投产前往往注重的是产品的外观。这一现象就会引起合同、设计图纸、标准规范等技术资料和数据的修改和重新匹配。不断改进产品设计、修改图纸，保证质量，就必须进行产品构型与技术资料状态控制。对技术资料的控制可通过编制、校对、审核、批准等程序进行。

第二，材料和供货渠道的控制。材料包括原材料、产品、半成品和构配件等。进行供应商等级认可，形成定点采购；遵循严格审批程序，选择供应商；由质保部门对供应商进行初始评审和年度系统评审，来决定是否保持供应商资格；对供应商提供的材料进行考核和评估，如发现有质量问题，发出纠正措施通知。

第三，产品质量记录的控制。质量记录应存档，便于查询。产品质量记录控制的重点在于保证记录不被篡改、正确完整、归零。归零是指检验员每验收一份质量记录，都要在目录表上登记盖印，直到所有执行项目和不符合项目全部盖印注销完毕为止。

第四，非合格品的控制。重点在于拒收并同合格品隔离，记录在案，调查原因，监督纠正。除隔离外，还有两项重要措施：一是将不合格品记录在案，即每一份不合格记录表格列出的问题都应处理完毕，否则不准进入下一阶段；二是不合格品评审控制，由相关部门成立不合格品评审委员会，是处理不合格品的最高权力机构，有权最后确定授权人员对不合格品的处理结论。

第五，人的控制。是指对直接参与项目的组织者、指挥者和操作者进行控制。人员素质是影响产品质量的最重要的因素。首先是人员资格认证控制，即所有参与产品生产的人员都必须经过培训和考核；其次是印章控制，即有关人员必须持有表明其资格的印章上岗，在一切记录上盖章，以示负责；四是提高人的质量意识，形成人人重视质量的项目人文环境，这一点是最重要的。

第六，工具设备的控制。应根据项目不同的特点，合理选择、正确使用、管理和保养工具设备。

第七，方法的控制。包括项目实施方案、工艺、组织设计、技术措施等。对方法的控制主要是通过合理选择和动态管理等环节加以实现。合理选择是指根据项目特点选择技术可行、经济合理、有利于保证项目质量、加快项目进度、降低项目费用的实施方法。动态管理是指要在项目过程中正确应用，并随着条件的变化不断进行调整。

第八，项目不同阶段的质量控制。项目的不同阶段对质量有不同的影响，所以其质量控制的重点也不同。项目决策阶段的质量控制主要包括项目的可行性研究和项目决策两个方面。项目设计阶段的质量控制应根据决策阶段已确定的质量目标和水平，使其具体化。项目实施阶段的质量控制包括事前质量控制（技术准备、物质准备、组织准备）、事中质量控制和项目完成阶段的质量控制。

（二）技术操作方法

具体实践中，质量控制常用的技术操作方法如下：

1. 统计抽样法，是指选择一定数量的项目工作样本，然后通过检验样本得到的统计数据去推断项目总体的质量情况，来获得项目质量的信息和开展项目质量控制的方法。这种方法适用于有大批量项目产出物的项目质量控制，否则无法获得足够数量的样本进行科学准确地推断项目整体的质量情况。对项目实际执行情况的统计值是项目质量控制的基础。统计样本涉及样本选择的代表性，合适的样本通常可以降低质量控制的成本。统计抽样主要包括：简单随机抽样、系统抽样、分层抽样、整群抽样。

2. 控制图法又称管理图。它是一种有控制界限的图，用来区分引起质量波动的偶然原因和系统原因，可以提供系统原因存在的信息，从而判断工作过程是否处于受控状态。控制图可以用来监控任何形式的输出变量，可以用于监控进度和成本变化、范围变化的量度和频率、项目说明中的错误等。见图 8.2。

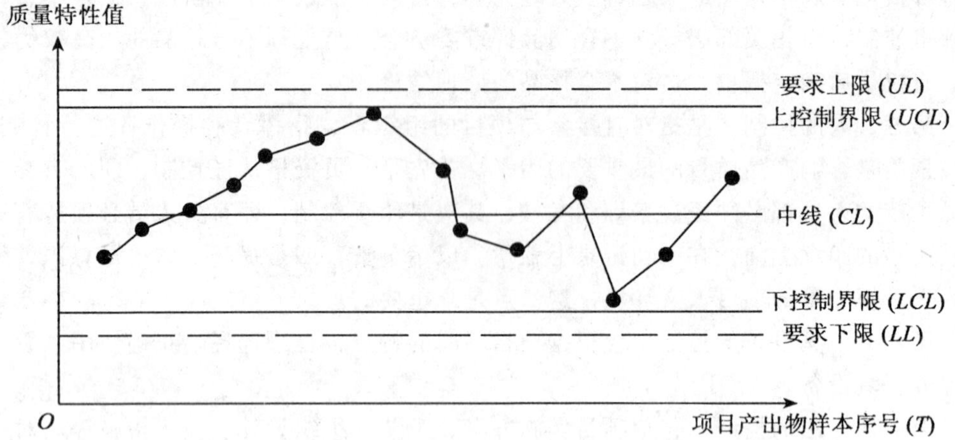

图 8.2 控制图

图 8.2 中上/下控制线表示变化的最终限度，当在连续的几个设定间隔内变化均指向同一方向时，就应分析和确认项目是否处于失控状态。当确认项目过程处于失控状态时，就必须采取纠偏措施，调整和改进项目过程，使项目过程回到受控状态。控制图法是建立在统计抽样法基础之上的，它利用原来统计的有效数据建立控制界限，如果项目过程不受异常原因的影响，从项目运行中观察得到的数据将不会超出这一界限。

3. 帕累托图，又称排列图法。它是一种按频率排序的直方图，它可以显示可识别原因的种类和所造成结果的数量。等级排序用于指导纠正措施——项目团队应采取措施首先解决造成最大数目关键缺陷的问题。见图 8.3。

帕累托图把影响质量的因素按影响程度大小排列起来，以分清主次。该图有两条纵轴，左侧纵轴表示不合格品的频数，右侧纵轴表示不合格品的累计频率；横轴表示各种影响因素，这些因素按影响程度从左到右排列，每个直方形的高度表示某个因素影响程度。根据累计频率折线可对影响因素进行分类：A——70% ~ 80%，即“关键的少数”，是主要因素；B——80% ~ 90%，是次要因素；C——90% ~ 100%，属一般因素，B 和 C 类构成了“次要的多数”。这样就找出了主要矛盾 A，就可以组织攻关解决质量问题。图中的甲、乙、丙 3 个因素是主要因素；丁为次要因素，其他因素为一般因素，合起来构成次要的多数。

4. 趋势分析法。这也是统计学中常用的方法，是根据历史结果，利用统计分

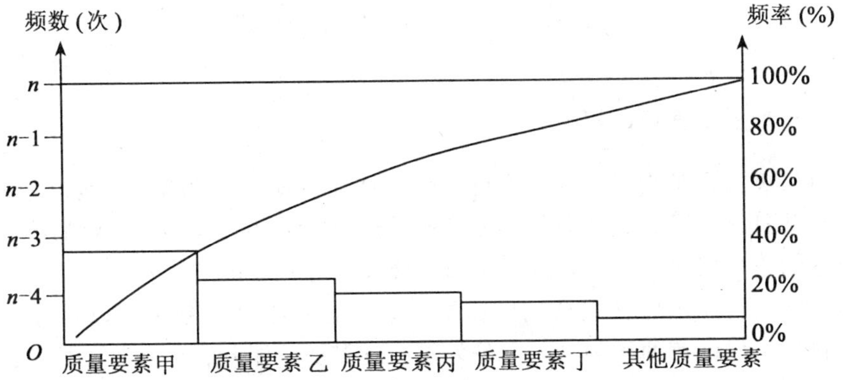

图 8.3　帕累托图

析和预测的原理（包括回归分析、相关分析、趋势外推分析等），预测项目质量未来的发展趋势和结果的一种质量控制方法。通过对时间数列做长期趋势的分析，可以掌握现象活动的规律性，并对其未来的发展趋势做出判断和预测。这种分析常用于技术执行情况、成本和时间计划执行情况的监控。在技术执行情况下，用来鉴定错误和缺陷的数量；在成本时间计划执行情况下，用来衡量在一段时间内完成重大偏差纠正活动的数量。

四、项目质量控制的结果

项目质量的改进，是指通过项目质量管理与控制所带来的项目质量提高。这是项目质量控制最为重要的一项结果。

项目质量的接受包括两个方面：一是指项目质量控制人员的接受，是根据项目质量标准，质量控制人员对已完成的项目进行检验后对该结果所做出的接受和认可。二是指项目业主/客户或其代理人根据项目总体质量标准，对已完成的项目工作结果进行检验后做出的接受和认可。

项目工作的返工，是指在项目质量控制中发现某项工作存在质量问题并且其工作结果无法被质量控制人员或业主接受时，所采取的对有缺陷或不符合要求的项目工作结果进行返工，使其重新变为符合质量要求的工作。

项目调整和变更，是项目质量控制的一种阶段性和整体性的结果。它是因为项目质量出现非常严重的或事关全局性的问题，或者是根据项目各相关利益者提出的项目质量变更请求，对整个项目的过程或活动采取的调整、变更行为。

第四节　项目质量保证

一、项目质量保证的概念

项目质量保证是指定期评价项目的全部性能；提供项目满足质量标准的证明，已确定该项目能满足相关的质量标准，通过这个活动和过程保证交付的产品和服务满足要求的质量层次；或者说是对项目实施过程进行不断的检查、度量、评价和调整的活动。项目质量保证包括确定质量标准、建立质量控制流程以及评估质量系统。项目质量保证有两种类型：一是外部质量保证，即向客户和有关人员提供的外部质量保证；二是内部质量保证，即向项目管理组织和执行机构的管理层提供的质量保证。

质量保证与质量控制既有区别也有联系。它们的区别在于：项目质量保证是一种从项目质量管理组织、程序、方法和资源等方面为项目质量保驾护航的工作，而项目质量控制是直接对项目质量进行把关的工作；质量保证是一种预防性、提高性和保障性的质量管理活动，而项目质量控制是一种过程性、纠偏性和把关性的质量管理活动；虽然项目质量控制也分为事前、事中和项目完成阶段的控制，但是质量控制中的事前控制主要是对影响项目质量因素的控制，而不是从质量保证的角度开展保障项目各方面要素的活动。它们的联系在于：项目质量保证与项目质量控制的目的都是一致的，都是确保项目质量能够达到客户的需要，因此在项目所开展的工作中，二者是有交叉和重叠的，只是方法和工作方式不同。

二、项目质量保证的依据和内容

（一）项目质量保证的依据

项目质量保证主要包括如下几个方面：

1. 项目质量管理计划。它是关于项目质量工作的全面计划和安排，同时还是有关项目质量保证工作的目标、任务和要求的说明文件。因此，它是项目质量保证的最基本的依据。

2. 项目质量控制监测结果。这是有关项目质量保证和控制工作情况绩效的评价结果，是质量控制测试和测量的记录，其记录格式用于比较和分析。可以根据监测结果对不同的问题采取相应的措施予以解决。

3. 可操作性。质量保证必须满足可操作性。

（二）项目质量保证的内容

项目质量保证一般包括以下五项：

1. 规定清晰的质量要求。质量保证的首要工作就是提出项目的质量要求，最

终产出物和中间产出物的质量要求都要规定清楚。项目中间产出物既包括项目工作包的既定里程碑，又包括项目具体活动生成的可交付中间产品。中间产出物的质量要求越详细越具体，项目的质量保证也就越周密可靠。

2. 制定科学可行的质量标准。质量保证需要设计科学可行的质量管理标准，要制定各种定性、定量的指标、规则、方案等质量标准，力求在质量管理过程中达到或超过质量标准。

3. 建立和健全项目质量保证体系。一个项目组织只有建立了全面有效的质量保证体系，才能全面地开展项目质量管理活动。项目质量体系是为实施项目质量管理所需的组织结构、工作程序、质量管理过程和质量管理等各种资源所构成的一个整体。

4. 配备合格和必要的资源。包括人力资源、物力资源和财力资源。若人员不熟悉项目的专业工作，无论是缺乏经验还是缺少培训，都会带来项目的质量问题；若缺少足够的资金和必需的设备手段，项目质量管理人员就无法开展项目质量的控制和保证活动，从而造成项目质量问题。

5. 持续开展有计划的质量改进活动。这是为了向项目组织和客户提供更多的收益，而在项目组织内部所采取的活动，目的是为了提高项目活动的效果和效率。

三、项目质量保证的方法

（一）预先规划

在编制质量计划时应预先提出针对可能出现质量问题的纠正措施，形成单独的质量保证大纲。但要注意一个问题：要确定适当的保证范围和等级，范围太小，等级太低，可能达不到质量管理的要求；范围太大，等级太高，会增加管理的工作量和成本。等级划分应依据有关法规进行。

（二）技术检验

可以通过测试、检查、试验等检验手段确定质量控制结果是否与要求相符。前面所讲的质量计划编制时的方法也可以用于质量保证。这种方法主要用于：对于项目所用材料、半成品和配件的质量检验；对于项目各项工作质量的核查；对于项目产出物的质量检查；对于项目质量控制方法和工作的核查；对于项目各种管理与技术文件的核查等。

（三）质量活动分解

可对质量有关的活动逐层分解，直到最基本的质量活动，以实施有效管理和控制。分解有多种形式，比如以设计、制造、采购、施工等为列，以管理活动为行，行列相交点构成各种质量管理活动。

四、项目质量保证工作的结果

项目质量保证工作的结果是多方面的，但最主要的还是提高和改善项目的实际质量。这种项目质量的提高和改善涉及项目工作效率和效果的提高、项目相关利益主体整体利益的扩大、项目产出物的质量等级的提高，各种不必要项目变更的避免和整个项目集成管理的改善等方面。

项目质量保证的另一个结果，是为未来开展的项目提供相应的质量保证工作的经验和教训。这种经验和总结可以作为项目历史信息的一个很好的组成部分，以便为将来的项目质量管理服务。

第五节　项目质量审计

一、项目质量审计的概念

项目质量审计就是按照审计程序预先编写检查提纲所进行的一种有记载的活动，不仅审计质保部门，而且包括质量纲要中涉及的每个部门，通过核查质量保证体系及其管理程序是否得到遵守来评价其各项功能的运行情况，督促责任部门适时采取预防或纠正措施，使之适合质量纲要的规定。

项目审计的目的就是确定满足审计准则的程度，比如确定受审计方的管理体系是否符合规定的要求；评价是否符合法律法规的要求；确认所实施的管理体系是否满足规定目标的有效性。

二、项目质量审计的依据

1. ISO9001：2000 质量管理体系要求，它是外部审计依据的主要准则。

2. 质量手册、形成文件程序和其他相关质量管理体系文件。这是组织根据 ISO9001：2000 的要求编制的文件。

3. 质量方针、质量管理计划和质量保证结果等也是重要的审计准则，这些一般反映在质量管理体系文件中，也可以其他形式存在。

4. 有关政策、条例、法律法规。比如，我国关于产品、服务和工程质量的法律法规，（如《中华人民共和国产品质量法》和《中华人民共和国食品卫生法》）等。

三、项目审计的分类

按照审计对象分类，分为产品质量审计、过程质量审计和质量管理体系审计。产品质量审计是对最终产品的质量进行单独评价的活动，用以确定产品质量的符合性和适用性。过程质量审计是独立对过程（工序）进行质量审计，可以从输入、

资源、活动、输出着手，涉及人员、设备、材料、方法、环境、时间、信息及成本八大要素。质量管理体系审计应覆盖该组织所有部门和过程，应围绕产品质量形成全过程进行，通过对各个场所、部门、过程的审计，得出质量管理体系是否具有符合性、有效性、达标性。

按审计方分类，分为第一方审计、第二方审计和第三方审计。第一方审计又叫改正改进，是组织对自身的产品、过程或质量管理体系进行的审核。第二方审计又叫评定批准，是客户对供应商的审计，由客户派出审计人员或委托外部代理机构对供应商的质量管理体系进行审计评定。第三方审计又叫认证注册，是指独立于第一方（组织）和第二方（客户）之外的一方，必须具有一定资格并经一定程序认可的审核机构派出审计人员对组织的质量管理体系进行审计。

按照审计范围分类，可分为全部审计、部分审计和跟踪审计。全部审计覆盖了组织产品质量形成的各个过程、各个方面。部分审计是对过程有选择性的审计，对组织某类产品、某个过程的审计。跟踪审计主要是用以验证以前审计后的纠正措施是否实施并有效，不合格项是否得到消除。

四、项目质量审计的方法

1. 审计准备。主要是收集资料，编写计划，明确审计的目的、所涉及的范围和功能、要接触的部门、要通知的人、要审阅的文件；围绕审计依据收集政府条令、合同协议、指令文件、工程图纸、采购指令等；按照审计计划编制检查提纲，列出需要审计的主要项目和要审计的专题。

2. 审计实施。当发现明显偏差时，应与现场管理人员进行讨论，对照程序款项详细记录，取得客观证据。

3. 提出偏差报告。偏差是指相对于程序条款的一种不合格情况。偏差报告应由被审计人员书面答复，审计员对其进行审查，如不符合要求则退回重新答复直到满意为止。如被认可，则进入验证阶段，进行现场复查，以证实偏差已被修正。

4. 跟踪审计。应加强对审计后的区域、过程的实施和纠正情况进行跟踪审计，并在紧接着的下一审计时，对措施的实施情况及效果进行复查评价，写入报告，实现审核闭环管理，以推动连续的质量改进。

5. 建立审计档案。提纲、调查结果、所有的审计状态报告，都应该形成档案保存。

第六节 项目质量管理组织

项目质量管理组织在不同项目领域有多种形式，如按工作方式分，有质量监督制和质量监理制。

一、质量监督制

质量监督是强制性的，必须按国家规定的标准规范进行监督检查，在此意义上，是对政府负责；在同时执行企业标准时，质量监督又是对整个企业负责。从工作内容上看，监督是按分工仅对质量进行监督检查。产品研制生产大都实行质量监督。产品研制质量管理的主要组织形式是在企业法人（总经理、厂长）领导下的质量检查、监督机构——质量保证系统。一般企业均有工程、制造和质保三大机构，都对产品质量负责，但重点不同。它们相当于立法、执法和监控的相互关系。工程部门负责设计图样、产品与工艺材料标准和规范，是生产的立法部门。制造部门负责实施工程部门制定的技术要求，生产出符合图样、技术规范的合格产品，是生产的执法部门。质保部门负责监督管理执行情况，控制生产过程的各环节，按图样规范验收产品，是生产的监控部门。

三大部门各司其职，各负其责，相互促进，相互制约。其中质保部门应确保能独立行使职权，在决策有关质量问题时不受其他因素的影响，并能直接向上级部门报告工作。产平研制质量管理中，委托方或使用方可向企业派驻代表。

二、质量监理制

质量监理是服务性的，虽然也必须按照统一规定开展工作，但首要是对业主负责。从工作内容上说，监理是对整个项目，全过程、全方位（即包括质量之外的进度、成本等）进行的监督和管理。

建设项目质量管理在国际上通行的就是建设监理制。监理单位是与建设单位、承建单位平行的一个专职机构，可以是政府设置的，也可以是社会性的，如监理公司、监理事务所等。建设单位向建设工程派驻总监理工程师和满足工作需要的专业人员，按建设单位与承建单位签订的工程承包合同，对承建单位的所有工作实施监理，主要任务是质量监理，并负责调解建设、承建两单位在执行工程承包合同过程中发生的任何争议，直至变更工程承包合同。

建设监理实行有偿服务，监理酬金在建设单位的管理费用列支，或在工程总概算中单列的监理费用项目中支付。

第七节 项目质量体系

一、质量体系的概念

质量体系就是指为了实施质量管理的组织机构、职责、程序、过程和资源的一种特定体系。质量体系所包含的内容仅需要满足实现质量目标的要求。

质量体系可分为两类：一是质量管理体系，二是质量保证体系。质量管理体系是指一个组织不论是否处于合同环境或同时处于合同环境与非合同环境之中，在组织内部为了实施持续有效的质量控制所建立的内部质量体系。质量保证体系是指组织在合同环境下为满足顾客特定的产品或服务的外部质量要求，并向顾客证实质量保证能力的质量体系。质量保证体系并非组织自身开展质量管理的固定需要，主要是为了满足第二方和第三方的需要。质量管理体系应能广泛覆盖该组织的产品或服务，而质量保证体系的规定与要求，则必须通过实施内部质量体系方可得以落实和提供证据。

二、质量体系的要素

1. 质量体系的结构要素。主要包括规定各级部门和人员的职责权限、组织结构、资源和人员、工作程序、技术状态管理。

2. 质量体系的选择要素。主要包括营销质量（包括确定营销要求、规定产品规范、建立顾客信息反馈系统）、规范和设计质量、采购质量、过程质量、过程控制、产品检验、控制检验测量和试验设备、控制不合格品、纠正措施、生产后的活动（储存、交付、安装、售后服务和市场反馈）、质量记录、人员、产品安全、统计方法应用。

三、ISO9000 质量体系简介

ISO9000 系列国际标准是国际标准化组织 TC176 委员会制定的国际标准。它是世界各国质量管理和质量保证经验的结晶，反映了各国对于质量问题的一个共识：为确保产品质量，确保产品符合规定的要求，必须确保过程的质量，确保产品质量形成的整个过程中的每一个阶段的工作质量，确保影响产品质量的技术、管理和人的因素处于受控状态。ISO9000 系列标准以标准化的形式，为企业实现标准化、规范化、文件化、现代化的管理提供了方法指导，为建立企业的信誉奠定了基础。该质量体系包括：组织结构、责任与义务、程序、流程和执行质量管理所需的资源。ISO9000 质量体系包含三个层次：最高层次的质量体系——ISO9001，囊括了设计、开发、生产、安装和服务；中层的质量体系——ISO9002，适用于生产、安装，并不包括设计和开发；最低层的质量体系——ISO9003，适用于最终检验和测试阶段的产品。

ISO9000 系列标准于 1987 年诞生，并很快地被世界各国所采用，在世界范围内影响巨大。我国最早于 1988 年等效采用，1992 年转为等同采用。

（一）ISO9000 质量体系的八大原则

ISO9000 系列标准 2000 年版的制定过程中，引入了质量管理的八项原则，将其作为标准制定的基础：

1. 以客户为中心的原则。

2. 统一的宗旨、明确的方向和建设良好的内部环境的原则。

3. 全员参与的原则。

4. 将相关的资源和活动作为过程来进行管理的原则。

5. 系统管理的原则。

6. 持续改进的原则。

7. 以事实为决策依据的原则。

8. 供求关系互利的原则。

（二）ISO9000 系列标准的作用

1. 提高企业管理水平，增强企业抗风险能力。

2. 提高产品质量，增强企业市场竞争力。

3. 树立企业的良好形象，巩固和不断扩大市场份额。

4. 与国际接轨，有利于国际市场的开拓。

（三）企业贯彻 ISO9000 系列标准应注意的问题

1. 企业贯彻质量标准的目的是提高产品质量，而不是纯粹为了贯彻标准。

2. 企业贯彻质量标准应与企业发展战略相联系。

3. 企业应将贯彻质量标准坚持到底，不能半途而废。

4. 企业必须事先做好准备工作，比如组织有关人员学习，并调查分析企业现状，按照体系要求编好程序文件——工作标准和管理标准的制定。

本章小结

在本章中，我们从质量的内涵和特征开始，首先讨论了项目质量管理的概念；然后按照项目质量计划、项目质量控制、项目质量保证、项目质量审计的顺序介绍了关于项目质量管理的整个流程。接着介绍了项目质量管理组织和项目质量管理体系。

项目质量管理是从对项目质量的计划开始的，也是通过对于项目质量计划的实施实现的。项目质量管理通过这一过程，希望达到控制和从源头杜绝返工和质量失败等消极后果的出现，最终使项目达到质量要求。

项目质量控制的主要内容包括：对项目质量实际情况的度量，项目质量实际与项目质量标准的比较，项目质量误差与问题的确认，项目质量问题的原因分析和采取纠偏措施消除项目质量差距与问题的一系列活动。

项目质量保证包括确定质量标准、建立质量控制流程和评估质量系统。项目质量保证有两种类型：一是外部质量保证，即向客户和有关人员提供的外部质量保证；二是内部质量保证，即向项目管理组织和执行机构的管理层提供的质量保证。

项目质量保证与项目质量控制既有区别又有联系。

项目审计的目的就是确定满足审计准则的程度，比如确定受审计方的管理体系是否符合规定的要求；评价是否符合法律法规的要求；确认所实施的管理体系是否满足规定目标的有效性。

项目质量管理组织在不同项目领域有多种形式，如按工作方式分，有质量监督制和质量监理制。我国项目质量体系主要是采用 ISO9000 系列质量标准。

思考题

1. 质量有什么特征？项目质量管理的概念是什么？
2. 项目质量计划采取的常用方法和技术包括哪些？
3. 项目质量控制和项目质量保证分别是什么涵义？它们有哪些区别和联系？
4. 项目质量审计分为哪几种？主要有哪些方法？
5. 项目贯彻质量管理体系时应注意什么问题？

案　例

喀土穆炼油厂工程质量管理模式

喀土穆炼油厂（下称炼厂）是集团公司参与国际建设市场竞争、独立承建海外炼油项目建设的首次尝试。为实现与国际接轨，加快施工进度，项目上实行了施工图设计、物资采办、施工一条龙总承包方式。甲方进行基础设计，实行工程监理制。虽然甲乙双方都是集团公司所属单位，但在具体运作上严格分开，独立核算，双方以合同方式互相制约。炼油厂具有高温高压、易燃易爆的特点，装置密集，技术含量大。工程质量更来不得半点马虎，稍有不慎即可能造成重大隐患，危及项目建设及运营安全。自项目一开始，工程质量就受到集团公司领导的关注，吴耀文副总经理 1998 年 12 月视察炼厂时就指出：“干国际工程核心是质量问题。”史训知总经理助理也反复强调，炼厂工程最担心的就是工程质量。为确保工程质量，保证炼厂投产一次成功，在集团公司领导和各有关方面的指导与协助下，我们按照国际建设行业的运行模式，加强了项目建设及开工期的质量控制与管理工作。

一、从项目的龙头抓起，严把设计质量关。设计是龙头，是搞好炼厂项目的关键。在项目设计前期，我们狠抓基础设计，要求承担炼厂设计任务的华东石油设计院、北京石油设计院等单位充分考虑油田发展和原油性质变化的因素。并且，与设计单位一起，深入探讨研究，召开专家论证会及设计协调会，不断完善设计方案，确定了适应原油性质变化的生产工艺方案和主要机组的配置方案，使总体设计更为合理，流程短，深度高，工艺技术先进，操作弹性大，产品质量和收益率达到了较高水平。

二、实行全过程监理制，确保工程施工质量。在项目建设中，为了确保工程施工质量，我们按国际惯例实行了项目监理制。即炼厂的甲方业主与承包该项目的乙方中国石油工程建设公司在质量控制上实行监理制，监理人员由甲方选派，代表甲方对乙方的施工质量进行把关。1999 年初，甲方监理人员开始介入工程建设，按职责要求、施工标准对工程施工进行质量监督。甲方监理人员始终坚持“质量第一”的方针，深入现场，一丝不苟；严把设计、施工质量关；严格实行质量验收签字制度，做到了不合格项目不签字、不接收。督促整改了大量质量问题，使工程质量始终处于受控状态。同时，实施甲方监理人员与工程建设公司、各施工单位“三方联检制”，监理人员与施工单位按施工标准联合进行质量审核验收。一旦发现问题，有权要求施工单位停工、返工整改，有权对责任人提出更换。项目建设中，甲方监理人员曾发现部分管件存在质量问题，即立即要求乙方以 2 100 多只管件全部进行超规范无损探伤检测，对 522 只管件进行超标准高倍试压检查，查出的 208 只不合格管件全部进行了更换。我们规定，工程进度款只有监理人员签字认可后，方可支付乙方工程进度款。这不仅加强了质量监督力度，也有效地控制了工程质资。而且，甲方对监理人员实行风险抵押金制度，做到出了问题谁监理谁负责，增强了监理人员的责任感。

三、实行工程预付款质保金制，规范工程质量管理。为了确保项目的工期、质量和投资规模，甲乙双方实行了工程质资总额封死，甲方对每个工程项目只提前支付 15% 的预付金，以保工程启动，其余 85% 的资金按确认的工程进度及质量支付工程款。如果工期拖后或工程质量达不到要求，就会减少收益。这就促使乙方千方百计地按计划完成施工进度，保证工程质量。同时，为确保工程总承包商承担的设计、施工、物资采办、开工保运各个环节都能达到合同要求，按国际惯例，我们对工程施工的总承包商实行了工程质保金制度。即暂扣总承包金额的 5% 作为质保金，如在合同规定的期限内出现设计、施工质量问题，则按协议抵扣，否则全部返还乙方。工程质保金制的实施规范了工程管理，增强了乙方的责任感，也使甲乙双方之间能相互制约，密切配合，保证了工程质量。

四、参与重要设备全过程采购，确保设备质量。按照总承包合同要求，项目所需物资的采购总体上由工程公司负责，但对全厂关键设备及重要零配件谈判、选型、定货、监造和出厂验收等由甲方进行全过程参与。为此，甲方先后派出 40 多人次到厂家进行设备监造，承担设备监造任务的员工与设备制造厂家的职工一起上下班，介入设备重点制造工序及材质的选用；在设备的谈判中，甲方人员参加设备技术谈判，提出设备技术要求及质量标准；在设备招标中，实行比质论价，优选质量好、价格优的厂家作为供应商，降低了采购成本，保证了设备质量。

五、健全质量保证体系，加强质量全过程管理。在整个工程施工中，我们参照ISO9000运行标准建立了一套适合工程运行且经过实践检验的质量管理体系，加强了质量全过程管理。一是明确质量职责。施工指挥部指挥长为项目质量工作的第一责任人，对项目的设计、采办、施工和质量管理负有领导责任；各单位现场第一负责人为该单位的第一责任人；各施工班组明确有质量管理员，按《总承包合同》中关于质量管理职责要求，层层抓好质量管理，使质量管理工作落到了实处。二是优选施工单位及人员。按照《工程总体部署》制定的质量目标，甲乙双方始终把工程质量列为头等大事来抓，对参与设计和施工的单位及人员资质提出了较高要求，对承担项目施工建设的管理人员、特殊工种作业人员，以及施工装备、检测试验手段等都提出了明确的规则，对各施工环节的质量控制设计了预案和保障措施。参与工程设计的5个设计院中有4家取得了ISO9000质量体系证书，5个参建施工单位均取得有ISO9002质量体系证书，工程质量检验人员也都是取得国内资质证书的人员。实际工作中，他们按照ISO9000程序标准履行职责。我们曾对施工单位抽检中发现的一些不合格原材料进行了严肃处理，1 300片地下管网材料和25吨原油储罐钢板全部予以报废或退货。为保证工程质量，我们还规定，所有代用材料必须由物资供应部门开具代用材料审批单，并交设计单位审批同意后方可代用。对施工质量采取定期检查与随机抽查、日常监督有机结合的措施，进行质量动态跟踪，工程质量不合格的不讲任何条件，一律推倒重来。重点项目实行高质量高标准，诸如电站汽机、重整四合一加热炉、催化反应系统等关键部位，从材料进场到施工工序、设备安装都按设计标准环环相扣，严格检查。较小的施工项目，也不掉以轻心，坚持质量第一，严格工序交接和检查，不符合要求则及时进行整改处理，把质量经验交流隐患尽可能消除在施工前期。

六、搞好投产准备，保证开工及生产达到高水平。按照《中国石油天然气集团公司石油化工大中型建设项目试车工作暂行规定》，我们从组织、人员、技术、物资、资金及外部条件等6个方面做了充分准备，对装置中交、试运及投料前各项技术条件进行了认真细致的核查。一是深入开展“三查四定”工作。本着早介入、早主动的思想，根据工程进度和工程中期交付的8条标准，我们从1999年8月开展了以“查设计漏项、查未完工程、查工程质量隐患”和对查出的问题“定任务、定人员、定时间、定措施”为主要内容的“三查四定”工作，生产开工人员对每一张设计图纸，每一项工艺技术方案，每一台设备、管线、阀门、仪表安装质量都进行严格认真的检查，并会同设计、施工单位对查出的问题逐项论证，对影响开工生产的项目督促整改。二是狠抓装置联运试车工作。生产操作及维修人员积极参与设备全过程试运，督促施工单位严格按设计规范及技术标准进行设备试运工作，对关键性机组、电器、仪表实插试运“旁站”监督，严格试车程序。通过装置联运试车，加强对设备安装施工质量的检查，尤其是在大机组试运前，对每一个部件的安装尺寸、每一道间隙都由“三方”联合测量确认，符合质量指标情况下方可进行试运。同时，按照“认真、细致、完全、彻底”的八字方针，严格执行各装置的试运方案，认真进行水循环、风吹扫、油联运、装置联运试运等工作，逐一检查设备、工艺流程，把各种隐患消除在开工前。三是组织生产、设计、施工单位共同参加的8个专业检查组，对装置投料前22大项开工条件逐项进行检查确认，在确保各项生产准备工作符合开工条件，并报请集团公司领导批准后方可开工，做到了开工的万无一失。通过严格质量管理与控制，在甲乙双方共同质量验收中，炼厂所有项目100%合格，施工质量符合设计要求和国家质量标准，整体工程质量优于国内水平。经检查验收，我们的压力容器、电站锅炉、余热锅炉、加热炉安装焊接一次合格率97.6%，设备衬里整体质量经烘炉检查一次合格，液化气罐区8台球罐工程被评为精品工程，仪表及大机组调试安装质量良好，工程施工质量受到了国外专家的好评。瑞士某保险公司的专家评价说：“这个工程的质量是他们所承保的炼厂项目中最好的。”仅87天的开工准备，我们实现了全部炼油生产装置高速度、高质量、高水平的投产一次成功，各项指标均达到或超过设计要求。同时，创造了开工过程中没有一条管线堵塞，没有一个调节间被卡，没有一个控制回路失灵，开工后一次达到无泄露工厂的好成绩，探索出了实施国际建设市场运作方式的成功之路，也为集团公司承包国际炼油工程积累了经验。

案例来源：中国石油天然气勘探开发公司．苏丹项目质量管理基本做法与特点．石油工业技术监督，第17卷第3期，2001（3）。

第九章　项目风险管理

任何项目都是有风险的，风险贯穿于整个项目过程。项目风险管理是对于潜在的意外损失进行规划、识别、评估、量化、制定应对措施和监控的过程，它是对项目目标的主动控制。风险管理规划就是制定项目风险管理的一整套计划，它主要包括定义项目组及成员风险管理的行动方案及方式，选择合适的风险管理方法，确定风险判断的依据等。风险识别就是通过采用一定的方法将可能引起风险的因素找出来。在确定风险的存在以后就要对风险进行定性和定量的分析，这里讲到了很多风险定性和定量分析的方法，如矩阵图分析、主观评分法、决策树分析和模拟分析等。接着就要制定风险应对计划，这里介绍了几种措施，如回避风险，即放弃或终止某项活动的实施或改变某项活动的性质，还有转移风险、接受风险等，最后介绍了风险监控。

第一节　项目风险管理概述

一、风险与项目风险

任何项目都是有风险的，风险贯穿于项目的整个过程，而且在项目的不同阶段，风险也不同。

（一）风险

风险是指预期结果的不确定性。在给定的客观情形下，在特定的期间内，预期结果与实际结果之间的差异越大，风险越大；反之风险越小。

风险是客观存在的，它不随人们的意志为转移，因此我们才可以用客观尺度来计量项目的风险。但是风险又是与人们的行为相联系的，这种行为既包括个人的行为，也包括群体或组织的行为，不与行为相联系的风险只是一种危险。

风险的存在还与一定的客观条件有关。当这些条件发生变化时，风险的性质、大小也会发生变化。虽然人们无力控制客观的状态，却可以认识并掌握客观状态变化的规律性，对相关的状态作出科学的预测。

（二）项目风险

项目风险是指存在于项目整个过程中的风险。项目生命周期各阶段的风险见

表9.1。

表9.1 项目各阶段的常见风险

项目管理阶段	常见风险
启动阶段	目标不明确，对需求界定不清，工作表述不全面，技术条件不够，缺少相应专业的专家等。
规划阶段	仓促计划，计划难以实现，资源分配不当，成本预算不合理，速度不合理，计划不够具体等。
实施阶段	领导犹豫不决，没有高层管理者的支持，团队成员没有合作精神，沟通不当，通信设施阻碍工作，资源短缺，重要成员变动等。
收尾阶段	项目计划没有机动性，不能适应变化，管理不灵活，外部环境不断变化等。

二、风险因素

风险因素是指引起风险发生的事件，以及风险事故发生时，导致损失增加、扩大的条件。风险因素是风险事故发生的潜在原因，是造成损失的间接和内在原因。通常把风险因素分为实质风险因素、道德风险因素和心理风险因素。

实质风险因素是指增加某一目标的风险事故发生机会或扩大损失严重程度的物质条件，它是一种有形的风险因素。如质量差的药品，设计不合理的大楼。道德风险因素是指与人的不正当社会行为相联系的一种无形的风险因素。它常常表现为由于恶意行为或不良企图，故意促使风险事故发生或损失扩大，如项目实施中偷工减料、消极怠工。心理风险因素也是一种无形的风险因素，但与道德风险因素不同。它是指人的主观上的疏忽或过失，导致增加风险事故发生机会或扩大损失程度，如装配机器时忘了一个部件。道德风险因素和心理风险因素都与人密切相关，也有的把两者合称为人为因素，但前者是故意或恶意，而后者则是无意或疏忽。

三、项目风险的特征

项目风险具有以下四个特征：

1. 风险存在的客观性。项目风险是客观存在的，它不依人们的意志为转移，人们可以在有限的空间和时间内改变风险存在和发生的条件，降低其发生的频率和减轻损失的程度，而不能，也不可能完全消灭项目风险。

2. 风险存在的普遍性。风险在项目的整个过程普遍存在，在项目的不同阶段都面临各种各样的风险，如市场风险、技术风险、投资风险、经营风险、资源风险及原材料供应风险和环境污染风险等。

3. 风险的偶然性。风险虽然是普遍存在的，但是风险发生具有偶然性，它是一种随机现象。在发生之前，人们无法准确预测风险何时发生，以及发生的后果。风险发生的偶然性意味着在时间上具有突发性，在后果上往往具有灾难性。

4. 风险的可变性。在一定条件下项目风险可以转化。客观条件的变化、风险的性质、风险的大小也可能会发生变化。

四、项目风险管理

项目风险管理是指识别和分析影响项目进程和成败的不确定因素，并制定有关应对措施的过程，包括尽量扩大有利于项目的积极效果，降低不确定事件消极影响。项目风险管理的内容主要包括以下几个方面：

1. 风险管理规划。风险管理规划是规划和设计如何进行项目风险管理的过程。该过程应该包括定义项目组织及成员风险管理的行动方案及方式，选择合适的风险管理方法，确定风险判断的依据等。

2. 风险识别。风险识别是指确定风险的来源和类别，研究风险事件是否会对项目产生影响。在项目管理中，风险识别应考虑机会和威胁两个方面，可通过确定因果关系或果因关系来识别风险。

3. 风险评估。风险评估是对风险发生的可能性及风险事件对项目的影响进行定性分析。

4. 风险量化。风险量化是对风险发生的概率及其对项目目标的影响进行定量的分析。

5. 制定风险应对措施。为了使风险对项目的机会增大、威胁降低，应制定风险的应对措施。

6. 风险监控。风险监控就是要跟踪识别的风险，识别剩余风险和出现的风险，修改风险管理计划，保证风险计划的实施，并评估消减风险的效果。

第二节　项目风险管理规划

风险管理规划是规划和设计如何进行项目风险管理的过程。该过程应该包括定义项目组织及成员风险管理的行动方案及方式，选择合适的风险管理方法，确定风险判断的依据等。风险管理规划对于能否成功进行项目风险管理、完成项目目标至关重要。

一、风险管理规划的依据

（一）项目规划中所包含或涉及的有关内容

项目规划是对项目实施过程中作出的系统描述和安排，其主要内容是对已决定实施的项目编制各种计划，并开展必要的项目设计工作。因此，项目规划中必然也会对项目风险管理作出一些规划，这些规划就可以为制定更详细的风险管理规划提供依据。项目规划中的许多内容，如项目目标、项目规模、项目利益相关者情况、项目复杂程度、所需资源、项目时间段、约束条件及假设前提等可作为规划的依据。

（二）项目组织及个人所经历和积累的风险管理经验及实践

项目组织及个人通过各种途径所得到的项目管理的间接经验以及通过自身的实践得到的直接经验，都可以为以后的风险管理提供借鉴作用。虽然说不可能有完全相同的项目，但是项目中经常会出现一些类似的情况，这样我们就可以借鉴以前的经验，避免以前曾经出现的错误。风险管理的经验和实践越多，对风险管理规划的制定越有利。

（三）项目利益相关者对项目风险的敏感程度及可承受能力

项目利益相关者对项目风险的敏感程度及可承受能力也是风险管理规划的依据之一。不同的项目相关者对项目风险的敏感程度及可承受力是不同的，相关利益者对待风险的程度，在某种程度上决定了项目管理规划的详略程度。

（四）可获取的数据及管理系统情况

风险管理规划的制定必然要用到很多的数据，这些数据既包括以前项目中的一些历史数据，也包括正在进行项目的一些数据。历史数据一般可以通过查阅历史资料得到，而正在进行项目的数据，一般是由项目管理的各个部门进行统计得到的，因此丰富的数据和严密的系统基础，将有助于风险管理规划的制定。

（五）风险管理模板

风险管理模板可以为风险管理规划的制定提供依据，项目经理及项目组将利用风险管理模板对项目进行管理。风险管理模板一般是根据成功的项目管理经验制定的，采用风险管理模板可以降低项目的风险，同时还可以使风险管理标准化、程序化。为了使模板能不断的适应越来越复杂的项目的要求，应对风险管理模板进行不断改进。

二、风险管理规划的方法及结果

风险管理规划一般通过规划会议的形式制定，参加人员应包括项目经理、项目团队领导及任何与风险管理规划和实施相关者。规划会议将针对整个项目生命周期制定如何组织和进行风险识别、风险评估、风险量化、风险对应计划及风险监控的规划。

风险管理规划应包括：

1. 风险管理方法。风险管理需要使用一定的方法、工具和数据资源，并且这些内容还要随项目生命周期阶段及风险评估情况做适当的调整。

2. 人员。为了更好的进行风险管理，需要明确风险管理活动中领导者、支持者及参与者的角色定位、任务分工及其各自的责任。

3. 时间周期。项目的生命周期是进行风险管理的重要依据，所以要界定项目生命周期中风险管理过程的各运行阶段及过程评价、控制和变更的周期或频率。

4. 类型级别及说明。明确的定义和说明对于防止决策滞后和保证过程连续是很重要的，因此要定义并说明风险评估和风险量化的类型级别。

5. 基准。明确定义由谁以何种方式采取风险应对行动。合理的定义可作为基准衡量项目团队实施风险应对计划的有效性，并避免发生项目业主方与项目承担方对该内容理解的不一致。

6. 汇报形式。规定风险管理各过程中应汇报或沟通的内容、范围、渠道及方式。汇报与沟通应包括项目团队内部之间的、项目外部与投资方及其他项目利益相关者之间的。

7. 跟踪。规定如何以文档的方式记录项目过程中风险及风险管理的过程，风险管理文档可有效用于对当前项目的管理、项目的监察、经验教训的总结及日后项目的指导。

第三节　项目风险识别

风险识别是指在风险发生之前人们运用各种方法认识所面临的各种风险以及确定风险的来源和类别，研究风险事件是否会对项目产生影响。风险识别包含两方面内容：识别哪些风险可能影响项目进展及记录具体风险的各方面特征。风险识别不是一次性行为，而应有规律的贯穿于整个项目中。

项目风险识别应凭借对“因”和“果”的认定来实现，或通过对“果”和“因”的认定来完成。

对项目面临的各种风险进行识别是风险管理的基础，只有找出了项目面临的各种风险以及产生的原因，然后才能在这个基础上对风险进行定性和定量的估计，制定风险的应对措施。

一、项目风险识别的依据

项目风险的识别需要足够的项目信息，信息的多少直接影响到项目识别结果，因此应搜集尽可能多的项目信息。项目识别的依据一般包括以下几个方面：

1. 风险管理规划。

2. 项目规划。项目规划中的项目目标、任务、范围、进度计划，费用计划，资源计划，采购计划及项目承担方、业主方和其他利益相关者对项目的期望值等都是项目风险识别的依据。

3. 风险种类。风险种类指那些可能对项目产生正负影响的风险源。一般的风险类型有技术风险、质量风险、过程风险、管理风险、组织机构风险、市场风险及法律法规变更等。项目的风险种类应能反映出项目所在行业及应用领域特征。

4. 历史资料。项目的历史资料是以前类似项目情况的资料，它们对于新项目风险的识别是一种非常重要的信息和依据。所以在项目风险识别中要搜集各种有用的历史项目的信息，一般可以从项目及相关项目的历史文档及公共信息渠道中获取。

5. 制约因素和假定。任何一个项目都会面临着各种各样的限制条件，这些约束条件既可能是内部的，也可能是外部的，这些项目的约束条件也是项目活动定义的依据之一。

二、项目风险识别的工具与方法

识别项目风险的方法很多，包括利用核对表法、系统分析法、流程图法、环境分析法等。

（一）核对表法

核对表法是指利用在风险识别方面不断取得的经验，列出以前项目一些成功与失败的原因，项目管理者可以拿自己的实际情况与列出的原因对比。核对表一般按照风险来源排列。利用核对表进行风险识别的主要优点是快而简单。缺点是受到项目可比性的限制。见表 9.2。

表 9.2 项目融资风险核对表

类型	风险因素	是，不是，不确定
外部环境	政治稳定，没有被政府没收的风险	
	国家风险和主权风险令人满意	
	对货币、外汇、利率、通货膨胀和变化做了预测并采取措施	
关联方	承包商的能力和信誉可靠	
	合营各方签有令人满意的协议书	
	承包商财务困难	
	投资者可以获得足够高的资金收益率和投资收益率	
风险规划	有详尽的可行性研究和财务计划	
	考虑过成本超支问题，估计了不可抗力，并有应急措施计划	

（二）系统分析法

系统分析法是指利用系统分解的原理，将一个复杂的项目分解成比较简单和容易识别的子系统或系统元素，从而识别出可能存在的各种风险。比如在一个新产品的开发项目中，可以将项目分解成以下几个方面：市场风险、投资风险、经营风险、技术风险、资源风险及原材料供应风险和环境污染风险等，然后可以对这些风险再作进一步的分解。系统风险可以用事故树表达。

例如某隧道项目的事故树如图 9.1 所示。

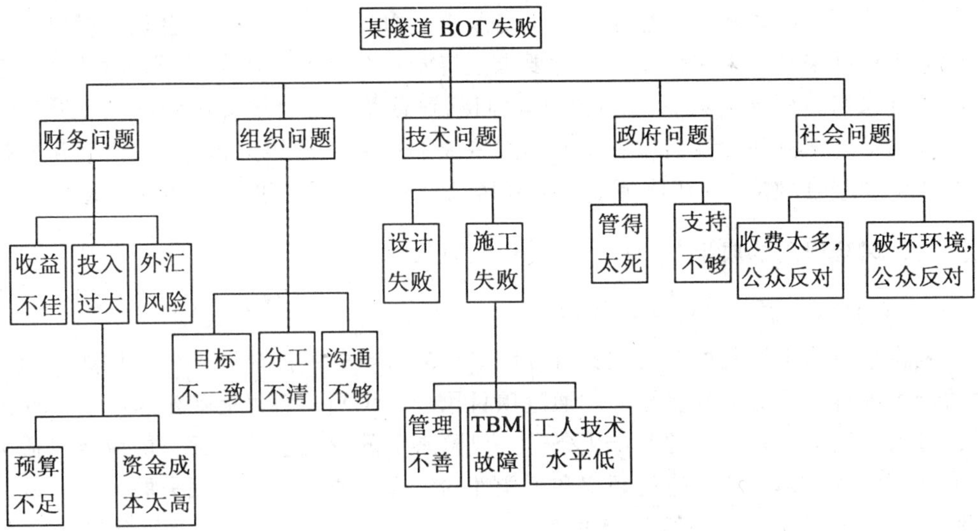

图 9.1　识别项目风险用的事故树

（三）流程图法

流程图法是将项目的全部过程，按其内在的逻辑联系绘制成作业流程图。项目风险识别采用流程图法就是使用这些流程图去分析和识别项目风险的方法，这种方法的结构化程度比较高，所以对识别项目风险和风险要素都是非常有用的。通过对项目流程的分析，可以发现和识别项目风险可能发生在项目的哪个环节或哪个地方，以及项目流程中各个环节对风险影响的大小。运用这种方法完成的项目风险识别结果，还可以为后面项目实施中的风险控制提供依据。例如某一产品生产项目就是由原材料采购、原材料验收、原材料储存、产品制造、产品包装、销售等一系列环节构成的流程，这些流程构成的项目流程图就可以用来分析和识别该项目的各种风险。

（四）环境分析法

环境分析法是指系统地分析项目所面临的内部环境和外部环境，找出这些环境可能产生的风险和损失。在一些具有较高独创性和创新性的项目风险识别中，需要使用这种能够创造性的识别各种项目风险、项目风险因素以及它们的影响程度的方法。内部环境是指项目资金条件、人员素质、管理机制等，外部环境是指市场供需状况、获得资金的难易、资金供应等。环境分析法就是分析项目的内部环境与外部环境的相互关系及其稳定程度，一旦环境发生变化，可以根据这种关系发现潜在的风险。

（五）头脑风暴法

所谓头脑风暴法，就是以专家的创造性思维来获取未来信息的一种直观预测和识别的方法。头脑风暴法一般是在一个专家小组内进行，通过专家会议，激发专家的创造性思维来获取未来信息。这就要求主持专家会议的人在会议开始时的发言应能激起专家们的思维“灵感”，促使专家们感到急需回答会议提出的问题，通过专家之间的信息交流和相互启发，从而诱发专家们产生“思维共振”，以达到互相补充并产生“组合效应”，获取更多的未来信息，使预测和识别的结果更准确。

三、风险识别的成果

（一）风险来源及风险产生条件

风险来源属于那些可能对项目有好的或坏的影响的可能风险事件，例如不确定的估计、项目管理班子的更迭等。通过项目风险的识别，对可能产生风险的事件分析，可以寻找出风险的来源及产生条件。风险来源的罗列应当全面，即应当包括所有识别出的条目，不管发生的频率和可能性的大小，或者收益和损失的大小。风险来源的说明中不仅应当包括可能发生的项目风险种类、风险来源及风险产生的条件，还应当包括对风险发生的概率、可能发生风险的后果程度、预期风险发生的时间及预期风险发生频率的估计。

（二）风险症状

风险症状是指风险事件产生或即将产生时的各种外在表现、苗头或症状。例如，项目业主配合不积极，就会导致项目无法按照预先的安排进行，可能会使得项目无法按时完工。再有项目团队士气的低落以及通货膨胀的发生都是风险发生的症状。项目风险发生的症状很多，要对风险症状进行及时和全面的识别，对出现的风险症状及早安排对应的措施。

（三）潜在风险

潜在风险既不同于已经识别出的风险，也不同于风险症状，它们是尚没有任何迹象表明未来会发生，只是人们想像到的一种主观判断风险。例如，虽然从目前来看并没有通货膨胀的迹象，但是项目的周期很长，在未来的时间内也还是有通货膨胀的可能性。潜在风险一般是一些在其他项目中经常出现的并且后果严重的风险，虽然在目前的项目中还没有出现，但是出现的可能性很大。因此，对项目的潜在风险也应该进行严密的跟踪和严格的评估，特别是当潜在的风险向实际风险转化时更应该对它们十分重视。

第四节　项目风险评估

项目风险评估是在项目风险规划和识别后对风险进行定性分析，通过对项目所有不确定性和风险要素的充分、系统的分析来确定项目的风险。风险评估主要是对风险事件发生可能性的大小、可能的结果范围和危害程度、预期发生的时间及风险因素所产生的风险事件的发生频率的估计。

一、项目风险评估的依据

1. 风险管理规划。风险管理规划就是对项目进行风险管理的一整套计划。

2. 风险识别的成果。这包括通过风险识别确定的项目的风险以及风险对项目的潜在影响的分析。

3. 项目进展状况。风险的不确定性常常与项目所处的生命周期阶段有关。在项目初期，项目风险症状往往表现的不明显，随着项目的进行，项目风险及发生风险的可能性会增加。

4. 项目类型。一般来说，普通项目或重复率较高项目的风险程度比较低。高科技或复杂性强的项目的风险程度比较高。

5. 数据的准确性和可靠性。风险识别的数据或信息的准确性和可靠性越高，一般风险越小，反之风险越大。

6. 概率和影响的程度。

二、风险评估的主要工具和技术

（一）矩阵图分析

风险概率及影响程度可以用定性的方式进行评估，如：非常高、高、一般、低和非常低。风险概率的高低描述的是风险发生可能性的高低。风险影响程度的高低描述的是如果风险发生，风险对项目目标影响程度的高低。由此可以得到一个风险对项目主体目标的影响程度评价表，见表 9.3。

表 9.3　　风险对项目主体目标的影响程度评价表

项目	很低 0.05	低 0.1	一般 0.2	高 0.4	很高 0.8
费用	不明显的费用增加	<5% 的费用增加	5% ~ 10% 的费用增加	10% ~ 20% 的费用增加	>20% 的费用增加

续表

项目	很低 0.05	低 0.1	一般 0.2	高 0.4	很高 0.8
进度	不明显的进度推迟	进度推迟 < 5%	总项目进度推迟5% ~10%	总项目进度推迟10% ~20%	总项目进度推迟 >20%
功能	不被觉察的范围减少	小区域的范围更改	大区域的范围更改	不能接受的范围更改	结束时项目范围已面目全非
质量	不被觉察的质量下降	不得不进行的质量下降	经客户同意的质量下降	客户不能接受的质量下降	结束时项目已经不能使用

（二）主观评分法

主观评分法是在识别出所有风险的基础上，为每一单个风险赋予一个权值，例如从0到10之间的一个数。0代表没有风险，10代表风险最大。然后把各个风险的权值加起来，再同风险评价基准进行比较。下面举例说明。

假设某项目要经过5个工序。表9.4的横栏是项目识别出来的前5个风险，表的竖栏是项目的5个工序。假定项目整体风险评价基准为0.7。

表9.4 主观评分法

	费用风险	工期风险	质量风险	组织风险	技术风险	各工序风险权值和
可行性研究	5	7	4	7	8	31
设计	4	6	6	2	7	25
试验	7	3	3	3	8	24
施工	9	7	5	2	2	25
试运行	3	2	2	1	4	12
	28	25	20	15	29	117

从表9.4可以看出，该项目的实际全部风险权值和是117，而最大风险权值和就是用表的行数乘以列数，再乘以表中的最大风险权值，上表最大风险权值和为$5 \times 5 \times 9 = 225$。

因而该项目整体风险水平为：$117/225 = 0.52$。由于$0.52 < 0.7$，所以该项目整体风险水平可以接受，可以继续下去。

（三）项目假定测试

风险估计中的项目假定测试是一种模拟技术，它主要是分别对一系列的假定及其推论进行测试，进而发现风险的一些定性信息。

三、风险评估的成果

（一）项目整体风险等级

在对项目风险进行了评估后，可以比较项目间的风险等级，从而对该项目的整体风险程度做出评价。项目的整体风险等级是决定项目继续进行或取消的依据之一。如果项目的整体风险超过了可接受的最高项目整体风险，那么这个项目就应该取消，反之，就可以继续下去。项目的整体风险等级将用于支持各项目资源的投入策略的决策。

（二）风险表

风险表将按照高、中、低类别的方式对风险和风险状况做出详细的表示，风险表可以表述到项目工作分解结构（WBS）的最低层。风险表还可以按照项目风险的紧迫程度、项目的费用风险、进度风险、功能风险和质量风险等类别单独做出风险排序和评估。对重要风险的概率和影响程度要有单独的评估结果并做出详细说明。

（三）附加分析计划表

在风险评估中，不同类型风险的等级程度是不同的。为了尽可能的防范风险的发生，一般要将高或中等程度的风险列为重点并做出更详尽的分析和评价，其中应包括进行下一步的风险定量评价和风险应对计划。

第五节　风险量化

风险量化是衡量风险概率和风险对项目目标影响程度的过程。风险量化的基本内容是确定哪些事件需要制定应对措施。

一、风险量化的依据

对项目进行量化分析是精确处置风险的前提，是制定和实施风险处置计划的科学根据，因此一定要对风险发生的概率及其后果作出尽量准确的定量估计。但由于资料的不完整、项目的复杂性、环境的多变性以及人们认识的局限性，人们往往在量化风险时出现一些偏差。一般来说风险量化的依据有：

1. 风险管理规划。

2. 风险及风险条件排序表。

3. 历史资料。主要是指类似项目的文档，风险专家对类比项目的研究成果及所在行业或其他来源的相关信息数据。

4. 专家判断结果。主要是利用专家丰富的经验来对项目的风险进行判断，专家既可以是项目团队、组织内部的专家，也可以是组织外部的专家；既可以是风险管理专家，也可以是工程或统计专家。

二、风险量化的主要方法

（一）敏感性分析

敏感性分析是量化及评估各风险对项目目标潜在影响的方法，它帮助判断哪些风险对目标具有最大的影响。各种风险都会对项目目标产生影响，但其影响各不相同。有些因素发生微小的变化，就会对项目目标产生很大的影响，项目目标对这些因素的变化十分敏感，这些因素就成为敏感因素。与此相反，有些因素发生变化后，对项目目标的影响不大，反应比较迟钝，称之为不敏感因素。

（二）决策树分析

所谓的决策树就是一张图，描述了各种决策方案以及相关的偶然事件之间的相互影响。决策树的各个分支可以代表决策方案或偶然事件。决策树可以对每一种不同的结果都预计出可能性，适合分阶段的多级决策，但是在分析过程中往往不能包括所有参数，所以就显得很不全面，另外如果分级太多或出现太多分枝，画起来就很不方便。图 9.2 就是一个决策树的例子。

例如，现有某一项目面临某一风险损失情况，如表 9.5 所示。

表 9.5　　**风险损失情况表**

概率 / 措施	不出险的概率 0.95	出险的概率 0.05	期望值
方案 A	6 000	−10 000	6 000 × 0.95 − 10 000 × 0.05 = 5 200
不实施方案 A	−6 000	−100 000	−6 000 × 0.95 − 100 000 × 0.05 = −10 700

出险的概率为 0.05，不出险的概率为 0.95。若采取 A 措施，不出险时可获利 6 000，出险时损失 10 000；若不采取 A 措施，不出险时损失 6 000，出险时损失 100 000，其决策树见图 9.2。

（三）模拟

这是指利用系统模型对系统行为进行分析，将不确定的对项目目标的潜在影响具体化、定量化。对工程项目进行模拟最常用的形式是利用项目的网络图作为项目模型。大多数模拟的基础是某种形式的蒙特卡罗模拟法。蒙特卡罗模拟法是随机地从每个不确定风险因素中抽取样本，之后进行一次整个项目计算，重复进行成百上千次，模拟各式各样的不确定性组合，获得各种组合下的成百上千个结果，进而通过统计方法处理这些结果数据，找出项目变化的规律。项目中常用蒙特卡罗模拟法来模拟项目的日程，这种技术往往被全局管理者采用，通过对项目的多次“预演”

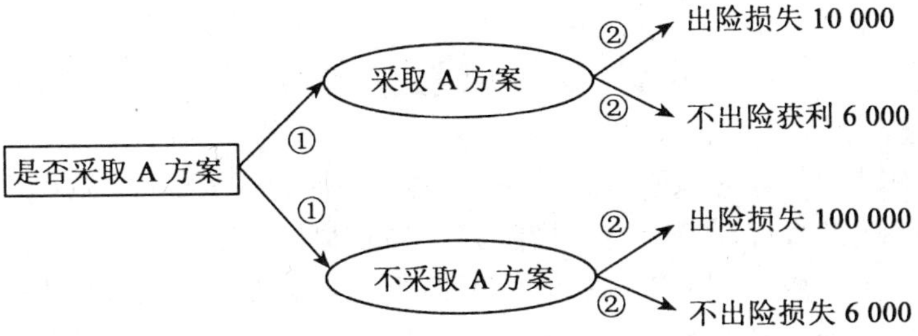

图9.2　决策树

得出如图9.3所示的项目进度日程的统计结果。

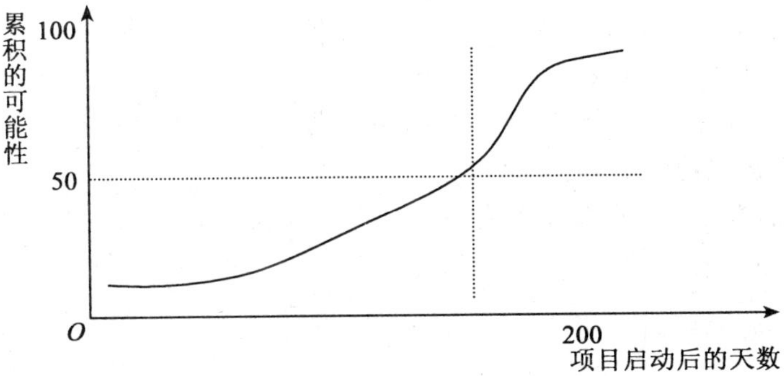

图9.3　一个项目进度日程蒙特卡罗模拟

该图表示了完成项目的累积可能性与某一时间点的关系，项目固定完成工期越靠近左侧按时完成项目的风险愈高，反之风险愈低。

三、风险量化的成果

（一）量化的风险序列表

通过对风险量化分析后，就可以对风险的大小进行列表并排序，它是在对风险进行精确量化的基础上进行的。这份风险序列表将作为应对措施研究的基本依据。

（二）项目确认研究

应用风险评估和风险量化结果对原项目进度和费用计划进行分析，提出确认的项目周期、完工日期和项目费用，并提出对应当前项目计划实现项目目标的可能性。

（三）所需的应急资源

风险量化可以确定所需资源的量及所需资源的应急程度，以帮助项目经理在实现目标的过程中将资源消耗控制在组织可接受的程度内。

第六节 风险应对计划

风险应对计划是针对风险量化结果，为降低项目风险的负面效应制订风险应对策略和技术手段的过程。风险应对措施是在项目风险识别、评估和量化的基础上，把项目风险发生的概率、损失的严重程度以及其他因素综合起来考虑，就可以得出风险发生的可能性及其危害程度，再与公认的安全指标相比较，就可确定项目的危险等级，从而决定应采取什么样的措施。

一、风险应对计划的依据

1. 风险管理计划。

2. 风险排序。将风险按其可能性、对项目目标的影响程度、缓急程度分级排序，说明要抓住的机会和要应付的威胁。

3. 风险认知。风险认知是指对可放弃的机会和可接受的风险的认知，组织的认知度会影响风险应对计划。

4. 风险主体。项目利益相关者可以作为风险应对的主体。风险主体应参与制订风险应对的计划。

二、风险应对措施

（一）预防风险

预防风险是指采取预防措施，以减少损失发生的可能性及损失程度。预防风险涉及到一个现时成本与潜在损失比较的问题。

预防风险的策略通常采取有形和无形两种手段。有形手段主要是工程法，它是以工程技术为手段，消除物质性风险威胁。无形手段有教育法和程序法两种。教育法主要是通过对有关人员进行风险和风险管理教育，以减轻与不正当行为有关的风险。程序法是指以制度化的方式从事项目活动，减少不必要的损失。

但是，因为不是所有的风险都能够预防，所以，项目组必须建立一个应付意外事件的计划，使其在必要时能够以可控的及有效的方式作出反应。

（二）回避风险

回避风险是指通过改变项目计划以消除风险或风险条件以保证项目目标的实现，这种技术把风险因素控制在风险发生之前，而其他技术只能减少损失发生的概率和损失的严重程度。这是最彻底的控制风险技术。当项目风险潜在威胁发生可能性太大，损失也很严重，而且又无法转移和不能承受时，就要主动放弃项目或改变项目与行动方案，从而回避风险。项目团队不可能回避所有风险，但是可避免一些具体的风险。例如，对于存在不成熟性的技术坚决不在项目实施中采用，就是一种项目风险回避的措施。

回避风险的具体方法有两种：一是放弃或终止某项活动的实施，在尚未承担风险的情况下，拒绝承担风险。二是改变某项活动的性质。在已承担风险的情况下，通过改变工作地点、工艺流程等途径避免未来生产活动中承担的风险。

（三）转移风险

转移风险指通过应对措施将风险的影响转移给第三方，其目的不是降低风险发生的概率和损失的大小，而是借助合同或协议，在风险事故一旦发生时将损失的一部分转移到项目以外的第三方的身上。这类风险控制措施多数是用来对付那些概率小，但是损失大，或项目组织很难控制的项目风险的情况。例如，通过合同或购买保险将项目风险转移给分包商或保险商的办法就属于这类措施。风险转移具体有两类方法：

1. 非保险转移方法。非保险转移方法是借助合同或协议，将损失的法律责任转移给非保险的个人或群体。它又有两种：一是购买。购买是指从直接的项目之外获取产品或服务。二是分包。项目人通过分包合同，将其认为风险较大的子项目转移给非保险的其他人。

2. 保险转移方法。保险是指合同双方当事人约定，一方交付保费，他方承诺于特定事故发生后，承担经济补偿责任的一种合同。

（四）减轻风险

减轻风险是将风险的概率或其影响降至可接受的水平。一般而言，采取预防措施阻止或减轻风险发生比风险发生后再弥补其造成的损失费用要低、效果要好。例如采用成熟的技术可减少项目产品不能使用的可能性。减轻风险要按照已知风险、可预测风险和不可预测风险来分别对待。

对已知风险，可以在很大程度上加以控制，使其风险减轻。对于可预测风险，可以采取迂回策略，尽量将每个风险因素都减少到可接受的水平上。对于不可预测的风险，要尽量使之转化为可预测风险或已知风险，然后加以控制和处理。

（五）接受风险

接受风险是指项目团队决定不变更项目计划而是面对项目风险，接受风险事件的后果，这是自己承担风险的一种风险处理方式。当对项目中的某一风险，其他风险管理技术无法实施或可能实施效果不好，而且成本较高时，只有选择接受风险。接受可以是主动的、积极的，也可以是被动的、消极的。

如果在风险管理规划阶段已对一些风险有了准备，风险管理者识别了风险的存在并对损失后果做了详细的评估，考虑了各种风险管理技术的优缺点后，从而决定将风险损失的全部或部分由项目人所承担，所以当风险事件发生时马上执行应急计划，这是主动接受。

被动接受风险是指由于认识的限制，没有识别到某风险的存在，或对损失后果估计不足，而被迫接受风险，它的损失数额一般不大，不影响项目大局，通常将损失列为费用处理。

（六）后备措施

对于不能回避、转移、分担、自留或减轻的风险，就只能采取后备措施。以暂定金额的形式在工程预算中留出不可预见费，就是一种后备措施。一旦发生了难以预料的情况，工程师可以发出指示用之。后备措施主要有三种：

一是预算应急费。这是一笔事先准备好的资金，用于补偿差错、疏漏及其他不确定性对项目估计欠精确性的影响。

二是进度后备措施。从网络计划的观点看，进度后备措施就是在关键线上某位置的一段时差或浮动时间。

三是技术后备措施。技术后备措施专门用于应付项目的技术风险，它是预先准备好了的一段时间或一笔资金。

第七节 风险监控

风险监控就是通过对风险规划、识别、评估、量化和应对全过程的监视和控制，从而保证风险管理能达到预期的目标，它是项目实施过程中的一项重要工作。

一、风险监控的依据

1. 风险管理计划和风险应对计划。

2. 项目进展报告。随着项目的进展，在对项目进行评估和报告时，可能会发现以前未曾识别的潜在风险事件。应对这些风险继续执行风险识别、评估、量化和制定应对计划。

3. 项目评审。风险评审者检测和记录风险应对计划的有效性，以及风险主体的有效性，以防止、转移或缓和风险的发生。

二、风险监控的内容

（一）风险监视

风险监视是非常必要的，因为时间的影响是很难预计的。一般来说，风险的不确定性随着时间的推移而减小，这是因为风险存在的根本原因，是由于缺乏信息和资料，随着项目的进展和时间的推移，有关项目本身的信息和资源会越来越多，对风险的把握和认识也会变得越来越清楚。因此，在风险监视中可能会发现作出的决策是错误的，一旦发现错误就要尽早承认和立即采取纠正行动。

（二）风险控制

1. 建立项目风险控制体制。在项目开始之前，要根据项目风险的识别和分析报告所给出的项目风险信息，制定出整个项目的风险控制的大体方针、具体程序，以及项目风险控制的管理体制。这包括项目风险责任制度、项目风险信息报告制度、项目风险控制决策制度和项目风险控制的沟通程序等。

2. 确定要控制的具体项目风险。接着要根据项目风险识别与分析报告所列出的各种具体项目风险，确定出对哪些项目风险要进行控制，对哪些风险可以容忍并放弃对它们的控制。通常这要按照项目具体风险后果严重性的大小和风险的发生概率，以及项目组织的风险控制资源情况去确定。

3. 确定项目风险的控制责任。这是分配和落实项目具体风险控制责任的工作。所有需要控制的项目风险都必须落实负责控制的具体人员，同时要规定他们所负担的责任。

4. 确定风险控制的计划和方案。为了更好地进行项目的风险控制，必须做好相应的时间计划和安排。没有时间安排和限制，多数项目风险问题都不能有效的加以控制。许多项目风险损失都是因为错过了风险控制的时机造成的，所以必须制定严格的项目风险控制时间计划。根据风险的特性和时间计划，项目风险控制人员必须制订出各具体项目风险的控制方案。

5. 实施与跟踪具体项目风险控制。在实施项目风险控制活动时，必须要不断收集风险事件控制工作的信息并给出反馈，即利用跟踪去确认所采取的项目风险控制活动是否有效，项目风险的发展是否有新的变化等。这样就可以不断的提供反馈信息，从而指导项目风险控制方案的具体实施。根据项目风险的发展与变化，不断地修订项目风险控制方案与办法。

6. 判断项目风险是否已经消除。如果认定某个项目风险已经解除，则该具体项目风险的控制作业就已经完成了。若判断认为该风险仍未解除，甚至出现了因为采取了控制措施而引发第二次风险，就需要重新进行项目风险识别，这需要重新使用项目识别方法，对项目具体活动的方向进行新一轮的识别，然后开展新一轮的具体项目风险控制活动。

7. 控制效果评价。风险控制效果评价是指对风险控制技术适用性及其收益情况的分析、检查、修正与评估。在一定时期内，风险控制方案是否为最佳，其效果如何，需要有科学的方法来评估。看风险管理效益的高低，主要看其能否以最小的成本取得最大的安全保障，而成本的大小则是为了采取某项风险处理方案所支付的费用及其机会成本，而保障程度的高低则要看采取了该方案减少的风险损失。

本章小结

项目风险是影响项目目标实现的所有不确定因素的集合。项目风险管理是在项目过程中识别、评估和量化各种风险，采取必要对策控制能够引起不希望的变化的潜在领域和事件。项目风险管理的目的就是把有利事件的积极结果尽量扩大，而把不利事件的结果降低到最低程度。

项目风险管理包括制定风险应对计划、风险识别、风险评估、风险量化、制定风险应对措施和风险监控等。风险管理规划是规划和设计如何进行项目风险管理的过程。风险识别是对潜在风险领域的确定和分类。项目风险评估是对风险进行定性分析，而风险量化是对风险的定量分析，进而对风险进行处理，即考虑各种风险对策。最后是对整个风险管理过程进行监控。

风险管理是项目管理的重要组成部分。通过风险管理，项目管理者能有效地保证项目的顺利进行，寻找项目实施的最大保障，最终使项目的总目标最佳地实现。

思考题

1. 风险有哪些要素？
2. 风险管理的过程怎样？
3. 风险识别有哪几种方法？
4. 项目风险控制的方法有哪些？
5. 风险应对措施有哪些？

第十章　项目沟通管理

项目是靠人来进行的，而且不是由哪一个人来进行的，是由各个不同部门的众多人员来进行的。为了项目的顺利进行，项目成员之间、项目各部门之间不可能不进行沟通。良好的沟通有利于建立和改善人际关系，也为项目经理的成功领导提供了重要的手段。

本章分为两大部分：沟通管理和冲突管理。项目沟通包括多种形式：书面沟通和口头沟通；言语沟通和体语沟通、上行沟通；下行沟通和平行沟通；单项沟通和双向沟通；正式沟通和非正式沟通等。项目冲突也主要包括两种类型：项目组织部门之间的冲突和项目角色的冲突。下面就分别对项目沟通管理和项目冲突管理展开讨论。

第一节　项目沟通管理

通过前面的章节，我们知道在项目计划、跟踪和控制过程中，项目中的沟通是必不可少的。那么项目中需要哪些沟通？项目沟通应当如何开展呢？本章将系统地介绍项目沟通的有关原理、技术和要求。冲突是项目无法避免的一个现象，项目中的冲突有其规律、特点和专门的解决办法。本章将对这些内容逐一介绍。

一、沟通的概念

沟通是一种人与人之间传递信息的活动过程。人在社会上生存，不可能不和其他人进行沟通。沟通可能很复杂，也可能很简单；可能拘泥于形式，也可能十分随便。这一切都取决于传递信息的人与人之间的关系。

项目管理是由项目的各个部门和该部门的人进行的，不同的部门、不同的人都对同一个项目进行管理，那么，要保证项目的正常进行，部门之间、人与人之间就肯定需要沟通，这就是项目的沟通。项目需要有效的沟通以确保在适当的时间以低代价的方式使正确的信息被合适的人所获得。

在项目实施过程中，沟通主要是组织部门沟通和人际沟通。

（一）组织部门沟通

组织部门沟通是指项目组织各个部门之间的信息传递。关于组织内部的信息沟通有正式渠道和非正式渠道。正式渠道是指组织内部按正规的方式建起来的渠道、信息既可以从上级部门向下级部门传递（如政策、规范、指令），也可以从下级部门向上级部门反映（如报告、请求、建议、意见），还可以是同级部门之间的信息交流。非正式渠道是由组织内部成员之间因彼此的共同利益而形成的。这些利益既可能因工作而产生，也可能因组织外部的各种条件而产生。通过非正式渠道传递的信息有时经常会被曲解，而与正式渠道相矛盾，有时又会成为正式渠道的有效补充。

（二）人际沟通

人际沟通就是将信息由一个人传递给另一个人或多个人，同时也包括人与人之间的相互理解，如项目经理与团队成员之间的沟通。人际沟通不同于组织部门的沟通，比如，人际沟通主要通过语言交流来完成，并且这种沟通不仅仅是信息的交流，还包括感情、思想、态度等的交流。并且，人际沟通的障碍还有一个特殊的方面，就是人所特有的心理。因此，对人际沟通，要特别注意沟通的方法和手段。

二、沟通的重要性

（一）沟通是项目决策和计划的基础

项目管理班子要想制定科学的计划，必须以准确、完整和及时的信息作为基础。通过项目内外部环境之间的信息沟通，就可以获得众多的变化的信息，从而为科学计划及正确决策提供依据。

（二）沟通是项目组织和控制的依据和手段

项目管理班子没有良好的信息沟通，就无法实施科学的管理。只有通过信息沟通，掌握项目班子内的各方面情况，才能为科学管理提供依据，从而有效提高项目班子的组织效能。

（三）沟通是建立和改善人际关系的必需条件

信息沟通、意见交流，将各个成员组织贯通起来，成为一个整体。信息沟通是人的一种重要的心理需要，是人们用以表达思想、感情和态度的手段。畅通的信息沟通，可以减少人与人之间不必要的冲突，改善人与人之间、组织之间的关系。

（四）沟通是项目经理成功领导的重要措施

项目经理通过各种途径将意图传递给下级人员并使下级人员理解和执行。如果沟通不畅，下级人员就无法正确理解和执行项目经理的意图，从而就无法使项目顺利进行下去，最终导致项目管理混乱甚至失败。因此，只有提高项目经理的沟通能力，项目成功的把握才会比较大。

三、沟通的方式

（一）书面沟通和口头沟通

书面沟通就是以书面形式进行信息的传递和交流。比如通知、文件、报刊、备忘录等，其优点是可以作为资料长期保存，反复查阅。口头沟通就是通过口头表达进行信息交流。比如谈话、游说、演讲等，其优点是灵活，速度快，双方可以自由交换意见，且传递消息较为准确。

（二）言语沟通和体语沟通

言语沟通是利用语言、文字、图画等进行信息的传递和交流，其优点是简洁明了，通俗易懂。体语沟通是利用动作、表情姿态等非语言方式进行的，其优点是一个动作、一个表情、一个姿势就可以向对方传递某种信息。

（三）上行沟通、下行沟通和平行沟通

上行沟通是指下级的意见和建议向上级反映。项目经理应鼓励项目成员积极反映情况，只有上行沟通渠道畅通，项目经理才能真正掌握全面情况，正确决策。上行沟通包括两种形式：一是逐级传递，即根据最初制定的组织活动原则逐级向上级反映；二是越级反映，即减少中间层次，让项目最高决策者与一般组织成员直接沟通。

下行沟通是指项目经理对组织成员进行的自上而下的信息沟通。如项目经理将项目目标、计划方案等传达给组织成员，对组织面临的一些具体问题提出处理方案。

平行沟通是指组织中各平行部门之间的信息交流。在项目运行过程中，经常会在各部门之间发生矛盾和冲突，其中很大一个原因就是部门之间的信息沟通不灵。平行沟通渠道的畅通可以有效减少部门之间的冲突。

（四）单项沟通和双向沟通

单项沟通是指信息发送者与接收者之间，一方只发送信息，另一方直接收信息。双方无论在感情上还是在语言上都不需要作出信息反馈。如发布指令、作报告等。这种方式，信息传递速度快，但信息的客观性较差，容易使接收者产生抗拒心理。

双向沟通是指信息发送者和接收者之间交换信息，发送者以协商和讨论的姿态面对接收者，信息发出以后还需要及时听取对方的反馈意见，必要时双方可进行多次信息往来，直到双方共同明确和满意为止，如交谈、协商等。这种方式可以提高信息的准确性，产生平等参与感，双方可以充分了解彼此的意图，从而增加双方的自信心和责任感。但是，有时因为沟通的双向进行，信息的传递速度也较慢。

（五）正式沟通和非正式沟通

正式沟通是指通过项目组织明文规定的渠道进行信息传递和交流的方式。如组

织规定的会见制度、会议制度、报告制度和组织之间的公函往来。这种方式，信息可靠性强，有较强的约束力；但信息传递要通过多个层次，速度较慢，且有些信息不适宜通过此方式沟通，比如组织成员对项目经理的意见等。

非正式沟通是指在正式沟通渠道之外进行的信息传递和交流，如员工之间的私下交谈、小道消息等。这种方式，沟通方便，且能沟通一些在正式沟通中难以获得的信息，但沟通的信息容易失真。

四、沟通的艺术和障碍

（一）沟通的艺术

沟通不仅仅是简单地信息传递，也是一种对资源的控制。恰当的沟通会提高双方的工作积极性，双方都需要知道和理解。所以沟通是需要讲究艺术的。一般来说，整个沟通过程需要经过以下几个步骤：通盘考虑你所期望实现的问题——决定你沟通的方式——想办法引起对方与你沟通的兴趣——鼓励和支持对方与己方的沟通——想方设法获得对方的支持。

另外，沟通还需要注意技巧：允许得到各种不同形式的反馈；建立多种沟通渠道，重视双向沟通；尽量面对面地沟通；敏感地判断对方对于己方的沟通的敏感程度；察言观色、随机应变改变沟通的方式；选择适当的场合和时间进行沟通；使用简单的语言和平易近人的语气；如果获得对方的支持，则在后来的行动中要努力实现承诺。

（二）沟通的障碍

任何沟通方式都存在沟通障碍，主要有以下几种类型：

1. 语言理解上的障碍。对同一思想、同一事物，由于人们表达能力的不同，存在着表达的清楚与模糊之分；同样，对于同一表达，不同的人可能也会有不同的理解或者领会的快慢不同。

2. 知识经验水平的差距障碍。当信息沟通双方的知识经验水平差距太大，在发送者看来是很简单的内容，但接收者可能由于知识经验水平过低而无法理解，无法正确及时地领会发送者的意图。

3. 信息选择性障碍。所谓“忠言逆耳”，人们在接收某个信息时，如果是符合己方需要或与己方利益一致的信息，很容易接受；而对己方不利的信息则不容易接受。这样就会不自觉地产生信息选择性，造成沟通障碍。

4. 心理因素的障碍。比如人的个性、气质、修养、态度、情绪、兴趣等，都可能会成为沟通的障碍。

5. 组织层次链条的障碍。在信息沟通中组织层次越少越好，如果组织层次过多，那么不仅容易减缓信息传递速度，降低交流频度，影响组织效率，而且会使信息失真和遗漏。

6. 信息长度障碍。交流的信息并非越多越好，只要关键的、重要的信息充分即可。信息长度过大，信息的接收者的感官和神经长时间处于紧张状态，容易疲劳和厌烦。

7. 沟通渠道和媒介的选择障碍。沟通有多种渠道，如沟通时间和地点的选择，采用电话沟通还是面对面沟通，都会有不同的效果。不同的感官具有不同的接受效率。据统计，人类通过感觉器官所接收的全部信息中，视觉约占65%，听觉约占20%，触觉约占10%，味觉约占2%，即大部分信息来源于视觉和听觉，而且图形信息比声音信息更容易被接受。此外，当人用多个感觉器官接收同一内容，比用单一的感觉器官接收，效率高很多。各种渠道和媒介都有各自的优缺点，如果沟通不考虑当时的实际情况和具体要求，随意选择沟通媒介和渠道，势必造成信息沟通的障碍。

五、大型项目信息沟通方式的创新

大型项目由于建设周期长、参与单位多、技术工艺复杂及地理分布广等特点，在建设过程中普遍存在信息沟通的困难和紊乱。信息沟通问题不仅直接造成大量不必要的开支，同时也间接影响着工程建设的进度与质量。传统的信息沟通方式已远远不能满足现代大型项目建设的需要，有时甚至严重影响了建设项目的顺利实施。

随着 Internet 技术（尤其是 Web 技术）的迅猛发展以及 Intranet、Extranet 等新概念的不断出现，越来越多的人们开始将 Internet 作为信息沟通与相互协作的有效平台。与传统的信息沟通方式相比，Internet 可以使人们随时随地通过不同的软硬件平台获取信息，而且费用大大降低。同样，Internet 技术及其他信息技术也为改善传统建筑业中的信息沟通状况提供了前所未有的机遇。如何为大型项目的建设营造一个基于 Internet 的集成化的信息沟通和相互协作环境，提高项目的建设效益已成为国内外项目管理研究和实践人员一个非常重要而迫切的课题。

（一）传统信息沟通方式存在的弊端

大型项目在建设过程中采用传统信息沟通方式通常存在以下弊端：

1. 信息承载量有限。大型项目的建设周期动辄十几年甚至几十年，参与单位可能成百上千家，所涉及的技术工艺远比中小型项目复杂得多，因此在建设过程中所产生的信息量是非常惊人的。如果没有有效的信息沟通方法与手段，项目参与方势必“淹没”在浩瀚的信息海洋中，一方面造成不必要信息的“过载”，另一方面却造成有效信息的“短缺”，从而严重影响项目的顺利实施。

2. 信息保存不方便。在项目建设过程中，传统的信息保存方式是以纸张为主。即使某些建设单位已经应用计算机进行一定程度的信息处理，但其传递方式仍然是通过纸张的形式。由于在项目参与单位之间需进行庞大的信息交换，因此会产生大量的文件、图纸，其直接的表现就是纸张泛滥成灾。以设计图纸为例，每一份图纸出来，必须送给业主、项目监理单位、施工单位等，由于大型项目参与单位众多，这一数量可想而知。

3. 信息传递耗时长。大型项目的成功建设需要借助大量的外部资源，所参与的单位在地理上一般是分布式的，可能是跨省市甚至跨国。传统的信息传递方式通常是将问题写成书面意见，然后派人送到相应的单位或个人进行处理，处理意见再以相同的方式进行反馈。这一过程相当耗费时间，造成了信息传递内容的“延误”，影响了有关单位的及时决策。

4. 办公费用巨大。长途电话、传真、邮政快递等传统的信息传递方式所引起的通信和办公费用也十分可观。在跨地区的情况下，作为建设项目信息交流与协调的重要手段——会议，所引起的差旅费更是相当昂贵，很多时候甚至根本不可行。

（二）基于 Internet 的项目信息沟通系统（PICS）

基于 Internet 的项目信息沟通系统的实质是利用 Internet 技术为项目参与各方营造一个信息沟通与协调合作的共享环境，其应用平台是 Internet 及其相适应的虚拟组织环境。通过 PICS 标准的 Web 界面，项目参与各方及社会大众可在其权限范围内访问统一存放于中央数据库的各种项目信息。另外，PICS 还在其 Web 界面上集成或实现诸如工作流管理、项目信息发布、视频会议、项目公告牌、在线录像、虚拟现实及应用程序共享等功能，从而有效解决大型项目建设的信息沟通问题。

首先，PICS 的根本目的是改善项目建设的信息沟通状况，即有效的信息沟通与协作。其用户是所有的项目参与方，而诸如政府部门、社会大众等第三方也可以有限制地访问 PICS 中的信息。由于 PICS 的最终受益者是业主方，因而通常由业主方委托既有信息系统开发又有项目管理经验的项目咨询单位进行 PICS 的开发并承担其日常维护工作。

其次，要从根本上解决信息沟通问题，必须为 PICS 的应用创造一个虚拟组织环境。虚拟组织是一种新的组织形式，是在地理上分布的独立机构、公司和专业人士的临时或永久的集合。他们之间通过信息技术及通讯技术来提供互补的核心竞争力、共享资源以完成整个生产过程。虚拟组织具有六个基本特征：地理上分布、充分利用信息通讯技术、跨越组织边界、互补核心竞争力/共享资源、参与方不断变动、参与方地位平等。可以看出，以上六个虚拟组织的特征同样可以在大型项目建设的组织环境中加以反映，也就是说大型项目建设的组织环境可以采用虚拟组织这种组织形式。

第三，对于使用者而言，PICS 表现为基于 Web 界面的信息系统，其所有功能都可以通过标准的 Web 界面来实现。任何项目参与方仅通过浏览器就能进行文档信息的上载、查询浏览、下载以及在线修改等工作。PICS 对这些文档信息进行跟踪，并能在相应时间将相应文档自动发送给需要该文档进行工作的项目参与方，即具有工作流管理功能。另外，PICS 还在其 Web 界面上集成或实现了诸如项目信息发布、视频会议、项目公告牌、在线录像、虚拟现实以及应用程序共享等功能。

第四，PICS 的核心是中央数据库，任何项目参与方都能通过 Web 界面对中央数据库的项目信息进行访问。需要指明的是，各种文档信息在存放于中央数据库（其实是项目文档信息子数据库）之前，必须经过统一的分类与编码，信息编码实际上包含了项目文档的基本信息及其读写权限。

最后，由于 Internet 对任何一个项目参与方以及社会大众均开放，所以采用防火墙、加密、认证等技术来确保项目信息的安全与保密显得非常重要。

在全球信息化的浪潮中，项目管理的发展无法避免地受到信息技术的巨大冲击。现代信息技术和通讯技术对项目管理的影响可以概括为：一方面，信息技术为项目管理中新的思想与组织提供了强有力的技术支持；另一方面，信息技术直接导致和推动了项目管理新的方法与手段。近几年来，国际上众多研究课题从不同的角度出发，审视信息技术在项目管理各个应用领域中的应用问题，提出了很多新的概念和方法。

当然，在信息时代，现代信息技术发展非常迅速，因此，基于 Internet 技术的大型项目沟通系统也需要随着信息技术的发展不断进行完善和更新。

第二节 项目冲突管理

冲突就是项目中各因素在整合过程中出现的不协调的现象。冲突管理就是项目管理者利用现有的技术方法，对出现的不协调现象进行处置或对可能出现的不协调的现象进行预防的过程。

一、项目冲突类型

（一）项目组织部门之间的冲突

项目组织部门之间由于各种原因而发生的对立情形包括以下几种类型：

1. 纵向冲突。这是指组织中通过纵向分工形成的不同层次间的冲突，也就是上级部门与下级部门之间的冲突。如董事长与总经理、总经理与项目经理之间的冲突，这些冲突可能是由于下级部门的“次级目标内化”造成的，也可能是上级部门对下级部门监督过于严格造成的；可能是由于缺乏交流造成的，也可能是掌握的信息不同导致认识上的差异（误会）造成的。

2. 横向冲突。这是指组织中通过横向分工形成的不同职能部门间的冲突，也称为功能冲突。组织中的工作人员往往因为各自所执行的职能不同，表现出一定的差异，如不同部门的人员对时间的看法就不一样，不同部门中的人际关系复杂程度也不一样，所以，极易导致功能冲突。其产生的原因关键在于过分强调本部门的目标，忽略了对其他部门和组织整体的影响。

3. 指挥系统与参谋系统的冲突。参谋人员经常抱怨，己方被要求理解指挥人员的需要，给他们建议，但指挥人员往往会忽略了参谋人员的存在。也就是说，参谋人员的成功必然依赖于指挥人员接受己方的建议；但是指挥人员并不一定需要参谋人员的建议。这种不对称的相互依赖关系是两者冲突的主要原因。

（二）项目成员的角色冲突

有的项目成员在项目中可能同时扮演多种角色，角色冲突通常在一个人被要求扮演两种或两种以上的不一致的、矛盾的或相互排斥的角色时发生。一个典型的处于角色冲突之间的职位就是工头，工头经常面临作为上级领导和作为下属两种不同的角色要求。一般来说，角色冲突的类型包括：

1. 同一指令的矛盾要求。这是指同一个指令者要求角色接受者同时充当两种或者两种以上的矛盾的或不一致的角色。如要求下属做在不违反规定的情况下无法完成的工作，但同时又要严格维护规定。

2. 来自不同指令者的矛盾要求。这是指当不同的指令者对同一个指令接受者的行为要求不一致时，指令接受者就很难做出选择。

3. 个人充当不同角色的矛盾。当个人同时充当了两种或两种以上的角色，而且两种角色的期望不一致时，就会出现冲突。从某种意义上来说，这一类冲突是由于资源有限引起的。

4. 角色要求与个体之间的矛盾。当角色的要求与个人的能力、态度、价值观或行为不一致时，就会出现这类冲突。这可能是个人的能力超过了角色要求而出现的要求不足，也可能是由于角色要求过度而出现的一种情况。

二、项目中常见的冲突

（一）项目进度冲突

围绕项目相关人物的时间确定、次序安排和时间计划会产生不一致。这主要是因为项目经理对这些部门只有有限的权力而发生。比如，当项目团队需要本公司中其他团队来完成项目中某些辅助任务时，由于项目经理不易控制其他团队，这便导致项目进度不能如期推进。又如，当项目经理把项目的若干子项目承包给分包商完成时，也会发生类似的情形。这类冲突的强度最大。

（二）项目优先权的冲突

项目参加者经常对实现项目成功和完成应该执行的活动和任务的次序有不同的看法。优先权冲突不仅发生在项目管理班子与其他支持队伍之间，在项目管理班子内也有发生。这种冲突之所以经常发生，是因为项目组织对当前的项目实施没有经验，因此项目优先权的形式与最初的预测相比就可能发生一定的变化。当已经建立一定时间计划和工作方式的其他合作方被这一变化所困扰时，优先权问题往往就发展为冲突。

（三）人力资源的冲突

对来自其他职能部门或参谋部门人员的项目管理班子而言，围绕着用人会有冲突，当人员支配权在职能部门或参谋部门的领导手中时仍要求使用这些人员就会带来冲突。项目经理们常在这方面感到为难，当项目组织需要某方面的专业人才，而职能部门难以调配时，人力资源冲突随即发生。

（四）技术意见和性能权衡的冲突

通常，支持项目的职能部门主要负责技术标准和性能标准，而项目经理主要负责费用、时间计划和性能目标。因为公司的职能部门通常只对项目部分负责，所以他们可能不具备整个项目管理的全局观。职能部门常常会把技术问题推给项目经理来决定，而项目经理会因为费用或时间计划的限制而必须否决技术方案。

（五）管理程序的冲突

这包括可能发生于项目经理权力职责、报告关系、管理支持、状况审查、不同项目团队间或项目团队与协作方合作上的冲突。其中项目经理如何发挥作用，如何与公司的高级管理层接触是管理冲突最主要的部分。

（六）项目成员的个性冲突

虽然大多项目经理认为，成员的个性冲突的强度也许不如其他冲突那么高，但它却最难解决。个性冲突往往也会被沟通问题和技术争端所掩盖。比如，一个项目成员在技术方案上可能坚持与项目经理不一致的意见，但真正的争端却是个性间的相互冲突（故意作对）。

（七）费用的冲突

费用冲突往往在费用估算上。像时间计划一样，成本费用经常是项目管理目标能否完成的度量标准。当项目经理与其他部门磋商，让该部门完成项目的一些任务时，费用冲突经常就会发生。由于紧张的预算限制，项目经理希望尽量减少费用，但实际执行者都希望项目在预算中扩大他的那一部分。另外，技术问题（技术更新改造）和进度的调整也会引起费用的增加，从而引起冲突。

三、项目冲突的处理

（一）处理冲突的方式

常见的项目冲突处理方式包括：

建立公司范围内的冲突解决政策与程序。但是，这种方式可能会忽略各个不同项目之间的差异，试图用相同的办法解决不同的冲突，无法做到具体情况具体分析。

预先建立项目冲突解决程序，通常通过使用线性责任图来拟定冲突解决程序。

当项目经理和职能经理中间有冲突时，希望利用他们共同的上级能在维护公司最大利益的基础上解决他们的冲突。但是，这种方式无法解决项目经理负责的低一级的冲突。

谈判，即冲突的各方坐下来进行面对面的协商，试图通过谈判来解决冲突。

（二）冲突的管理模式

冲突的管理包括五种模式：

1. 回避。主要指有意忽略冲突并且希望冲突尽快解决；以缓慢的程序来平息冲突；以沉默来避免面对面的冲突；以官僚政策作为解决冲突的方式。这种模式适用于以下情况：当冲突微不足道且有更重要的问题等待解决时，当知道毫无机会可满足所关心的事时，当潜在的分裂超过解决所带来的利益时，当搜集资料比立刻决定更重要时，当需要冷静重新认识整个事态时。

2. 妥协。主要指谈判；寻求交易；寻找满意或可接受的解决方案。这种模式适用的情况：当目标明显但不值得努力，有瓦解的趋势时；当势均力敌的对手致力于相互排斥目标时；当时间成本很大时；当合作与竞争都不成功时。

3. 竞争。主要指产生输赢；敌对竞争；利用权威以达成目的。这种模式适用于：快速、决定性的行为是必需的，例如紧急事件；强制重要但执行不受欢迎的行为，例如减少成本；当知道己方是正确时，如有关公司福利的重要议题；对抗那些利用非竞争行为的人。

4. 迎合。主要指强迫服从；让步；顺从。这种模式适用于：当发现己方错误时，并愿意虚心改正；当议题对别人比己方重要时，保持合作态度满足别人；将损失减到最低；允许下属从错误中学习。

5. 合作。主要指解决问题的姿态；面对差异且分享意念与知识；寻找完整的解决方案；寻找双赢的局面；视问题与冲突为挑战。这种模式适用于：当双方所关心的事很重要，以致不能妥协时，寻求一个整合的解决方案；当目标很确定时，吸纳那些与己方有不同看法的见识。

四、项目谈判

在项目实施过程中可以说处处都存在博弈，时时都需要与各方进行谈判。下面简单介绍以下谈判的知识。

（一）传统谈判与现代谈判

传统的谈判方式主要有以下特征：职权谈判，对抗谈判，注重单方利益，短期谈判，极力维护既得利益，达到预期目的，希望结果证明手段的公平，希望己方占到便宜。传统谈判方式会使谈判的一方利益受到损害，从而双方可能无法再次合作。

随着社会进步，谈判过程中融入了很多好的东西，形成了现代谈判方式。有如下特征：原则谈判，合作型谈判，注重双方共同利益，注重长期利益和长期回报，考虑对方的感受，意识到过分的行为会伤害合作关系，希望双赢的结果。

（二）谈判中可能遇到的障碍

谈判中可能会遇到很多障碍，一般来说包括：

1. 权限。无论什么样的谈判，谈判的双方不一定完全具备决策的权力。没有最后决定权，就必须请示上级才能做出最终决策。有时谈判人不能接受协议中的某些标准（产品数量、质量、交付日期等），但这些规定已经由不在谈判现场的人事先决定了。那么谈判双方的谈判只能局限于一定的范围。

2. 语言。谈判中正确领会对方的意思非常重要。要做到这一点，应克服语言障碍。不要想当然，一定要用各种方法证实对方确实已经明白；避免使用非通用的缩写的词或句子，尽量使句子的意思清晰明了，没有歧义；不要不懂装懂；对那些感到不太清楚的问题，要亲自向对方证实。

3. 时间。谈判需要充足的时间，这非常重要。签署协议之前，多争取时间来考虑，同时也给对方充分的考虑时间。

4. 个人冲突。谈判中会出现个人冲突，这种冲突是由谈判中某些根本的问题造成的。这大致有三种类型：一是基于目标的冲突。可能谈判双方对最终的结局或谈判的目标没有达成共识，对此，双方可各让一步，相信双方具有共同利益。二是基于实施标准的冲突。当目标为双方能接受以后，对于如何达到目的，双方又可能存在分歧，对此，谈判时应该花时间把实施的步骤考虑好，做到双方同意。三是基于感受的冲突。谈判中可能一方感到不舒服，因为他们认为不计对与错，他们的感受或利益没有被对方充分考虑，对此，另一方应该问对方是否对这样的决定感到满意。

（三）谈判的类型

1. 内部谈判。与同事和经理之间的谈判或部门之间的协商决策也许是最难的，因为谈判各方对彼此都很了解，很难把其他各方的所作所为置之一边，而集中精力去考虑谈判的具体事项，建议不要在谈判中想当然，更不要掺杂私事。

2. 同客户谈判。一是同新客户的谈判，一是同老客户的谈判。要培养一个新客户，就要找个机会向对方表明以满足其需要。比如要向其表明：己方了解对方的需求；能帮助对方实现他的目标；保证开诚布公地处理彼此共同的问题；保证不会在协议中附加其他条件；保证所有出现的问题都可以立刻有效地解决。对于老客户，必须让对方知道己方非常看重双方的合作关系，希望能够长期合作下去。

3. 同供应商的谈判。当寻找新的供应商时，最好拟一份简明扼要的提纲，包括：前期预算、质量标准、数量要求、订单时间、交付日期、交易安排、开具发票及付款方式、审计日期、如何解决问题等。如果与供应商的合作存在一些问题，非常有必要通过协商来解决问题。如果问题不是非常严重的话，应该给双方一个解决问题的机会；而不是舍弃现有的合作伙伴，花费更多的时间和费用去寻找新的供应商。如果问题的确非常严重，致使无法继续合作的话，则可以终止与以前供应商的合同。

本章小结

项目有效的沟通能够确保在适当的时间以低代价的方式使正确的信息被需要的人所获得。对有效沟通经典的定义包括：传送信息的行为或实例、信息的交换、口头或书面信息、有效地表达想法的艺术、在个人之间通过一般的符号系统交换意见的过程等。

在沟通模型中，沟通的艺术和障碍来自于个人的洞察理解力、个性、态度、情感以及偏好。

在项目环境下，项目经理很可能花费90%以上的个人时间来进行沟通，典型的职能包括：提供项目指导、决策、授予工作、指导行动、谈判、报告（包括简明指示）、参加会议、总的项目管理、市场与销售、公共关系、记录、记录管理、备忘录/信件/简讯、报告、说明书、合同文件。

关于沟通艺术与障碍可以得出三个重要的结论：不要假定己方发出的信息一定会以己方发送的形式被接收；最快捷和有效的沟通在有共同观点的人之间发生，与其下属和同事培养了融洽的关系的项目经理将会在与他们沟通时少有困难；必须在项目中尽早建立沟通。

在项目环境中，冲突是无法避免的，冲突是项目结构的必然产物，它通常作为一种冲突性目标的结果在组织的任何层次都会发生。公司希望能用常见的四种方法来解决冲突，而项目经理也应在冲突中起到积极的作用。

思考题

1. 什么是沟通？项目沟通主要有哪几种方式？
2. 项目沟通时应注意什么技巧？怎样克服心理障碍？
3. 冲突一般包括哪些类型，最普遍的解决方法有哪些？
4. 在解决项目冲突问题过程中，项目经理应当发挥什么作用？

案 例

国家科技攻关305项目的沟通管理

在西部资源开发中实现科技经济一体化，常常由于面对更多的不确定信息而处于信息不完全结构中，这种信息不完全不仅表现在科研成果向最终知识商品转化的各环节彼此分割与信息封锁，而且表现为资源开发系统的市场不完全。在国家科技攻关305项目实施过程中创建和推行的科技管理创新模式充分发挥了政府的参与作用，重视不同管理手段在信息沟通中的不同特点，实现信息的有效交流，以行政手段弥合人为砍断的产业链，以市场手段激活各利益主体，以管理制度创新制约信息不对称，最终发挥了科技创新在资源开发中的强大作用。此模式在西部资源开发中具有普遍意义。

一、资源科技管理创新的环境状态分析

在信息经济学中人们习惯用“环境状态”来描述决定经济决策可能结果的控制因素，本案例则用以指影响资源科技管理创新系统的控制因素。环境状态可划分为已知环境状态和可能的环境状态，前者具有确定性，而当决策一旦涉及未来时，不确定性便会出现，影响决策的便是具有不确定性的可能的环境状态，对于资源开发来说，认识、消除不确定性是决策的主要依据。

（一）国家305项目所处已知环境状态分析

1. 新疆地处矿藏丰富的“东亚—中亚巨型成矿带”的心脏部位，但长期以来新疆却“只见星星，不见月亮”（即未发现大型贵重金属和有色金属矿床）；加速查明和开发新疆矿产资源，是振兴整个新疆矿业经济的关键。

2. 地质科研程度低，针对性不强，科研、勘查、矿产开发这三个本应紧密结合的产业链被原有体制砍断，分属于地矿、有色、冶金等不同部门。这也造成了科研投入和开发投入严重不足，并过于分散。

3. 地区政府囿于资金、技术等原因难于独自开发，使资源富有地区难于通过矿产开发振兴经济。

（二）国家305项目所处主要的可能环境状态分析

1. 资源自然属性的不确定性。资源科研与开发属先导性、风险性事业，科研成果仅表现为对资源信息的初步精确，应用与开发（在地矿行业中为勘探和采矿）是对科研成果的进一步精确，但无论哪个环节都只是对精确的逼近，其实质是人类利用科学技术不断提高资源显示度的过程，使资源由自然存在态转化为对人类自身有用的商品存在态。资源如果没有能借助科技的直接作用转化为商品态的形式，就还不能称为“资源”。因此，资源开发必须依赖于科研成果的“科技推力”效应。

2. 科研成果的市场不确定性。任何特定商品都可看做是知识的集合体，这种知识可以是一个发明，一项技术或一种服务。这种知识的特质性特征越强，它就与市场形成越大的信息不对称，也就越不易直接通过市场的交易实现其价值，要实现其价值只有通过建立一定形式的组织把这种知识加工为可以在市场交易的知识商品。资源性科研成果无疑是具有极强特质性特征的观念性知识，难于由商品市场对其价值直接做出准确的评价，也就无法直接在商品市场实现其价值，表现为“市

场失灵”。这样，就需要科技创新系统将这种特质性的知识产品（科研成果）通过一定的环节加工为可交易的知识商品，在实现自身商品价值的同时也实现了它对资源开发的推动效应。

3. 创新主体间利益关系的不确定性。资源的科技经济一体化是由诸多环节共同完成的，从科研成果的取得方（科研单位）、应用方（在地矿行业为勘探方）、开发方（在地矿行业为矿业开发方）到资源开发所在地政府都有自己的利益要求，利益关系的纠葛便在所难免。产权改制目前还困难重重，所有利益主体的产权归属于一家——国家。信息的彼此封锁成为相互竞争的手段，纯粹的市场手段在此独力难撑，加上市场信号的失灵，资源开发系统事实上相对自我封闭。在这个系统中从科研成果的“知识产品”到最后的“知识商品”，几乎都是在系统内自我消化吸收的。这种利益关系的不确定性易导致创新系统的“系统失效”，表现为产业链的彼此分割，客观上要求政府的引导与疏通。

4. 科研委托—代理中的信息不确定性。具体表现为科研合同委托方与代理方的信息不对称性，而资源性科研成果的市场不确定性更加剧了双方的“知识差”，不仅增加了进入市场难度，也给科技创新系统的生产高质量的知识产品带来难度，详见下文分析。

已知的环境状态决定了国家科技攻关305项目立项的必要性和可能性，而可能环境状态则说明资源科技创新系统属不完全信息结构，相对一般行业具有更多的不确定性，更易产生“市场失灵”与“系统失效”。因此，以科技管理创新实现创新主体的信息共享是资源创新系统成功的保证。创新的过程就是信息相互沟通的过程：一方面资源性科研成果只有在这种相互沟通中才能更好的发挥其“科技推力”的强大作用。另一方面资源性科研成果也只有在与外部市场的充分沟通中，才能使其他市场主体对其有足够了解与认识，实施对资源开发的投资。

二、管理手段的信息沟通特点

信息的本质在于消除不确定性。资源的科研与开发是有效利用资源信息并不断消除不确定性的过程。这种沟通不仅仅是若干消息序列的简单传递，而且应是信源与信宿之间的相互作用和知识流动，不仅知识的内容决定是否构成信息，而且知识传递的表达方式也决定着是否构成信息。因此，在资源的科研与开发中，特别是面对不确定性的可能环境状态时，选择合适的信息沟通方式，对于建构有效率的科技经济一体化协作体系就显得至关重要了。

不同管理手段本质上体现为信息沟通方式的相异。通常行政手段表现为权威性的信息沟通；经济手段表现为利益原则的沟通；法律手段则属权威性与利益性兼有的沟通方式，表现为对市场经济利益分配的权威性认定形式。因此，作为重要的市场手段，法律与经济手段又是不可分的。不同管理手段因信息沟通方式的相异而适用于不同的管理结构和管理环节。信息学认为一个完备的通信过程（信息沟通）具有三个层次上的问题：第一是语法问题（技术问题），即如何精确传送通信符号的问题；第二是语义问题，即如何使传送的符号准确表达消息的含义；第三是语用问题（效用问题），即信宿收到的信息含义如何影响行为的问题。为比较这些手段的不同，我们运用这个理论对其中具有代表性的行政手段（政府手段）和法律经济手段（市场手段）进行一个较细致的比较（见表10.1）。以“科技经济一体化”为初始输入信息。

表10.1　　**管理手段的信息学比较分析表**

项目	行政手段	法律经济手段
语法层次	要进行科技经济一体化	
语意层次	科技经济一体化是一项任务	科技经济一体化有利可图
语用层次	必须执行上级的指示	有利于我的就执行
传递特征	直接、权威，但易变，由上至下沟通为主	间接，但更自觉、稳定，双向交流较平衡
沟通方式	权力本位	利益本位

可见，科技行政手段依托于行政权力，具有很强的执行力，但信宿过于依赖信源，无法真正发挥个体的积极性。法律经济手段（市场手段）以利益为本位，体现为市场的决策，赋予了参与个体的经济理性，但也是这种理性使市场个体在资源开发与利用中，倾向于以“不利选择”来规避具有很大不确定性的资源开发，致使市场失灵。因此，最好的选择是将“权威”与“自觉”结合起来，发挥各自优势，实现信息的沟通。国家科技攻关305项目对此做了一些探索，在其科技管理创新系统中形成了基于权力本位与利益本位的两种信息交流方式，有效地促进了科技与经济的相互作用。

三、国家305项目科技管理创新系统的信息沟通手段

国家305项目总体上是以“联合攻关”的形式形成了网络化的科技创新体系。各创新主体因其在创新过程中所处不同环节，而具有各自不同的信息优势。大学、研究院所的优势在于知识产出的能力，305项目办的优势在于能通过科研组织管理生产出科研成果，地区政府的优势在于掌握了资源开发的地域性信息，应用开发部门的优势在于对科研成果的进一步加工能力，自治区政府的优势则在于以其权威性的行动能力联接各创新主体，弥合产业链。科技成果的推力与市场利益机制的拉力为整个创新系统提供了动力支持。科技管理创新的目的是以有效的信息沟通手段整合各创新主体信息优势，促进科研成果扩散与信息反馈。

由图 10.1 可知，305 项目的科技管理创新系统的核心是由新疆维吾尔族自治区政府牵头组织的“一体化协调组”，以行政手段将国家 305 项目、地区政府及应用开发部门（地矿、有色、冶金等部门）紧密联结起来，组成了健全的、以权威性沟通为特点的一体化协作组织，保证了组织运行的行动权威。这个协调组全称为“新疆有色金属地质科研、勘查、开发一体化协调领导小组”，“七五”时期由时任自治区党委书记兼任组长，成员是由各厅局主管领导组成的，领导极具权威性。健全的组织与强大的行动权威性确保了在实施 305 项目同时，同步推行了科技经济一体化，并使一体化组织领导机构从一开始就具有了高层协调能力，易于促使各参与主体在人财物上的相互合作，避免了“系统失效”，起到了弥合产业链的作用。另外，由于一体化组织领导机构人员都是来自不同转化环节的关键人物，必然带来了本部门或本地区的“隐蔽信息”，极大地促进了一些关键信息的沟通与共享。

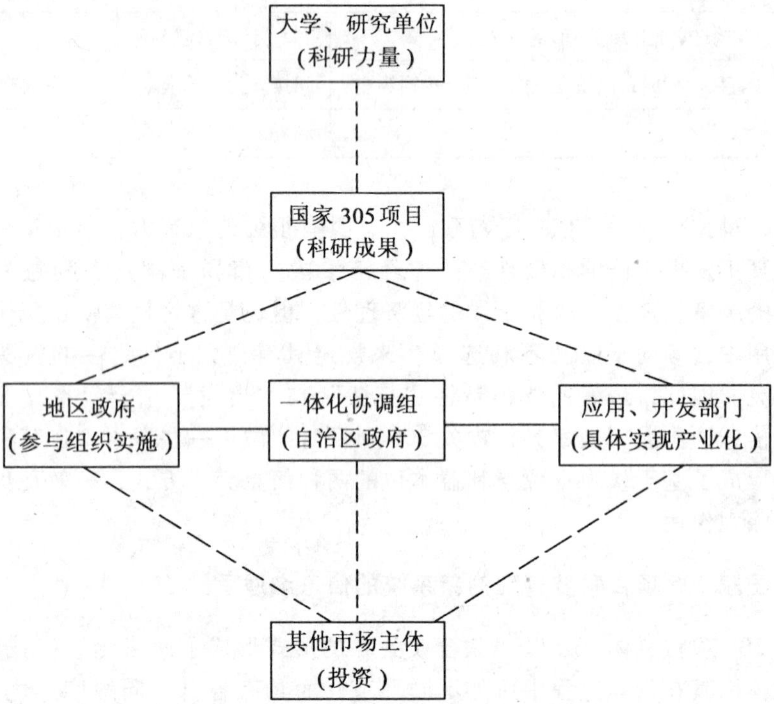

图 10.1　国家科技攻关 305 项目科技管理创新系统示意图

（实线：行政手段 虚线：法律经济手段）

科研成果是这个创新系统的首要环节，它又形成了以 305 项目为核心的“产学研一体化”模式，信息沟通方式为法律与经济手段。通过项目课题全国招标吸引全国地学领域的科研精英参与科技攻关，保证科研成果的先进性，并依托权威性的项目组织机构，与工作地地区政府、勘探开发部门签订了互助协议，为研究工作的开展和最终成果的转化提供了整个协作体系的组织行为保证、法制保证与利益保证，形成了较紧密的合作关系，避免了“市场失灵”。其运行机制为：国家305项目以其科技攻关成果及时向勘查开发转移；应用与开发部门则承诺保护305项目的发现权，在生活和工作条件上给予支持与帮助，并从开发利润中提取5%作为地质科技攻关成果有偿转让费，返还305项目发展科研事业。这种以利益共享、信息共享为特点的运行机制实际上起到了激活各利益主体的作用，实现了以利益机制促进整个创新系统的演进。

资源开发（矿产普查勘探和矿业开发）是这个创新体系的中间环节与最终环节，其信息沟通是以利益为本位的，引资的关键是让外部市场主体觉得“有利可图”。有利可图的基础在于资源开发不确定性的降低和矿产采掘的未来收益，因此，必须尽量提高资源性科研成果的可靠性，以成熟的科研成果推向外部市场，吸引外部市场主体。此外，自治区政府对引资给予的诸多政策优惠也成为重要因素。从“九五”起，国家305项目进行了一些试点，分别与日本、澳大利亚等国的一些矿业集团开始了风险勘探的合作，发展前景乐观。

因此，重视信息在资源科技经济一体化中对不确定性的消除作用，以科技管理创新把政府与市场手段——权威与利益方式相结合，实现信息的有效沟通克服“市场失灵”与“系统失效”是资源产业创新系统成功的基础。这种科技管理创新模式的普遍意义在于：对于资源产业仅靠“利益本位”的市场手段是无法在创新主体间形成有效信息沟通的，也就无法弥合为原有体制所砍断的产业链。以权力本位的行政手段却可以政府职能的方式，实施市场手段与行政手段的优化“组合”，达到信息沟通目的，实现创新。

案例来源：刘劲杨，刘波，刘德权．科技管理创新的信息沟通手段与制度创新——以国家科技攻关305项目为例．科研管理，2001（5）

第十一章　项目人力资源管理

美国管理学权威彼得·德鲁克说："企业或事业惟一的真正资源是人。管理就是充分开发人力资源以做好工作。"所以，一切管理都要以发挥人的积极性和创造性为根本。任何一个组织，没有有效的人力资源管理，根本不能实现其目标。可见，人是项目管理最重要的因素，对人力资源的管理是项目管理中关键的一环，对任何一个项目都要根据其具体的要求获得相应的人员，然后进行培训开发使其具有完成项目的知识和技能，在项目实施的过程中，重要的是激励人员，激发和保持他们的工作热情和积极性。工作团队是现代项目流行的作业形式，建立高效的团队是项目人力资源管理的重要内容。

项目人力资源的目标就是通过对项目的利益相关者进行整合、培训、激励，以提高组织绩效，同时使项目成员获得工作满足感。

第一节　项目人力资源管理概述

人力资源管理是20世纪70年代以来被广泛关注和使用的一种管理职能。人力资源管理要求一个组织通过不断的获得和提升人力资源，认识并开发他们的各种潜能，保持并激发他们对组织的忠诚和贡献，为实现组织目标服务。特别是进入21世纪，随着"以人为本"经营理念普及，人力资源管理的研究和实践得到很大的发展。

一、人力资源与项目人力资源管理

（一）人力资源的概念

所谓人力资源就是指能够推动经济发展、社会进步的体力劳动者或脑力劳动者的各种能力，直接或间接参加社会生产和其他社会有益活动的人的能力。人力资源与其他物质资源不同，具有能动性、再生性、智能性、社会性。

（二）人力资源管理

人力资源管理是管理的一项基本职能，是指不断吸收和选拔人员到组织中来，根据组织的目标、组织工作的进展情况和组织环境的变化，采用科学的方法对组织成员的内在心理和外在行为进行有效的管理，包括成员个人和组织在内各团队的协调、控制和管理，充分发挥他们的主观能动性，激励、并保持其对组织的热情，开发其潜能，实现组织目标。

（三）项目人力资源管理

项目人力资源管理也属于管理科学中人力资源管理范畴，只是它所管理的对象是项目所需的各种人力资源。它包括：项目人力资源规划、开发、合理配置、准确评估、适当激励、团队建设和人力资源能力提高等方面。这种管理的根本目的是充分发挥项目团队成员的主观能动性，以实现既定的项目目标和提高项目效益。

二、项目人力资源管理任务

项目人力资源管理有三个相互联系的主要方面，即组织规划、建立项目班子、进行项目班子建设。

（一）组织规划

组织规划就是确定项目管理需要哪些角色，各角色应承担的责任，以及诸角色间的从属关系，确定之后，将责任分配给各角色，同时还要写出书面文件，记载确定下来的各事项。

（二）建立项目班子

从各种来源物色项目班子成员，同有关负责人谈判，将合乎要求的编入项目班子，把组织规划阶段确定的角色连同责任和权力分派给各个成员，明确各成员之间的配合、汇报和从属关系。

（三）项目班子建设

项目班子建立起来，一般不能马上形成项目管理能力，需要培养、改进和提高项目班子成员个人以及班子整体的工作能力，使项目班子成为一个特别能战斗的集体。在项目管理过程中要不断提高管理能力，改善管理业绩。

第二节 项目组织规划与设计

项目人力资源管理的首要任务是项目组织规划与设计。项目组织规划与设计包括分析、明确以及分配项目组织的角色和职责，确定和安排项目团队成员之间的报告关系等一系列的工作。对大部分项目而言，其组织规划与设计的主要工作在项目定义阶段就开始了，但这一工作的结果需要在整个项目人力资源管理过程中不断改进，以确保项目组织的适应性。同样，由于项目的一次性和项目组织的临时性，所以项目组织的规划工作从内容上和方法上与一般的日常运营组织的规划与设计有所不同。例如，项目组织规划与设计中的许多工作相对比较单一和容易，有时甚至只是简单的组织设计工作。

在大多数项目中，组织规划主要作为项目最初阶段的一部分。但是，这一程序的结果应当在项目全过程中经常性地复查，以保证它的持续适用性。如果最初的组织规划不再有效，就应当立即修正。

一、项目组织的规划与设计

一般日常运营组织人力资源管理中的组织规划与设计是通过研究组织目标，组织任务，组织结构，组织职位，组织职位的责、权、利关系，组织协调和组织信息沟通等方面的要求而设计一个日常运营组织的。同样，项目人力资源管理中的组织规划与设计也是根据这些要求完成的，但项目组织规划与设计还必须考虑项目所处的环境及其影响。通常，项目实施组织会有三种不同的组织环境，即直线职能型、项目型和矩阵型的组织环境或组织结构如表 11.1 所示。

表 11.1　　组织结构对项目的影响

组织类型 / 项目特征	直线职能型	矩阵型			项目型
		弱矩阵型	平衡型矩阵	强矩阵型	
项目经理的权力	很少或无	限制较多	低—中	中—高	高—所有
专职负责项目工作的人员在执行组织中的百分比	完全没有	0～25%	15%～60%	50%～95%	85%～100%
项目经理	兼职	兼职	专职	专职	专职
项目经理的一般头衔	项目协调人/项目负责人	项目协调人/项目负责人	项目经理/项目主管	项目经理/企划经理	项目经理/企划经理
项目管理行政人员	兼职	兼职	兼职	专职	专职

（一）直线职能型组织环境下的项目组织规划与设计

在一个采用直线职能型组织结构的企业或组织中开展项目工作时，一个具体项目的组织形式是项目团队或项目小组式的；但是这种项目团队或小组多数被分割成担任不同项目任务的小组，并且这些小组是在直线或职能部门内部的。这种项目团队或小组通常只是一个部门内部的一种松散的、临时性的项目组织。在这种项目组织环境下，项目团队或小组的责、权、利都十分有限，而且这种项目团队中的项目经理的权力也十分有限。因为在这种项目组织环境中企业各部门都有自己的责权，都是强势的部门，而项目组织都属于弱势的部门，所以项目团队或项目小组受到公司直线职能型组织环境的强势约束。

在设计这种环境下的项目组织时，必须充分考虑它所处的直线职能型的组织结构环境，全面考虑企业或部门内部开发项目的特性，合理安排项目经理的权限，安排好项目经理与团队成员和上级的各种报告关系，以便使项目团队能够顺利地完成任务和实现项目目标。在直线职能制的组织环境下，很少规划和设计跨部门项目团队；很少设计和安排从项目组织外部去获取项目团队成员；很少规划和安排专职的项目经理和项目管理人员，而只是设计相应的项目协调人并由他负责协调分散在各个职能部门中的项目小组的目标、任务、工作和活动。如图 11.1 所示。

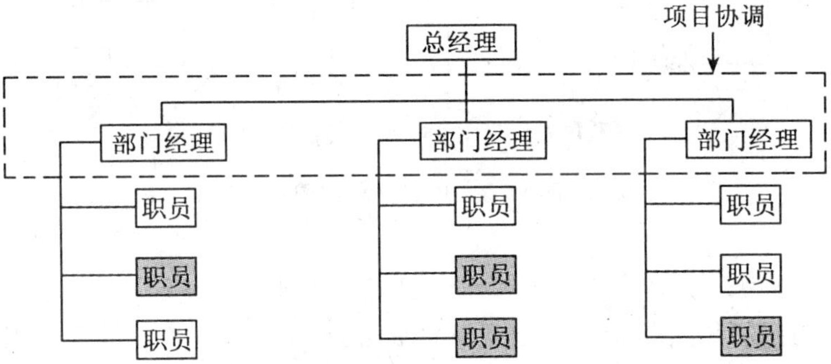

(灰色方块表示该职员参与项目活动)

图 11.1　直线职能型组织图示

（二）项目型组织环境下的项目组织规划与设计

在采用项目型组织结构的企业或其他组织中，因为这种组织是专门为完成各种业务项目（替项目业主（客户）完成的项目）而建立的，是以项目为主要生产方式的，所以通常会同时存在多个相对稳定的项目团队。在这种组织中的每个团队会专门从事各种类型的项目，而且多数项目团队成员具有一定专长，所以他们在完成一个项目后会成团队的被分配去从事另一个项目。这种项目团队通常是一种比较紧密的和相对稳定的项目组织，这种项目组织的责、权、利相对较大，项目经理在项目预算、工期、人力资源管理方面的权力都较大。因为这种项目组织需要负责各种业务项目的全部工作，所以多数是一种健全的项目团队，可以从企业或组织的各个部门获取各种人力资源。

在设计这种环境下的项目组织时，必须充分考虑项目组织结构环境，以及它主要面向外部业务项目的特性。对这种组织环境下的项目经理必须给予充分的授权，从而使项目团队具有足够的权利和资源，以便更好的完成项目。同时，在设计处于这种组织环境下的项目团队时，必须充分考虑这种项目团队的管理人员配备和职能部门的设计，项目经理和项目管理人员多数都应是专职的并且有较大权力。只有这样，才能使团队顺利完成项目业务，实现业务既定目标。见图 11.2。

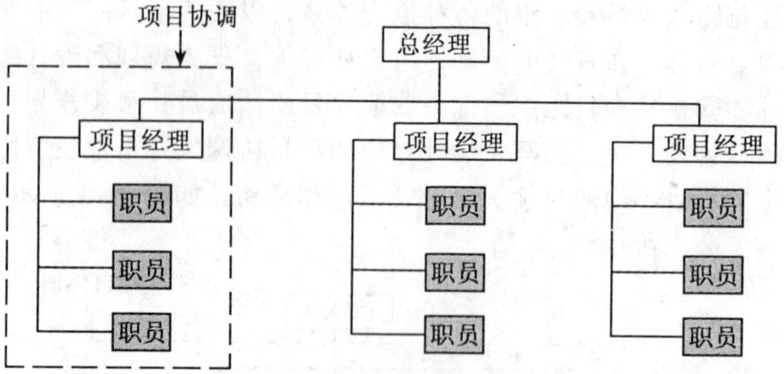

(灰色方块表示该职员参与项目活动)

图 11.2 项目型组织图示

(三) 矩阵型组织环境下的项目组织规划与设计

矩阵型的组织结构是专门为合理地集成开展项目工作和日常运营工作设计的。在这种组织环境中，当组织需要开展一个项目时，就从各个职能部门抽调人员而构成一个项目团队；项目任务完成以后，项目团队即行解散，原有的项目团队成员在完成某个任务后会回到原来的部门，或者重新组成新的项目团队。这种方法使职能部门人员的职能工作和项目工作得到了最充分的利用，减少了各种人力资源的浪费。这种项目团队所处的组织环境是一种兼具直线职能型和项目型组织特性的环境。在这种组织环境下的项目团队所具有的责、权、利比较对等，项目经理在项目预算、工期、人力资源管理方面的权力也比较均衡，项目团队获取各种资源方面的权利也比较均衡。

由于矩阵型组织可经进一步分为弱矩阵、平衡矩阵和强矩阵三种不同情况，所以矩阵型组织环境中的项目团队的规划与设计也会随企业组织环境的情况而变化。在这种项目团队的组织规划与设计中，要充分考虑项目工作的范围和内容，根据项目的目标和工作分解结构去设计项目团队的构成，确定项目团队管理人员的配备和管理职能部门的设置。当在这种组织环境中所展开的项目很多时，还应考虑设法设计和安排项目办公室（Project Management Office，PMO)，以专门负责整个企业或组织的项目管理工作。见图 11.3～图 11.5。

二、项目组织规划与设计的依据

项目组织规划与设计的主要依据包括四个方面。

(一) 项目的工作任务

项目组织规划与设计中最重要的依据是根据项目目标和项目产出物生成的项目

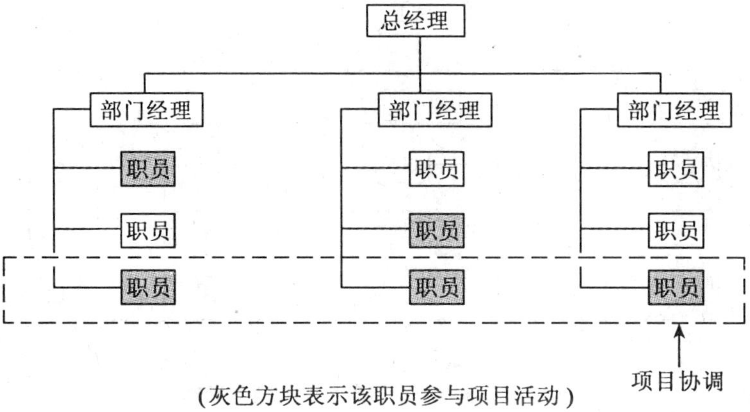

图 11.3　弱矩阵型组织图示

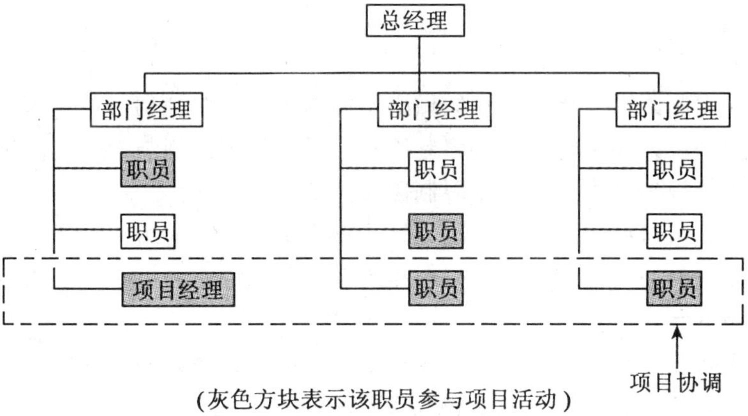

图 11.4　平衡矩阵组织图示

工作任务，其中最重要的是项目工作分解结构（WBS）。因为项目组织是为了完成项目任务服务的，所以项目组织规划与设计必须首先依据项目的工作任务及其结构。通常，任何一个项目组织规划与设计都必须首先作项目组织分解结构（Organization Breakdown Structure，OBS）分析，而一个项目的这种 OBS 分析工作的主要依据就是项目的 WBS。

（二）项目的人员需求

项目组织规划与设计的另一依据是整个项目工作的人力资源需求。虽然项目组织规划与设计中的 OBS 可以给出一个项目组织的基本框架，但是一个项目组织究

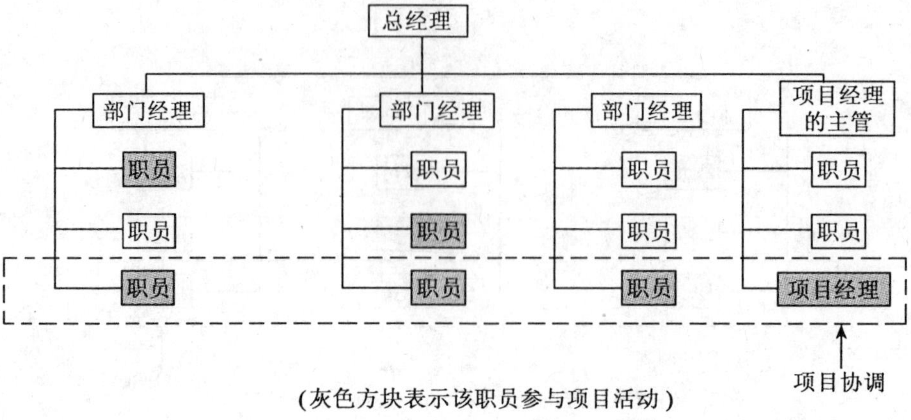

图 11.5　强矩阵组织图示

竟有多大、组织的每个究竟需要多少人，还必须依据项目人员需求的基本预测数据。

(三) 项目限制因素

所谓项目限制因素是指限制人们做出不同的项目组织规划与设计方案选择的各种因素。也就是说，如果没有这些限制因素，项目组织规划与设计可能选用其他的方案。项目组织规划与设计的主要限制因素包括：

执行组织的组织结构——一个以强矩阵型为基础结构的组织，意味着它的项目经理承担着与此相关重大责任，比以弱矩阵型为基础结构的组织中的项目经理所担负的责任更为重大。

集体协商条款——与工会或其他雇员组织达成的合同条款可能会要求特定的任务或报告关系（实质上，雇员组织也是项目相关人员）。

项目管理小组的偏爱——如果项目管理小组在过去运用某些特定的管理结构取得过成功，它就可能在将来提倡使用类似的结构。

预期的人员分配——项目的组织常受专业人员的技术和能力的影响。

(四) 项目的各种接口和关系

这是指项目实施组织中所存在的各种关系和接口，这些关系和接口直接影响着项目组织规划与设计。一个项目的接口和关系包括三大类：

其一是组织接口与关系，这是指项目实施组织的不同部门之间隶属、协作与报告关系。例如，建设一个复杂的电讯系统可能需要花费几年时间去协调无数分包商的关系，而修正一个要装在简单地点的系统中的程序错误只需要通知用户和工作人员完成工作。

其二是技术接口与关系，这是指不同的技术专业之间的报告和协作关系。技术层面既存在于项目各阶段之中，例如，土木工程师提出的设计方案必须与结构工程师提出的上层构造方案相匹配。也存在于项目各阶段之间，例如，当自动系统设计小组将它的工作结果交付给具有交通工具制造能力的生产小组时。

其三是人际关系接口与关系，这是指为项目工作的个人之间的关系和接口。它们都会影响项目组织规划与设计。例如，当一个设计公司雇用的建筑师向建筑承包商的项目管理小组解释关键性的设计思路，而该项目小组与他并无直接关系时，上述人际关系接口就存在。

三、项目组织规划与设计的方法

在项目组织规划与设计的过程中，人们必须使用一系列的项目组织规划与设计的方法，其中最主要的有如下几种：

（一）项目组织分解方法

这种方法是以项目工作分解结构（WBS）为依据，根据完成项目各个工作包所必需的责任和义务，通过进一步的分析而获取一份项目组织结构分解（OBS），最终设计给出项目的组织结构的方法。这是一种结构化的组织结构分析与设计方法，其结果有很强的结构化程度，这是一种日益广泛被采用的项目组织规划与设计的方法。

（二）一般的组织管理理论

这是指用一般的组织管理原理和方法去规划和设计项目组织结构的方法。虽然一般的组织管理理论在很多地方更适合于日常运营组织的规划与设计，但是它们当中的一些组织规划与设计的思想的普通技术方法还是适用于项目组织规划与设计的，所以它们也被广泛用于项目组织规划与设计之中。

（三）一般的人力资源管理方法

这是指使用一般的人力资源管理的原理和方法进行项目组织规划与设计的方法。同样，一般的人力资源管理的原理和方法主要是为规划与设计日常运营组织服务的，但是它们当中的某些原理和方法同样也可以用在项目组织规划与设计上。例如，项目组织的人力资源规划和预测的方法就可以在项目组织规划与设计工作中使用。

（四）原型法或平台法

这是指利用以前完成的项目的组织结构作为“原型”或“平台”，通过一定的“增删”和“改进”，从而获得新项目的组织规划和设计结果的方法。这种方法简单，而且可以节省很多的组织规划与设计工作。但有时套用历史项目的组织结构、角色分派和责任划分会造成一些漏洞和问题，必须设法解决这类问题。

四、项目组织规划与设计的结果

项目组织规划与设计的最终结果是给出一个项目的组织结构图表、项目组织中各种角色和责任的分配，以及项目组织人员获得与配备的计划。

（一）项目组织结构图表

通常这是由一份项目组织结构图和一系列的相关说明和描述构成的文件，它全面描述了一个项目组织中的权力传递和信息沟通关系。例如，项目组织分解结构（OBS）就是一份说明项目组织的哪个部门负责哪个工作包任务的项目组织结构图。

（二）项目角色和责任的分派

项目组织中各个角色和各种责任的分派也是项目组织规划与设计的主要结果之一。其中，项目组织中各个角色的安排是关于什么人负责干什么和管什么的分配和安排；项目组织中各种责任的划分是安排什么人负责决策什么和如果项目什么地方出了问题由谁来负责。这种项目组织角色和责任的分派包括两方面：一是项目各相关利益主体之间的角色和责任的分派；二是项目团队成员之间的角色和责任的分派。在所有项目角色和责任中，项目经理的角色和责任是最为重要的。

项目角色和责任的分派结果多数可以使用责任分配矩阵来加以描述，如表11.2所示。

表 11.2 **项目成员责任表**

人员 任务	张三	王伍	赵红	刘立	曹奕
项目机会分析	N	A	N	N	E
项目评估	N	A	N	N	E
项目设计	A	N	M	E	M
项目计划	A	N	M	E	M
项目实施	N	N	M	E	M
项目交付完工	N	A	E	N	M

表11.2中，N代表与之无关而没有责任，A代表承担分析与评估责任，M代表承担计划、组织、领导与控制的管理责任，E代表承担实施业务或技术责任。

（三）项目组织人员配备规划书

项目组织规划与设计的另一结果是项目组织人员配备规划书。这一文件规定了在项目实施组织的项目团队中，究竟在什么时间需要配备哪些人员，以用这些人员在什么时候能够完成他们的使命并退出团队。通常这种规划书中都会给出项目人力资源占用的图表，这包括占用多少专业的人员和总共占用多少小时等信息。

（四）相关的各种细节

这包括各种能够支持上述文件的细节材料或附件。其中最为主要的有：项目组织规划与设计的效果和影响分析、项目角色与责任的细节说明、项目团队成员要承担给定的项目角色和责任所需的各种培训。

第三节　项目人员获取

项目人员的获取是指项目人员招聘工作，这是项目人力资源管理工作中非常重要的一项工作。项目人员的获取工作的主要目标是确保项目组织能够获取需要人力资源。

一、人员获取的依据

（一）工作分解结构

根据工作分解结构的结果安排项目成员，关于工作分解结构的方法在前面章节已详细介绍。

（二）人员库描述

当项目组织进行人员分配时，必须考虑到可获得的潜在人员的特点。考虑的内容包括以下方面：一是所用人员有没有类似或相关工作的经验；二是所用人员是否对这个项目的工作有兴趣；三是所用人员是否能在一个团队中愉快合作；四是所用人员是否能在需要他们的时间段获得。

（三）招聘规定

涉及项目的一个或多个组织可能制定有管理人员分配的方针、文件和程序。这些规定存在时，便成为人员获取过程的约束条件。

1. 完成项目的每项工作任务（或工作包）需要的技能。
2. 在挑选项目团队队员时，既需考虑队员的技能，也要考虑其个性。
3. 项目队员的来源，是从公司内部挑选还是从市场上进行招聘。
4. 被挑选的队员是否有时间并愿意参加此项目。
5. 外界协作者，如项目顾问、技术专家等，需要支付的成本。

二、人员获取的途径

（一）组织内部

从公司的职能部门挑选团队成员是最佳的首选方案，完成某一项目的大多数成员都可以从相关的职能部门中进行调配。比如项目团队中的财务人员、技术人员、供应人员等，可以从总公司的财务部、技术部、供应部挑选合适的人员。这些组织内部人员大多不但有丰富的项目阅历，并且经常配合，因此是项目团队的首选人员。这里有谈判和事先指定两种方式：

1. 谈判。对于大多数项目，人员配备必须经过谈判。例如项目组织可能会和负责职能部门的经理谈判，以确保在需要的时间段内获得合格的技术人员。

2. 事先指定。在某些情况下，人员可能事先指定到项目上。这种经常在以下情况中发生：一是项目竞标的结果，并在建议书中承诺安排特定的人员；二是内部服务项目，项目章程对人员分配进行了规定。

（二）组织外部

从组织外部可以获得特定个人或团体的服务。当执行组织内部缺乏完成项目所需的所有人员时需外部的咨询服务或者招聘临时成员。

1. 招聘。当决定不按全职雇佣此类人员，或是具有适当技能的所有人员已经派往其他项目上，或者其他情况造成总公司无法提供项目所需成员时，从市场上进行招聘是一种有效的方式。虽然这种方式花费较多的费用，但是这种方式招聘人员能给项目组织带来许多创新思想和新的活力。另外，通过外部招聘还可以获得许多公司内部没有的特殊人才。

2. 咨询、顾问。有时，组建的项目团队并非越大越好。通过签订协议、支付佣金的方式，同样也可以把一些专业的协作方（如咨询顾问、供应商等）纳入项目团队的管理体系。当项目工作需要时，支付佣金立即可以进行雇佣。项目工作完成时，协议便马上终止。这种灵活的项目管理方式无疑可以为项目团队节省一定的成本。

第四节　项目人员的培训

项目员工的培训是项目人力资源开发的基础性工作之一，它使员工在一个项目组织的岗位上不但能够拥有必要的技能与知识，同时还能够得到不断的发展，从而实现自己的职业生涯规划目标。项目组织虽然是临时的，但它与日常运营组织一样需要对员工进行培训，以便使项目团队成员能够获得发展。

项目组织中的员工培训是给项目团队成员传授项目工作所需基本技能与素质的过程。项目员工的培训包含基本技能培训和基本素质教育两方面。

一、项目员工培训的作用

（一）提高项目团队综合素质

通过对员工的培训，可以使项目团队成员的能力有所提高，使他们的综合素质得到加强，以便在以后的项目工作中使整个项目团队能够更好地合作和努力。

（二）提高项目团队工作技能和绩效

通过对员工的培训，可以使项目团队成员的工作技能和专业技术水平得到提高，从而使每个人的工作绩效得到提高，这会使整个项目团队创造出更高的工作绩效。

（三）提高项目团队成员的工作满意度

通过对员工的培训可以提高项目团队成员对工作的满意度并降低其流失率。成功的员工培训能够提升员工的知识、技能和素质，有效地减少他们的心理压力，调动他们的主动性与积极性。

二、项目培训的过程

项目培训分为四个步骤。

第一步：评估培训需求这是指评估工作所需的技能和完成这项工作的员工的实际技能之间的差距，确定需要做什么培训。

第二步：在确定要求之后要建立培训的目标，这些目标应该是明确的和可度量的。

第三步：培训。选择恰当的培训方式，开展实际的培训。

第四步：对受训者接受培训前后的反应、学习、行为和成果进行比较，对培训计划的效益进行评价。

三、项目员工培训的形式

项目员工的培训与一般日常运营组织的培训不但内容不同，而且方式也不同。项目员工培训主要是短期培训，这种培训的主要形式，一种是岗前培训，另一种是在岗培训。

（一）岗前培训

项目员工培训的重要方式之一是岗前培训。这种培训针对性强，方式灵活多样，内容具体，花费不大，易于组织。见效较快，所以在项目员工培训中已被广泛采用。项目员工在开始项目工作以前，多数都要进行岗前培训。

（二）在岗培训

在岗培训是指项目员工在自己的岗位或职务工作上所接受的培训。这种培训以职务或工作实际需要为出发点，围绕职务或岗位的特点进行有针对性培训。这种培训偏重于专门技术知识和能力的培训，不管是项目管理人员还是项目技术人员，都需要在特定岗位和职务环境下接受这种培训。项目组织采用的在岗培训具有边培训、边提高、边工作的优点。

四、培训效果评价

在受训者完成其培训计划后，应对其培训计划进行评价，看计划目标完成得如何。培训绩效有四个方面可以衡量：

1. 反应：评价受训者对培训计划的反应如何。他们是否喜欢这一培训计划，是否认为其有价值。

2. 知识：对受训者进行知识测试，确定他们是否学到了预期应学到的技能。

3. 行为：了解受训者的工作行为有没有变化。例如，工作中的精神状态是否有所改善。

4. 成效：工作中的错误率有没有减少？解决冲突能力的培训是否提高办事效率等。

第五节　项目员工的绩效考评与激励

项目员工的绩效考评与激励也是项目人力资源管理的一项重要工作，它是调动员工积极性和创造性最有效的手段之一。绩效考评是通过对项目员工工作绩效的评价，去反映员工的实际能力及其对岗位的适应程度。激励则是运用有关行为科学的理论与方法，对项目员工的需要予以满足或限制，从而激发员工的动机和行为，激发员工去充分发挥自己的潜能为实现项目目标服务。

一、项目员工绩效考评

项目员工绩效考评是指按照一定的标准，采用科学的方法，检查和评定项目员工对职务或岗位所规定职责的履行程度，以确定其工作绩效的一种项目管理工作。绩效考评以项目员工的工作业绩为考评对象，通过对项目员工工作的评价，判断其是否称职，并以此作为采取激励措施的依据和项目人力资源管理的基础。

（一）项目员工绩效考评的作用

项目绩效考评的作用具体有三个方面。

其一，绩效考评是项目组织编制和修订项目工作计划与员工培训计划的主要依据。因为只有通过考评，才能对员工和项目的情况有比较全面和深入的了解，才能根据员工的实际情况去编制和修订项目工作计划，有针对性的对员工进行培训。

其二，绩效考评是合理确定工作报酬与奖励的基础。通过绩效考评可以制定和修订工资报酬办法与奖励政策，使它们更符合实际。

其三，绩效考评是判断员工是否称职，以及给予提职、惩罚、调配或辞退的重要依据。通过绩效考评对员工实际表现做出客观反映和评价，并以此为基础做出提职、惩罚、调配或辞退等方面的决定。

（二）项目员工绩效考评的原则

为了充分发挥绩效考评的作用，项目员工绩效考评必须遵循以下三项原则。第一是公开原则，即项目组织要公开绩效考评的目标、标准、方法、程序和结果，并接受来自各方面人员的监督。在绩效考评之后，项目人力资源管理部门应把评价结果通报给每一个员工，这有利于项目员工认清问题的差距，找到目标和方向，以便改进工作和提高素质。第二是客观与公正原则，即在制定绩效考评标准时应该客观和公正。通过定量和定性相结合的方法，建立科学的绩效考评标准体系，以减少矛盾和维护项目团队的团结，否则会引发被评价者对于评价结果的怀疑，以及被评价者与人力资源管理部门之间的矛盾。第三是多渠道、多层次和全方位考评的原则。因为员工在不同时间和场合往往会有不同的表现，因此在进行员工绩效考评时，应该多收集信息，建立多渠道、多层次、全方位考评体系。

（三）项目员工绩效考评的内容

由于绩效考评的对象、目的和范围复杂多样，因此项目组织绩效考评的内容比较复杂。一般项目组织绩效考评的基本内容包括三个方面：

1. 工作业绩考评。其结果反映了员工对项目的贡献大小。主要内容有：工作量的大小、工作效果的好坏、对部下的领导作用（管理者）以及通过改进与提高而获得的创造性成果。

2. 工作能力评价。这一评价的结果反映了员工完成项目工作的能力。工作能力评价包括对基本能力、业务能力和素质的评价，其中素质评价主要是对员工适应性的考察和评价。

3. 工作态度评价。这一评价的结果反映了员工对项目工作的认真程度和积极性。其内容主要包括工作积极性、遵纪守法自觉性、对待本职工作的态度和对项目组织与其他成员的热情、责任感等几个方面。

（四）项目员工绩效考评的方法

项目组织绩效考评的方法有很多，不同的方法的侧重点不同，适用的考核目标和对象也不同。在开展绩效考评时，要根据具体项目的实际情况，综合使用各种考评方法。绩效考评的方法有四种。

第一种是评分表法，这种方法用于一系列工作绩效的构成指标以及工作绩效的评价等级，在绩效考评时针对每一位员工工作的实际情况进行打分，然后将得到的所有分数相加，最终得到工作绩效的考评结果。

第二种是工作标准法，这种方法把项目员工的工作与项目组织制定的工作标准相对照，从而评价并确定出员工的绩效。

第三种是排序法，这种方法把一定范围内的同类员工，按一定标准进行评价，然后将评价的结果采用由高到低，或者由低到高进行排序的方法给出项目绩效考评结果。

第四种是描述法，这是一种使用简短的书面鉴定给出项目员工绩效考评的方法，这一方法的考评结果描述从内容、格式、篇幅、重点上都是多种多样的，绩效考评者需要根据情况予以确定。

二、项目员工激励

从管理学的角度出发，项目员工激励就是管理者通过采用各种满足员工需要的措施和手段，去激发员工工作的动机，调动员工潜在的能力和创造性，从而高效地实现项目组织目标的过程。通俗的说，激励就是激发和鼓励，就是调动人的积极性、主动性和创造性。

（一）项目管理中的基本激励方式

在项目管理中，经常采用以下三种基本激励方式：

1. 实现“参与制”。让每个人认识到自己是组织的一个成员，不但要努力做好自己的工作，还要关心集体工作的成效。

2. 激发责任心。责任心是做好工作完成任务的关键，要授予项目组织成员更多的责任。这比“参与”更具体、更细致。

3. 鼓励建议。激励项目成员开动脑筋，多提建议。

（二）激励措施

深入了解项目团队成员的行为动机，提供满足他们需要的机会，充分调动他们实现项目目标的积极性，才能采取适当的激励措施。激励措施有以下几种：

1. 改进管理方式。项目经理在管理过程中，应以激励人的积极因素为主，以惩罚消极因素为辅。最有效的激励手段是不断提高对成员的信任程度，建立良好的上下级关系，更好的满足项目团队成员的需要，充分调动每个人的主动性与积极性。

2. 增进互相交往。最重要的激励手段是项目经理通过增进与项目团队成员的交往，促进项目团队成员的安全需要、社交需要、尊重需要得到满足。

3. 改进工作设计。另一种很重要的激励手段是项目经理设法增加工作中的激励因素，以不断提高团队成员的满意程度，使团队成员完成项目目标的积极性得到充分发挥。

4. 形成良好的项目风气。在项目中形成适当的行为受人赞赏，不适当的行为受人指责的风气，激励团队成员更努力地为实现项目目标服务，这也是很重要的激励手段。

（三）知识型员工的激励策略

在传统的组织和项目团队中，对员工的管理主要强调控制与服从，知识型员工的自身特点决定了不能运用传统的对操作工人的管理方式来对待他们，建议从提供一种自主的工作环境、实行弹性工作制、强调以人为本、重视知识型员工的个体成长和职业生涯的发展几方面着手。

1. 提供一种自主的工作环境。为了激励知识型员工进行创新活动，应该建立一种宽松的工作环境，使他们能够在既定的组织目标和自我考核的体系框架下，自主的完成任务。项目经理一方面要根据任务要求，进行充分的授权，允许员工制定他们自己认为是最好的工作方法，而不应进行详尽监督和指导甚至规定处理问题的方法；另一方面为其提供其创新活动所需资源，包括资金、物质上的支持，也包括对人力资源的调用。

但这种方式会带来过分强调自主所引发的负面效应，即员工自我迁就现象的发生。可以通过风险分担，利益共享的方式来解决，把员工的利益与项目目标联系在一起。

2. 实行弹性工作制。知识型员工更多地从事思维性工作，固定的工作场所和工作时间对他们没有多大的意义，而知识型员工也更喜欢独自工作的自由和刺激以及更具张力的工作安排。因此，项目组织中的工作设计应体现员工的个人意愿和特性，避免僵硬的工作规则。公司管理者可以通过互联网对员工进行指导和调控。

3. 强调以人为本。实行分散管理而不是等级制管理的知识型员工具有较强的获取知识、信息的能力以及处理、应用知识和信息的能力，这些能力提高了他们的主观能动性因而常常不按常规处理日常事情。对他们的管理要尊重他们的人格、激励其主动献身与创新的精神，并让他们积极参与决策，而非被动接受指令。

4. 重视知识型员工的个体成长和职业生涯的发展。在知识经济时代，人才的竞争将更激烈，人力资源管理的一项重要任务就是要吸引和留住优秀人才。然而，较强的流动意愿又与此相悖，知识型员工更注重个体的成长而非组织目标的需要。基于此，要注重对员工的人力资本投资，健全人才培养机制。而且，企业不仅仅要为员工提供一份与其贡献相称的报酬，还要充分了解员工的个人需求和职业发展意愿，为其提供适合其要求的上升道路。只有让员工看到自己在组织中的发展前途时，他们才会有动力为企业尽心尽力地贡献出自己的力量，与组织结成长期合作、荣辱与共的伙伴关系。

第六节　项目团队的建设

项目团队是由无数名知识与技能互补、彼此承诺协作完成某一共同目标的员工组成的特殊群体。他们是指在工作中拥有共同目的、绩效目标以及工作方法，且以此自我约束的一小群人。团队不同于普通部门或小组，部门或小组的特点是存在明确的内部分工的同时，缺乏成员之间的紧密合作。团队则不同，成员之间没有明确的分工，彼此之间的工作内容交叉程度高，相互的协作性强。团队可以随时组建，一旦完成工作，便可随时解散。

项目团队工作是否有效也是项目成功的关键因素，任何项目要获得成功就必须有一个有效的项目团队。

一、项目团队的创建过程

工作团队的创建，包括以下四个阶段：

（一）准备工作

本阶段首当其冲的任务是决定团队是否为完成任务所必需，这要看任务的性质。应该明白，有些任务由个体独自完成效率可能更高。此外，本阶段还要明确团队的目标与职权。

（二）创造条件

本阶段组织管理者应保证为团队提供完成任务所需的各种资源，如：物资资源，人力资源，财务资源等。如果没有足够的相关资源，团队则不可能成功。

（三）形成团队

本阶段的任务是让团队开始运作。此时须做三件事：管理者确定谁是团队成员，让成员接受团队的使命与目标，管理者公开宣布团队的职责与权力。

（四）提供持续支持

团队开始运行后，尽管可以自我管理、自我指导，但也离不开上级领导者的大力支持，以帮助团队克服困难，战胜危机，消除障碍。

二、团队建设活动

团队建设活动包括为提高团队运作水平而进行的管理和采用的专门的、重要的个别措施。

1. 在计划过程中由非管理层的团队成员参加，或建立发现和处理冲突的基本准则。

2. 尽早明确项目团队的方向、目标和任务，同时为每个人明确其职责和角色；邀请团队成员积极参与解决问题和做出决策。

3. 积极放权，使成员进行自我管理和自我激励。

4. 增加项目团队成员的非工作沟通和交流的机会，如工作之余的聚会、郊游等，提高团队成员之间的了解和交流。

这些措施作为一种间接效应，可能会提高团队的运作水平。团队建设活动没有一个确定的定式，主要是根据实际情况进行具体的分析和组织。

三、高效团队的特征

高效团队具有如下几个特征：

1. 具有很强的核心价值观。这些价值观决定着每一个成员的态度与行为，并与团队的目标保持一致。

2. 把总目标转变为各种具体的绩效指标。团队成员不满足于承诺共同的目标，还善于将目标分解为数量化的、可测量的指标，以使其更能激励与评估成员的行为。

3. 成员更具多种技能组合，如技术能力、问题解决与决策能力、人际技能等。

4. 具有高度创造力。团队常常利用成员的创造力来提高生产作业水平以及开发新产品、新服务、新市场的能力。

四、高效团队的管理对策

塑造高效团队应遵循以下原则：

1. 团队成员多样化。高效团队应由各种不同技能、知识、经验、专长的成员组成。

2. 保持最佳规模。成员过多会造成协调困难，太少则会导致负担过重。一般而言，理想的人数是 10 ~ 12 人。

3. 正确选拔成员。有些个体不喜欢团队工作，应避免把他们选入团队。同样重要的是，应根据技能来确定人选，同时注意互补。这里，技能不仅是作业技能，还包括人际交往技能。

4. 培训、培训、再培训。为了团队运作，成员必需具备所有相关工作技能和人际技能。为此，应该重视培训工作。

5. 澄清目标。只有当团队成员明了团队使命与目标，他们才能为之奋斗。所以要强调团队目标。

6. 个人报酬与团队绩效相连。应当根据每位成员对团队的贡献来确定个体的报酬，否则他们不会关心团队的成败得失。

7. 运用适当的绩效考核。需要开发一套具体办法与指标来测量团队绩效。这些测量工具不仅应该考虑团队的工作结果，还应注重团队完成任务的过程。

8. 鼓励参加。团队成员参与决策的程度影响着他们对决策的理解与承诺。为使决策得到顺利执行，必须允许成员参与各项决策。

9. 提供支持。应让成员相信自己能够成功，为此，上级领导得提供各种物质、精神支持。如果成员得不到支持与鼓励，他们就不可能全力以赴的工作。

10. 重视沟通。为完成共同的目标与任务，团队成员必须及时沟通、相互合作，因此应当千方百计的促进沟通。

11. 激发士气。当团队面临挑战时，成员会焕发斗志，取得优异成就。所以，当团队完成某项任务时，可为团队设置更具挑战性的目标。

12. 制定行为规则。有效的团队都有明确的准则，告诉成员允许做什么，禁止做什么，因此必须事先制定详细、具体的行为规则。

13. 定期告知新信息。新的信息可能代表着一种挑战，使团队保持创新状态。同时，常与外界交往，团队不会失去进取精神。

14. 承认并回报重大成员贡献。对于那些为团队成功做出重大贡献的成员，必须给予重奖。当然，奖励既可以是物质的，也可以是精神的。

本章小结

管理必须通过发挥人的积极性和创造性才能实施，没有有效的人力资源管理，根本不能实现其目标。人是项目管理最重要的因素，对人力资源的管理是项目管理中关键的一环，项目人力资源管理的对象是项目所需的各种人力资源，包括：项目人力资源规划、开发、合理配置、准确评估、适当激励、团队建设和人力资源能力提高等方面。这种管理的根本目的是充分发挥项目团队成员的主观能动性，以实现既定的项目目标和提高项目效益。

思考题

1. 项目人力资源管理的任务是什么？
2. 简述组织结构对项目的影响。
3. 简述项目组织规划设计的依据、方法和结果。
4. 如何进行项目员工的招聘、培训和激励工作？
5. 试论如何组建高效项目团队？

案　例

ERP 实施项目中的人力资源管理

一个 ERP 实施项目牵涉的面很广。从大的方面说，包括软件、硬件和服务，是一个浩大的系统工程。从小的方面说，项目的计划、组织、资源调配、控制和协调，都是项目成功不可缺少的条件。

有一句大白话：一切问题最终都会归结到人上。可见 ERP 项目实施过程中的人力资源管理是多么重要。

ERP 项目除了咨询公司的实施顾问小组外，企业方一般下设两三个小组，它们是：ERP 项目领导小组或者工作小组、ERP 项目实施小组。

各个小组的职能与工作重点不相同。

ERP 项目领导小组由老总挂帅，主要对影响项目总体进度及重大问题进行最终决策。项目工作小组主要由部门中层领导组成，负责ERP项目的日常协调，听取ERP项目实施小组的工作汇报，协调项目组与企业其他部门的业务关系，保证项目顺利进行。

ERP项目实施小组是项目具体工作的执行者。实施小组由IT部门的技术人员、业务口上的管理人员和部分中层领导组成。其人员大多是各部门的业务骨干，与前两个小组成员不同，他们大多数需要专职于ERP项目。

由于实施小组的好坏，是项目实施成败的关键。下面重点谈一谈对这部分人员的要求。

1. 人员素质。首先要求是业务骨干，熟悉本部门的具体业务。其次，能够从全公司的高度来审视业务流程、部门之间的关系，通盘考虑数据的流转与信息的共享，摒弃部门本位主义。

2. 时间保证。在项目的不同阶段，对不同的项目实施组人员的时间要求也不完全一致。但应该保证实施小组成员将80%以上的时间与精力投入到与项目有关的工作中，包括理论学习、ERP软件模块的学习、基础数据的收集与整理、实施方案与方法讨论、向具体业务人员传授操作技能等。在项目实施的必要阶段，应该保证全职专注于项目的实施，必须有时间的保证。这一点务必得到各部门领导的支持。

3. 学习与培训。学习与培训将贯穿于整个项目实施的全过程。由于ERP系统的庞大与复杂性，要求实施小组成员保证足够的时间进行学习。学习与培训的形式有多种，包括顾问授课、自学、相互讨论、外派培训以及给他人授课等。

4. 授权。经过一段时间的学习与项目实施，实施小组成员成为既懂业务，又懂管理和软件的复合型人才。他们能够深刻理解业务需求与实现方法，有能力为实现管理目标而提出改进建议。此时，各级领导必须充分授权。实施小组成员所负责模块的业务操作方法一经确定，就应该执行。在这之前，实施小组成员可以代表实施项目组向有关部门与领导征求意见，相应人员在规定的时间里不进行反馈视同认可。对因授权不足导致影响整个项目进度与质量的部门将依奖惩机制给予处罚。

5. 奖励机制。ERP项目的实施是一个庞大的系统工程，可谓牵一发而动全身。实施小组成员在完成已有任务的同时，无形中又增加了学习、培训、讨论、分析与收集资料、整理基础数据、规范流程与数据等许多工作。必须建立起一套行之有效的奖惩机制，才能有效调动起实施人员的积极性。实施的具体工作将分解到人与部门，作为其工作考核的重要依据。在适当的时候，项目领导小组应对有突出贡献的人和部门给予特别嘉奖。

6. 人员的筛选与更新。对实施小组中，因为各种原因不能胜任实施工作的人员，在经过一段时间的观察后，将视情况给予调整。

7. 实施小组成员在今后企业发展与业务管理中的地位：由于熟悉企业各业务

之间的联系与各部门之间的关系，能够参与新流程设计、部门调整等管理改革，能够很好地将管理目标与ERP系统的功能联系起来，并通过最合理的方式使用ERP系统实现管理目标，实施小组成员将逐步从单纯的业务人员、技术人员上升到流程经理、管理模式的设计者、实现者。通过一段时间的培养，可以将他们充实到管理岗位上，将IT手段与管理实践相结合，成为能够熟练应用现代管理手段的新一代管理者，这是企业实现管理现代化，干部年轻化、知识化的必由之路，是培养人才、留住人才、用好人才的极好途径。他们是企业兴旺发达的希望与中坚力量。

ERP项目中的人力资源管理是一个动态的、持续的过程，谁都知道，一个企业中，人的管理是最重要也是最复杂的。一个ERP项目，30%的时间和精力在做技术，70%在做人的工作，所以说人力资源管理是ERP项目管理中的核心部分，我们在做项目时万万不可小视。

案例来源：http：www. //xinxihua. cn/ERP/

第十二章　项目采购管理

项目采购不同于一般概念上的商品购买，它不仅包括货物采购，而且还包括土建工程和服务的采购。货物和土建工程属于有形采购，聘请咨询公司或单个咨询专家的咨询采购属于无形采购。项目采购方式包括招标和非招标两种形式，其中招标采购的程序是刊登采购总广告或直接邀请有关厂商、资格预审、编制招标文件、刊登具体招标通告、发售招标文件、投标、开标、评标、授标和签订合同。非招标采购主要包括询价采购、直接采购和自营工程等。采购过程主要包括编制采购计划、编制询价计划、询价、选择供应商、合同管理以及合同收尾等。本章最后对合同管理进行了具体的介绍。

第一节　项目采购管理概述

一、项目采购的含义

这里所说的采购最初从英文 procurement 一词翻译而来，原意是努力获得，或设法搞到或采办，是指项目管理中所涉及的采购。项目采购不同于一般概念上的商品购买，它包含着以不同方式通过努力从系统外部获得货物、土建工程和服务的整个采办过程。它不仅包括购买货物，而且还包括雇用承包商来实施土建工程和聘用咨询专家来从事咨询服务。

二、项目采购管理中的利益主体

在项目采购和项目采购管理中，主要涉及四个方面的利益主体，分别是：一是项目业主或客户。项目业主或客户是项目的发起人和项目最终的买主，他们是项目最终成果的使用者和所有者，也是项目实施过程中各种资源的最终购买者。二是项目实施组织。项目实施组织是指承包商或项目团队，是项目业主或客户的代理人和劳务提供者。三是供应商。供应商是为项目组织提供项目所需商品以及部分劳务的卖主，可以直接将商品卖给业主或客户，也可以将商品和劳务直接卖给承包商或项目团队。四是项目分包商和专家。项目分包商和各种中介咨询专家是专门从事某方面专业服务的企业或独立工作者，可以直接为项目实施组织提供服务，也可以直接为项目业主和客户提供服务。

三、采购的分类

（一）按其内容可分为货物采购、土建工程采购和咨询服务采购

货物采购属于有形采购，是指购买项目建设所需的投入物，如机械、设备、仪表、办公设备、建筑材料（钢材、水泥、木材等）、农用生产资料等，并包括与之相关的服务，如运输、保险、安装、调试、培训、初期维修等。大宗货物，如药品、种子、农药、化肥、教科书、计算机等采购采用专项采购合同，采用不同的标准合同文本，也属于这类货物采购。

土建工程采购，也是有形采购，是指通过招标或其他商定的方式选择工程承包单位，即选定合格的承包商承担项目工程施工任务。如修建高速公路、大型水电站的土建工程、灌溉工程、污水处理工程等，还包括与之相关的服务，如人员培训、维修等。

咨询服务采购不同于一般的货物或工程采购，它属于无形采购。咨询服务采购包括聘请咨询公司或单个咨询专家。咨询服务的范围很广，大致可分以下四类：

1. 项目投资前期准备工作的咨询服务，如项目的可行性研究。
2. 工程项目设计工作和招标文件编制服务。
3. 项目管理、施工监理等执行性服务。
4. 援助和培训等服务。

（二）按其采购方式可分为招标采购和非招标采购

1. 招标包括国际竞争性招标、有限国际招标和国内竞争性招标。国际竞争性招标（ICB）是为了使项目执行单位能够经济有效地采购到所需的货物、土建和服务，并保证所有合格国家的供应商和承包商有一个公平参与投标竞争的机会。有限国际招标（LIB）实际上是一种不公开刊登广告，而直接邀请有关厂商投标的国际竞争性招标。国内竞争性招标（NCB）是通过在国内刊登广告，并根据国内招标程序进行的。

2. 非招标采购主要包括国际、国内咨询采购、直接采购、自营工程等。国际咨询采购（IS）和国内咨询采购（NS），也称为“货比三家”，是在比较几家国内外厂家报价的基础上进行的采购。直接采购是在特定的采购环境下，不进行竞争而直接签订合同的采购方法。自营工程是指借款人或项目业主不通过招标或其他采购方式而直接使用自己国内、省（区）内的施工队伍来承建的土建工程。

四、项目合同的类型

在项目采购管理过程中，所有的采购关系都是按照有法律约束力的合同来进行的。

（一）固定价格合同

在固定价格中，项目团队与供应商所采购的产品达成一致价格。价格保持不变，除非采购双方均同意改变。这种类型的合同对于项目团队来说是低风险的，因为不管项目实际耗费了供应商多少成本，项目团队都不必付出多于固定价格的部分。然而，对于供应商来说，固定价格合同是高风险的，因为如果完成项目后的成本高于原计划成本，供应商将只能赚到比预计要低的利润，甚至会亏损。

投标于一个固定价格项目的供应商必须建立一种精确的、完善的成本预算，并把所有的偶然性成本都计算在内。然而，供应商又必须小心，以免过高估计申请价格，否则别的竞争性供应商将会以低价格而入选。

（二）成本补偿合同

在成本补偿合同中，项目组织同意付给供应商所有实际花费的成本加上一定的协商利润，而不规定总体数额。这种类型的合同对项目组织来说是高风险的，因为供应商的花费很有可能会超过预计价格。在成本补偿合同中，项目团队通常会要求供应商在整个过程中，定期地将实际费用与原始预算作比较并向项目团队通报，并通过与原始价格相比，再预测成本补充部分。

（三）单位价格合同

在这种类型合同中，供应商从自己付出的每单位劳务中得到一个预定数量的报酬。整个合同的总价值是供应商所需完成工作的数量与这些工作量的单位价格的乘积。这种合同比较适合于获取劳务的交易。

第二节　项目采购方式

项目采购可以选择的方式多种多样。不同的采购方式又分别适用于不同的项目规模、不同的资金来源渠道、不同的采购项目对象的性质和要求。因此在项目实施过程中，我们就有必要进行适当选择，以决定采用最适合某项目的采购方式；而且还有可能出现在同一项目中同时使用多种不同的采购方式的情况，多种采购方式的合理组合使用，将有助于提高采购效率和质量。

一、招标采购

招标采购一般可分为国际竞争性招标、有限国际招标和国内竞争性招标。

（一）招标采购方式的优点

1. 帮助采购者以最低的价格取得符合要求的工程或货物。
2. 符合要求的供货者均有机会参加投标。
3. 公开公正，可以避免贪污贿赂行为。

（二）有限国际招标的适用情况

1. 采购金额小。

2. 有能力提供所需货物的供应商、服务的提供者或工程的承包商数量有限。

3. 有其他特殊原因，证明不能够完全按照国际竞争性招标方式进行采购，比如紧急援建项目等。

（三）国内竞争性招标的适用情况

1. 合同金额小。

2. 土建工程地点分散，而且施工时间可能要拖得很长。

3. 劳动密集型的土建工程。

4. 在国内能够采购得到的货物或工程，其价格低于国际市场价格。

5. 如果采用国际竞争性招标方式所带来的行政或财务上的负担，明显的超过国际竞争性招标所具有的优越性，在这种情况下，也可以采用国内竞争性招标。

二、招标的基本程序

招标程序是为了使项目执行单位能够经济有效的采购到所需的货物、土建和服务，并保证供货商和承包商有一个公平参与投标竞争的机会。

（一）刊登采购总公告

国际竞争性的招标必须通过国际公开广告的途径予以通知，使所有合格的国家的投标者都有同等的机会了解投标要求，以形成广泛的竞争局面。

国内竞争性招标是在国内刊登广告，并根据国内招标要求进行，广告只限于刊登在国内报纸或公办的杂志上，可用本国语言编写。

采购总公告应包括：贷款国家、借款者及贷款金额、用途，国际竞争性方式采购的范围，货物或工程大体内容、发行资格预审文件或招标文件的时间（如可能的话），负责招标的单位名称、地址等。

有限国际招标方式不必刊登广告，因此，必须先确定拟邀请参加投标的厂商名单。同时有限国际招标方式也不实行国内优惠。

（二）资格预审

1. 资格预审的目的。凡是大型复杂的土建工程、大型成套复杂设备或专门的服务，或交钥匙合同、设计与施工合同、管理承包合同等，在正式组织招标之前要先进行资格审查，对投标人是否有资格和足够的能力承担这项工程或制造设备进行审查，以便缩小投标人的范围，使不合格的厂家避免因准备投标而花费大量的开支，也使项目单位减轻评标的负担，同时有助于确定享受国内优惠的合格性。

2. 资格预审要考虑的主要内容

（1）经验和以往承担类似合同任务的经历。

（2）为承担合同任务所具有的或能够配备的人员设备、施工或制造能力的情况。

（3）财务状况。

（4）法律地位，包括所有权、注册情况以及联合体、分包安排情况。

3. 资格预审的程序

（1）编制资格预审文件。

（2）资格预审文件通常有项目单位或项目单位委托的招标代理、设计或咨询等单位协助编写。

（3）邀请有资格参加预审的单位参加资格预审。

（4）由项目单位或委托的招标代理机构发出资格预审通知，通告的内容包括项目单位名称、项目名称、工程规模、主要工程量、计划开工和完工时间、出售资格文件的时间地点和价格、接受资格预审的截止日期和地点等。

（5）发出资格预审文件和提交资格预审的申请。

（6）在刊登资格预审通告的同时，就应开始发售资格预审文件。资格申请应按通告中规定的时间和地点提交，截止日期过后提交的申请概不受理。

（7）资格评定、确定参加投标的单位名单。

（8）资格评定要根据事先确定的评定标准和方法对每个申请者的机构、组织、从事类似合同任务的经验、以前和目前的能力、财务状况等方面进行评审，最后确定有资格参加投标的单位名单。

另外国内竞争性招标的资格预审，除非很大的项目，一般和平标一起进行资格预审，可不单独进行资格预审。

（三）编制招标文件

招标文件编制质量的优劣，直接影响到采购的效果和进度。招标文件是招标者招标承建工程项目或采购货物及服务的法律文件，是投标人准备投标文件和投标的依据，是评标的依据，还是签订和履行合同的依据，因此招标文件一定要认真编写。尽早准备招标文件是解决采购拖延的一个关键措施，各项目单位要充分利用自己出版的各种招标文件范本，以加快招标文件的编写和审批速度。

（四）刊登具体招标通告

通常，货物采购从刊登招标通告到投标截止日期之间的时间不得少于6周；工程项目一般为60～90天；大型工程或复杂设备为至少12周，特殊情况也可以延长。总之，投标准备时间的确定要根据所采购的内容区别对待，不宜过长，也不宜过短。

招标通告包括的内容有：

1. 借款国名称

2. 项目名称

3. 采购内容简介（包括工程地点、规模、货物名称、数量）

4. 资金来源

5. 交货时间或竣工工期

6. 对合同货源国的要求

7. 发售招标文件的单位名称、地址以及文件售价

8. 投标截止日期和地点的规定

9. 投标保证金的金额要求

10. 开标日期、时间、地点

（五）发售招标文件

如果单独进行资格预审，那么招标文件的发售可按通过资格审查的厂商的名单发送。如果没有单独进行资格审查，招标文件可发售给对招标通告作出反应，并有兴趣参加投标的合格国家的厂商。

（六）投标

1. 投标准备。为了使投标人有充分的时间组织投标，投标时间的确定，要特别考虑以下几点：

（1）要根据实际情况合理确定投标文件的编制时间。投标文件编制时间规定的是否合理，会直接影响到招标的结果。例如，土建工程投标就要牵涉许多问题，投标人要准备工程概算、编制施工计划、考察项目现场、寻找合作伙伴和分包单位。如果投标准备时间太短，投标人就无法完成或不可能很好的完成各项准备工作，投标文件的质量就不会十分理想，进而影响后面的评标。

（2）对大型工程和复杂设备，招标人要组织标前会和现场考察。

（3）对投标人提出的书面问题要及时予以澄清、答复。澄清和答复内容要以补遗书（编号）形式发给所有购买招标文件的单位。

2. 投标文件的提交和接受。在规定的投标截止日期之前提交的标书，才能被接受。凡是在截止日期过后收到的标书，要原封退还。收到投标后，要签收或通知投标人确认已收到提交的标书，并记录收到的日期和时间。在收到投标文件至开标之前，所有的投标文件均不得启封，并要妥善保存。为了提高透明度，投标截止时间与开标时间一般要求为同一时间，最多间隔 1～2 个小时，这是考虑到投标文件运送至开标处的时间需要。

（七）开标

开标应按照招标通告中规定的时间、地点公开进行，并邀请投标人或委托的代表参加。开标时，要当众宣读投标人的名称、投标价格、有无撤标情况、有无提交合格的投标保证金以及招标单位认为其他合适的内容。凡投标文件中附有降价信、提价信、折扣率等，一律要一并宣读，未宣读者应视为无效，且在评标中不予考虑。

开标要做开标记录，记录内容应包括：项目名称、贷款号、招标号、投标截止

日期和时间、开标日期和时间、投标人名称、籍贯、投标货币、投标价格、是否提交投标保证金、有无降（提）价或折扣率以及截止后收到标书的处理情况等。

（八）评标

1. 评标的目的

评标的目的是根据招标文件中确定的标准和方法，对每个投标人的标书进行评价比较，以选出最低评标价的投标商。

2. 评标的依据、标准和方法

招标文件是评标的依据，评标不得采用招标文件规定以外的任何标准和方法。凡是评标中需考虑的因素都必须写入招标文件。

3. 评标程序

先是初评。初评主要是审查投标文件是否完整，有无计算上的错误，是否提交了合格的投标保证金，文件签署是否合乎要求，投标文件是否基本上符合招标文件的要求。

然后是对投标书的具体评价和比较。先按照招标文件中规定的汇率把各种货币表示的报价折算成评标货币，然后进行评定。如果授标决定的做出晚于原定的投标有效期的期满日，在这种情况下，要以原定的投标有效期满当日的汇率为准。

在评标过程中，可以要求投标人就其投标中的含糊不清之处进行澄清。有关澄清的要求和答复均应以书面形式在招标文件中规定的时间内进行。在澄清时，不得要求或允许投标人对其投标内容有任何实质性的修改，也不得修改投标价格。

评标工作要在投标有效期内完成。如有特殊情况，评标和授标不能在有效期内完成时，要在投标有效期满前以书面形式要求投标人延长投标有效期和投标保证金的期限。如出现投标有效期已满，又没有及时要求投标商延长的情况时，投标商可以撤销原投标，而且不被没收投标保证金。

在评标期间，除必要的澄清外，任何与评标有关的事宜均不得向投标人或其他有关人员透露。

4. 关于废除全部投标的规定

按照世界银行的规定，通常在出现下列任一情况时可以考虑废除全部投标。一是最低评标价的投标人的报价远远高于费用概算（标底）时；二是所有投标人对招标文件没有做出实质性响应；三是缺乏有效的竞争性。

（九）授标

合同要求授予最低评标价的招标商。合同的授予要在投标有效期内进行。在发中标通知书的同时，还要通知其他没有中标的单位，并按招标文件中规定的期限，及时退还投标保证金（不计利息）。

（十）签订合同

合同的签订可采用的方式：

1. 在发中标通知书的同时，将合同文本寄给中标单位，让其在规定的时间内（一般是28天）签字退回。

2. 中标单位收到中标通知书后，在规定的时间内（一般是28天）内，派人前来洽谈并签订合同。

三、询价采购

询价采购，即比价方式，一般习惯称做“货比三家”。它适用于项目采购时即可直接取得的现货采购，或价值较小，属于标准规格的产品采购。有时也适用于小型、简单的工程承包。

询价采购不需要正式的招标文件，只需要向有关的供货厂家发出询价单，让其报价，然后在各家报价的基础上，进行比较，最后确定并签订合同。

四、直接采购或称直接签订合同

这是在特定的采购环境下，不进行竞争而直接签订合同的采购方法。这主要适用于不能或不便进行竞争性、竞争性招标优势不存在的情况下。如有些货物或服务具有专卖性质，只能从一家制造商处获得；在重新招标时没有一家承包商愿意投标等。

五、自营工程

自营工程是土建工程中采用的一种采购方式。它是指借款人或项目业主不通过招标或其他采购方式而直接使用自己国内、省（区）内的施工队伍来承建的土建工程。这可能是由于项目的一些特殊要求或是项目组织本着成本效益原则分析的结果所决定的。

为了避免发生高成本和低效率的问题，采用这种方式进行采购前应尽可能地详细地设计，并估算成本；在实施过程中，应建立严格的内部控制制度，进行进度、投资和质量控制。

第三节　项目采购管理的过程

项目采购管理指的是在整个项目过程中有关项目组织从外部寻求和采购各种项目所需资源的管理过程。项目采购管理的过程是由一系列具体的管理工作过程组成，这些管理工作包括编制采购计划、制定询价计划、询价、供应商选择、合同管理和合同收尾六个方面。

一、编制采购计划

项目采购计划的编制过程就是根据范围说明书、产品说明书、企业内采购力量、市场状况、资金充裕度等有关项目采购计划所需的信息，结合项目自身的条件和项目各项计划的要求，对整个项目实施过程中的资源供应情况作出具体安排，并最后按照有关规定的标准或规范，编写出项目采购计划文件的管理工作过程。

项目采购计划是在考虑了买卖双方之间的关系之后，从采购者的角度进行的，这是采购过程的第一步。它包括：是否要采购，如何去采购，采购多少以及何时去采购。

（一）制造或购买的决策分析

“制造或购买”是一个基本的采购管理决策分析技术，它常用于分析和决定一种特殊产品是应该由项目组织自行生产还是从外部采购获得，即决定是否采购。如果项目组织能够以较低的成本生产出所需的产品或劳务，那么就应由自己生产并为自己服务。反之，就应该考虑从外部供应商或分包商那里，以较低的成本获得，而放弃自己制造。

“成本”是决定项目是否外购所需资源的核心要素。直接成本和间接成本都是进行“制造或购买”决策分析所必须考虑的两个方面。但是一项“制造或购买”的决策分析还必须反映项目组织的愿望和实施中的时间要求。如果项目组织在实施项目的过程中急需某种产品，那么不论制造成本如何，选择外购可能都是必需的。

（二）采购方式和合同类型

项目采购可以通过询价方式选定一家供应商或分包商，也可以采用招投标的方式，这需要考虑什么样的方式能够既有利于维护项目组织的利益，同时又能够保证项目资源充分而及时地供给，从而不耽误项目的完工。合同类型的选择一般需要选用下列 3 种之一：固定价格合同、成本补偿合同、单位价格合同。3 种类型的合同对项目组织和供应商各有利弊，作为买主的项目组织应该根据项目具体情况和所要采购资源的具体情况仔细地反复权衡。

（三）项目采购计划文件的编制和标准化

在上述因素均已确定之后，就可以使用各方面资料编制项目采购计划了。在这种计划的编制过程中，可以采用专家分析法、经济批量订货法、综合平衡计划方法等具体方法。项目采购计划编制工作将最终生成项目采购计划、项目询价计划、项目采购标书、供应商评价标准等文件。

在编制项目采购计划的同时，要考虑对项目采购计划文件进行标准化处理，即应该将这些计划管理文件按照一定的标准格式给出，以便供应商或分包商容易理解。在这方面常见的标准格式文件包括：标准的采购合同，标准的劳务合同，标准的招标书，标准的计划文件等。

二、制定询价计划

为了保证能够按时、按质、按量获得外部资源，必须制定出项目的询价计划。所谓的询价计划就是有关何时开始询价、订货、签订合同，以确保采购的各种资源能够在需要的时候到位。这实际上是一种有关采购工作的作业计划。

在制定询价计划时可以借助标准表格，标准表格可包括标准合同、标准采购项目说明、全部或部分标准投标文件。同时，还应听取一些专家的意见。

三、询价

询价是根据项目采购计划和询价计划等采购工作文件所开展的寻找供应商，并向可能的供应商发出询价信以及项目具体所需资源的要求说明文件，邀请可能的供应商给出报价的过程。项目任何一种商品的采购都必须首先进行询价，以便能够"货比三家"，最终以优越的条件与选定的供应商签约。

询价的方法主要包括两种：一是投标者会议。投标者会议指在提出建议前与潜在卖方的碰头会，投标者会议确保所有潜在卖方对采购有一个清晰、共同的理解（技术要求，合同要求等）。对问题的答复有可能作为修订条款包含到采购单证文件里去。二是广告。现有的潜在卖方名单常常通过在普通出版物如报纸或专门出版物如专业刊物上做广告而得到扩充。在一些国家某些类型的采购项目要求公开向大众做广告，在大多数国家要求政府合同下的子合同公开向大众做广告。

在这一过程中，所有可能的卖主都应处于完全平等的地位。询价的结果是获得若干供应商提供的报价单或建议书。建议书是供应方准备的说明其提供所要求产品的能力和意愿的文档，它们是按照有关采购文档的要求准备的。

四、供应商的选择

项目组织在收到报价单或建议书之后，就应该根据相应的标准进行评价，从中选择合意的供应商。一般来讲，供应商的选择标准在项目采购计划的制定过程中，就应该设计出来。采购评价标准既有客观评价的标准指标，也有主观的评价标准指标。采购评价标准通常是项目采购计划文件的一个重要组成部分。

在供方选择的决策过程中，除了成本或价格以外，还需要评价许多因素。价格可能是决定现货采购的首要因素。但是，如果供应方不能按时交货，则最低建议价格不一定是最低成本。

供应商的建议书通常分为技术部分和商务部分，项目组织可以设置相应的指标对两部分分别进行评价。根据评价的结果项目组织可以列出合格卖主的清单，然后对所有供应商排序以确定谈判顺序，最后选择一个供应商与其签订一份标准合同。当然，也可能需要多个供应商。

五、合同管理

与选择的供应商进行有关合同的谈判以达成协议。合同或协议的内容和条款应尽可能准确、周全，将不确定因素减到最少。认真按照签订的合同办事，来实施采购管理计划，以实现合同双方双赢的目标。审查采购进展情况，分析变化，执行双方同意的变更，以保证在合同的法律框架内实现项目目标。明确潜在的、可觉察的和实际存在的合同争议，并采取适当措施尽可能避免合同争议发展成为法律争端。

六、合同收尾

合同收尾是在项目采购合同全部履行完毕，或者因故中断以后，所开展的各种采购结算和交接决算的过程，它包括对采购的货物和服务进行最后验收，确认合同已经完成可以移交，以及解决所有项目进展中遗留的合同问题等一系列管理工作。

第四节　项目合同管理

在项目资源买卖双方签订合同之后，项目采购管理就进入了合同管理阶段。项目合同管理是确保供应商或承包商履行合同，提供合格的货物和劳务的过程。合同管理是圆满完成项目目的的重要过程。

一、项目合同管理中所需的信息

在签订了合同之后，就需要在合同的实施过程中与供应商或承包商共同开展合作，并处理好项目采购合同规定的供应工作，以保证项目合同的顺利实施。在项目合同管理中，项目业主在合同实施管理与控制方面所需的信息主要有：

（一）项目采购或承包合同

在这些项目采购或承包合同中明确规定了项目业主和供应商或承包商的权利和义务，项目采购货物或劳务的具体内容以及采购货物或劳务的具体交付计划。它是项目业主和供应商或承包商开展项目合同管理的依据之一。

（二）项目合同实施结果信息

项目合同实施结果信息是供应商和承包商提供货物或劳务和履约的实际情况的信息，是关于供应商或承包商已经交付了哪些货物或劳务、还没有交付哪些货物或劳务，以及这些货物或劳务的质量如何和发生了多大采购成本等信息。项目业主可以根据这些信息监控供应商或承包商的合同履约活动。

（三）项目合同变更请求信息

在项目实施和货物与劳务的供应过程中，可能会因各种原因而需要对项目合同进行变更。项目合同的请求变更信息直接涉及到合同内容的修改，以及合同的履行。这些信息也是项目合同管理的重要依据之一。

(四) 项目业主的支付信息

供应商或承包商在发出货物或提供劳务后，必须及时向项目业主提交发货单或完工单，以便对已完成供货或货物请求付款。项目业主必须保证及时按照合同约定向供应商或承包商付款。在合同完结之后，还要对项目支付情况和记录作必要的审计。这也是项目合同管理的重要依据之一。

二、项目合同管理的内容

项目合同的管理就是对于项目货物采购合同和劳务承包合同的履行的管理。当项目合同涉及多个供应商或承包商时，项目合同管理就需要按照合同集成管理的方法开展。项目合同管理的内容主要包括项目合同实施的管理，采购的质量控制，项目合同变更的管理，合同索赔的管理以及合同付款支付系统的管理等。

(一) 项目合同实施的管理

项目业主应根据合同的规定，在适当的时间监督和控制供应商的商品与劳务供应工作，同时还要对供应商的工作进行必要的跟踪评价。合同实施的控制的主要工作有：

1. 项目经理、各职能人员、所属承包商在合同关系上予以帮助、解释合同，作工作指导；对来往信件、会谈纪要、指令等进行合同法律方面的审查。

2. 协助项目经理正确行使合同规定的各项权利，防止产生违约行为。

3. 对项目的各个合同执行进行协调。

4. 对合同实施过程进行监督，对照合同监督自己的各工程小组、各承包商的施工，做好协调和管理工作，监督各承包商正确履行合同。

5. 及时向各管理层的人员提供合同实施情况报告，并对合同的实施提出建议、意见甚至警告。

6. 调解合同争执，包括各个合同争执以及合同之间界面的争执。

7. 处理索赔与反索赔事务。

(二) 采购的质量控制

项目采购的质量控制包括对来自供应商或承包商的货物或劳务的检查、验收和交付的工作，这是保证项目所获得资源符合质量要求的重要手段。在项目采购管理过程中一般都要对货物或劳务的检查和验收作严格的规定。一般来说基本的验收方式有：凭到货的现状验收、凭货物的封存样品验收、根据卖主提供的样品验收以及凭权威部门的鉴定结论验收等。为了进一步监控供应商或承包商交付货物的质量，项目组织还可派专门负责质量的工程师进驻供应商的生产加工现场，进行指导和对所需资源的质量进行控制。

（三）合同变更的管理

在合同的采购过程中，很可能由于合同双方的各种因素需要对合同条款进行变更。合同的变更会对双方的利益产生影响，因此需要合同双方对于变更达成一致意见。如果不能达成一致，就可能导致合同的终止或者订立新的合同。

一般在土木工程项目实施中，只要在原合同规定工程范围内进行变更，不超过合同规定，变更是允许的。

1. 引起变更的主要原因

在工程项目中，引起变更的主要原因从类型方面分，可以划定为业主变更和承包商内部变更两种。由于承包商的内部变更属于承包商内部管理范畴，不构成对合同的改变，因此不是本文重点研究的对象，但是即使是承包商内部变更，也不是承包商单方面可以决定的，一定要区分情况，对需要得到业主/工程师认可的，一定要事先履行手续。

从对合同的改变程度上来看，业主的变更可分为：工程范围变更和工程量变更两大类，每类中又有若干小项，具体归纳如下：

（1）工程范围变更主要包括：额外工程；附加工程；工程某个部分的删减；配套的公用设施、道路连接和场地平整的执行方与范围、内容等的改变；

（2）工程量变更：工程量增加；技术条件（如工程设计、地质情况、基础数据、工程标高、基线、尺寸等）改变；质量要求（含技术标准、规范或施工技术规程）改变；施工顺序的改变；设备和材料供货范围、地点、标准的改变；服务（如开车、培训）范围和内容的改变；加快/减缓进度。

2. 处理变更的方式及程序

变更的正式书面文件通常称为“变更令”，只能由有权方发出，接收方可以立即应对，或者在澄清、核实后按令行事，变更令通常附有图纸等技术文件，并在工作开始前发出。工程范围变更和工作量变更的程序有所不同，现分述如下：

（1）工程范围变更的程序。工程范围变更的实质是对合同范围的变更，因此在程序上需要合同双方的认定。

（2）工作量变更。工作量变更是有权方依据合同所赋予的权力，对合同范围以内的工作进行调整/调节的安排，能够发出变更令（或联络签）的有权人依合同规定可以是业主的项目主管或者是聘请的独立工程师。

（四）合同索赔的管理

在某些项目如工程项目中索赔是经常发生的。项目各参加单位由于其经济利益不同，在合同的执行过程中通常会出现索赔。

1. 产生合同索赔的原因

（1）由于业主或其他最终用户没能正确地履行合同义务，例如：未及时交付场地、提供图纸，下达了错误的指令等。

（2）由于业主或最终用户因行使合同规定的权力而增加了项目组的花费和延误了进度，按合同应该给予补偿。例如增加工作量，增加合同内的附加任务，或要求项目组完成合同中未注明的工作等。

（3）由于某一个工作组完不成合同的责任而造成连锁反应，例如，工程项目中由于设计单位未及时交付图纸，造成土建、安装工程中断或推迟，土建和安装承包商向业主提出索赔。

（4）由于环境的变化。例如战争、动乱、市场物价上涨等。

2. 索赔管理主要包括索赔与反索赔

索赔是对自己已经受到的损失进行追索。包括在日常的合同实施过程中预测索赔机会，在合同实施中发现索赔机会，处理索赔事件，及时提出索赔要求和妥善解决争执。

反索赔着眼于防止或减少损失的发生。通常反索赔有：反驳对方不合理的索赔要求，推卸自己对已发生的索赔事件的责任，否定或部分否定对方的索赔要求等。

索赔管理工作一般涉及两个层次的工作。一是合同双方索赔的提出和解决过程。它一般有合同规定，如果未按合同规定的程序提出，常常会导致索赔无效。二是项目组织内部的索赔管理工作。

3. 索赔管理的过程

按照国际惯例索赔工作过程包括：索赔意向通知，起草并提交索赔报告，解决索赔等。

（1）索赔意向通知

在引起索赔事件发生后，承包商必须迅速做出反应，在一定时间内（FIDIC 规定为 28 天）向业主发出书面索赔意向通知，声明要对索赔事件提出索赔。

（2）起草并提交索赔报告

在提交索赔意向通知后（FIDIC 规定为 28 天），项目单位必须提交正规的索赔报告。在这个阶段项目组要做的事情包括：事态调查，索赔事件的原因分析，索赔根据分析和评价，损失调查，收集证据，起草索赔报告和提交索赔报告等。

（3）解决索赔

从项目管理的角度来说，索赔应得到合理解决，无论是不符合实际情况的超额赔偿，或通过强词夺理，对合理的索赔要求赖着不赔，都不利于索赔的合理解决。

（五）合同付款支付系统的管理

对供应商或承包商的支付管理通常也是项目合同管理的一个重要内容，在有众多项目采购管理的大型项目管理中，项目业主可以开发建立自己的项目支付系统。这一管理包括由项目业主作出的对供应商或承包商的履约评价和认可，以及相应的支付控制工作。根据国际惯例，项目采购合同的支付方式一般有两种：一种是现金支付，另一种是转账支付。项目业主与供应商或承包商之间为项目采购合同支付的货款和报酬大都采用转账结算的方式进行。项目业主通常应根据合同规定，按供应商或承包商提交的发货单或完工单对供应商或承包商进行付款，并严格管理这些支付活动。

本章小结

本章讨论了项目采购的基本概念、项目采购的方式、项目采购的基本过程以及合同管理的基本内容。项目采购是项目执行过程中的一个十分关键的步骤，其过程和结果的成功与否关系到整个项目的质量和未来的收益水平。因此本章对采购的含义、采购的分类、采购计划的编制以及采购方式的选择做了详细的介绍；对与采购有关的合同的类型、合同管理的内容和方法也进行了必要的介绍。

思考题

1. 制定采购计划的依据有哪些？
2. 项目实施组织如何进行自制或外购决策？
3. 试对各种采购方式进行分析和比较。
4. 如何进行项目合同索赔的处理？

第十三章 项目融资管理

项目融资应该是项目建设的基础，项目没有资金来源，就无法进行。一般来说，项目融资可利用的资金来源有商业银行、各国政府出口信贷机构、国际金融机构、项目所在国政府、公共基金机构、短期资金市场、商业金融公司、租赁公司、原材料供应商和设备经营商、项目发起方的贷款和预付款以及承包商。

本章从什么是项目融资开始，分析项目融资与一般公司筹资的区别，阐述了项目融资的特点和优缺点，重点介绍了项目融资的几种主要模式，最后对项目融资担保做了简单的介绍。

第一节 项目融资概述

一、项目融资的概念

项目融资，从广义上讲，是指一切针对项目的筹资形式；从狭义上讲，也就是与传统的公司融资相比较，是指借款人（项目资金筹措人）原则上将项目主体的现金流及其收益作为偿还债务的资金来源，而将其项目主体的资产作为贷款的抵押担保，该项目主体的一般性信用能力通常不作为重要的贷款因素来考虑。因此，项目融资本质上是一种无追索权或有限追索权形式的融资活动（追索权是指借款人未能按期偿还债务时，贷款人要求借款人以抵押资产之外的资产偿还债务的权利）。下面举个例子来说明项目融资与传统融资方式的区别。

某委托加工公司现已拥有甲、乙两个食品加工厂。为了增建丙厂，决定从金融市场上筹资，大致有两种筹资方式。第一种是借来的款项用于建设新厂丙，而归还贷款的款项来源于甲、乙、丙三个食品加工厂的收益。如果新厂丙建设失败，该公司把原来的甲、乙两厂的收益作为偿还债务的担保。这时贷款方对委托加工公司有完全追索权。第二种方式为将借来的资金用于建设新项目丙厂，用于偿债的资金仅限于丙厂建成后的加工费和其他收入。如果项目丙厂失败，贷款方只能从清理新项目丙厂的资产中收回一部分，除此之外，不能要求委托加工公司从别的资金来源（包括甲、乙两厂的收入）来归还贷款，这时称贷款方对委托加工公司为无追索权；或者在签订贷款协议时，只要求委托加工公司把其特定的一部分资产作为贷款担保，也就是贷款方对该公司拥有有限的追索权。

项目融资就是上述第二种融资方式，有时也被称为无担保或有限担保贷款，即项目融资时将还款资金来源限定在特定项目的收益和资产范围之内的融资方式。由此可见，项目融资的一个重要特点，就是项目主办人将原本由自己承担的还款责任，部分地转移到了项目身上，也就是将原本由借款人承担的风险部分地转移到了贷款人的身上，从而由借贷双方共同承担项目的风险。

这种方式对贷款人来说，风险较大；对借款人来说，融资成本较高，牵涉的方面也比较多。一般来讲不到迫不得已很少采用。从国际上一些典型的项目融资案例来看，这种方式主要集中在资源开发、基础设施建设方面。在发达国家，随着基础设施建设的减少，项目融资的重点正逐渐向其他方向转移，如制造业、航空航天业等。

二、项目融资的基本特征和优缺点

（一）项目融资的基本特征

事实上项目融资不是“为了项目”而融资，而是“通过项目”进行融资，也就是以项目的资产、产品或服务的收益抵押进行融资。因此，项目融资具有以下特征：

1. 项目导向。主要是依赖于项目的收益和资产而不是项目的投资者或发起人的资信来安排融资。这是项目融资最大的特点。贷款方在项目融资中主要把注意力集中在项目贷款期间能产生多少净现金流量用于还款上，因为贷款的额度、融资结构的规划和融资成本的高低都是与项目的资产及预期净现金流量直接联系在一起的。

2. 有限追索性。作为有限追索的项目融资，无论项目出现何种问题，贷款人可以在贷款的某个阶段或在一个规定的范围内对项目借款人进行追索；不能追索借款人除了项目以外的任何形式的资产。因此，贷款人最重视项目自身的还债能力，即项目的预期现金流量和收益。所以，贷款方必然会对项目的立项、运营以及项目的后保障事宜进行全程管理和监控。

3. 风险分担。项目融资的有限追索性导致项目风险以多种形式由项目相关人分担。然而，项目不同的利益相关人的风险承受能力不同。各方项目相关利益人应该承受多大风险，取决于各方的风险承受能力及其对项目的预期回报。由于涉及项目风险的合理分担，项目融资必然要以复杂的贷款和担保文件作为项目各方行为的依据。

一般来说，项目融资方式对贷款方风险较大，较大的风险必然要求较高的贷款利率，再加上其他各种费用，项目整体融资成本也就会较高。

（二）项目融资的优点

项目融资对项目主办方和投资方都有好处。

1. 资产负债表外的会计处理优势。因为贷款通常无追索权，或者即使有有限追索权，也是通过合同安排加在项目公司身上的，所以不会影响项目主办方本身的资产负债表。主办方的债权债务都不会因为项目融资而改变，因此也不会影响它的债务和权益的比例以及各种财务比率指标。要取得银行贷款，银行主要依据资产负债表来审查借款人的还款能力；既然项目融资不影响其资产负债表结构，那么也就不会影响该借款人从其他方面进一步借款的能力。

2. 项目融资不受项目主办方资产规模限制。因为项目融资的贷款方重点考虑的是通过考察新建项目本身的预期收益状况，来评估还款能力，所以贷款方在决定贷款时通常不把项目主办方现在的资产规模作为主要因素来考虑。如果项目本身收益预期好，即使项目主办方现有的资产少，贷款方也可能会同意贷款。反之，如果项目本身收益预期不好，即使项目主办方现有资产规模很大，也无法吸引项目融资。

3. 分散风险。项目融资可以分散融资风险，不将风险集中于项目主办方和银行。因为项目融资的贷款一般无追索权或有有限追索权，所以项目主办方虽然是项目的权益所有者，但仅承担项目风险的一小部分。一旦项目不能创造出足够的现金流来偿付贷款，贷款方就得承担大部分或全部风险。这种风险分配结构对于那些较小规模的借款方或项目主办方尤为重要，有限的追索权可以从一定程度上保护它们不会因为项目失败而破产。

（三）项目融资的缺点

尽管项目融资有许多优点，但它具有成本高、耗时长的缺点。

第一，成本高。贷款方在项目融资中承担较大风险，当然希望得到较高的收益，所要求的贷款利率比普通贷款要高。同时，项目融资要求繁多的担保与抵押，每一道担保或抵押都收取较高的手续费用；贷款方及其律师、技术专家在评估项目、推敲文件、设计担保方案时都要花费较多时间，也会增加融资费用；再加上谈判的费用，最终使项目融资成本较高。

第二，耗时长。项目各方要在项目融资过程中经过谈判来签署如何分担风险的合同和协议，而这种谈判往往因各方利益难以协调而陷入僵局。复杂的项目融资结构也是有关各方无法很快达成协议的原因。我国目前的项目从表示意向到签约往往要花几年的时间，这不仅大大提高了项目融资的直接成本，还错过了很多宝贵的市场机会，其机会成本也是非常巨大的。

（四）项目融资的参与者和运作程序

项目融资的参与者主要包括：贷款人、借款人、项目主办人、项目使用方、供应方、承包方、保证人、官方保险机构、按差额支付协议的付款人和受托人。

项目融资的程序主要可以分为概念阶段和实施阶段。概念阶段是融资前期阶段，包括经济可行性分析和初步融资及商务计划的管理；实施阶段包括实施和融资计划的管理。

项目经济可行性分析，是指首先收集数据和审查项目在其经济和融资的历史，然后审查提出的经济和融资方案，最后进行融资比率敏感性分析和成本收益分析。制定初步融资计划，包括建立融资准则，确定资金的来源，初步制定融资计划，制定融资实施程序。融资程序的实施与管理，包括确定初步融资许诺，完成初步融资计划，完成融资，与项目协调管理，在融资程序中对资金市场中可能有利的条件变化进行监控。最后是融资评估，根据贷款方的要求，评估项目是否有足够的现金在其特许期限内满足它的现金费用，包括债务服务，并要求考虑有剩余资金以防不测；根据股本投资者的融资要求，计算投资回报率、股本回报率、税后净现值。

第二节　项目融资的主要模式

项目融资模式是项目融资整体结构中的核心部分，其设计需要与项目融资结构的设计同步考虑，并且在项目融资结构确定下来后，进一步细化融资结构的设计。项目融资模式主要包括：

一、直接融资

这是由投资者直接安排项目的融资，并且直接承担融资中相应的责任和义务。这是结构上最简单的融资方式。其优点是融资成本较低；缺点是实现有限追索相对复杂并且项目贷款很难安排成非公司负债型的融资。在这个结构中：

项目投资者根据合资协议组成非公司型合资结构，并按照投资比例合资组建一个项目管理公司来负责项目的建设和生产经营，该公司同时也作为投资代理人负责项目产品的营销。

投资者分别在项目中投入相应比例的自由资金，分别独立地与贷款人签署协议，并统一安排项目融资用于项目的建设资金和流动资金。

项目销售收入将首先进入一个由贷款人监控下的账户，用于支付项目的各种费用和资本再投入，最后按照融资协议将盈余资金返还给投资者。

二、投资者通过项目公司安排项目融资

一般是由各方投资者共同投资组建一个项目公司，再以该公司的名义拥有、经营项目和安排融资。采用这种模式的主要信用保证来自项目公司的现金流量、项目资产和项目投资者所提供的与融资者有关的担保和商业协议。一般过程包括：首先，项目投资者根据股东协议组建项目公司，并注入一定的股本资金。其次，项目

公司独立进行生产经营，并签署一个与项目有关的合同，安排项目融资并拥有项目。最后，投资者为贷款者提供完工担保。

三、租赁融资

这是一种融资使用者（承租人）可以获得固定资产使用权而又不必在使用初期支付其全部资本开支的一种融资手段。根据租赁协议中承租人和出租人所承担的责任以及租赁期间资产的使用价值占该资产全部使用价值的比重，可以将租赁分为经营性租赁和融资性租赁。

（一）经营性租赁

经营性租赁一般是指租赁期较短，并且在租赁期内承租人有权取消租约将租赁物退还给出租人的租赁协议。在经营租赁期间内，出租人承担对出租资产的保养和维修责任，承租人的责任只限于按期交纳租金。在租赁期结束时，承租人有权选择将租赁资产退还给出租人或将其购入作为自己的资产。这种租赁形式一般适用于厂房、土地、轮船、飞机建筑机械、铁路运输设备等通用性强或易于移动的资产的出租。

（二）融资性租赁

这是一种租赁期限相对较长，承租人不能随意提前终止租约的租赁协议。其租赁期限占出租资产的大部分经济寿命期。在租赁期间内，出租人虽然拥有被出租的资产，但实质责任只限于提供一种融资，而由承租人负担占有和使用出租资产所需要的一切费用和成本，包括维修、保养甚至有关税收。承租人按照租赁协议定期支付租金，并且向出租人保证在租赁期满时支付一笔资金购买所租赁的资产。

融资性租赁的应用范围十分广泛，机械设备、大型的工程项目都可以应用。按照融资租赁的结构，又可以进一步分为直接租赁和杠杆租赁。

直接租赁，是指只有出租人和承租人两方参与的简单租赁形式。在此种形式下，出租人自己安排资金购买出租资产，然后将其租赁给承租人。

杠杆租赁，是指租赁融资中，出租人只需要投资租赁设备购置款项20%～40%的金额，即可在法律上拥有该设备的所有权，享有如同对设备全部投资的同等税收待遇，设备购置款项的60%～80%由银行等金融机构提供无追索权的贷款来解决，但是需要出租人以租赁设备作抵押，以转让租赁合同和收取租金的权利作为信用担保。杠杆租赁的融资结构比较复杂，涉及的参与者较多，资产抵押及其他形式的信用保证也比一般项目融资模式复杂，再加上税务、法律、资产管理与转让等问题，造成组织这种融资模式所花费的时间相对较长；可以利用对固定资产的资本性投资的减税政策而得到税务优惠，降低投资者的融资成本和投资成本；利用税务扣减可以偿还项目全部融资总额的30%～50%，使投资者保留较高的自有资金和银行信用额度。因此，杠杆租赁既可以作为一项大型项目的整体融资安排，也可以作为项目的一部分建设工程的融资安排。

四、BOT 融资

BOT (Build-Operate-Transfer) 是指由项目所在国的政府或所属机构为项目的建设和经营提供一种特许权协议，由本国公司或者外国公司作为项目的投资者和经营者安排融资、承担风险、开发建设项目，并在有限的时间内经营项目、获取商业利润，最后根据协议将该项目转让给相应的政府机构。BOT 实际上至少包括三种具体的建设方式：

BOT (Build-Operate-Transfer)，即建设—经营—移交。政府通常采取此方式给予某些公司新项目建设的特许权。私人合伙人或某国际财团愿意自己融资建设某基础设施项目，经营该设施一段时期后，应将此项目的经营权转让给政府部门或公共机构。

BOOT (Build-Own-Operate-Transfer)，即建设—拥有—经营—转让。与 BOT 类似，但也有不同：项目建成后，在 BOT 方式下，私人只拥有所建项目的经营权，而在 BOOT 方式下，私人在规定的期限内既有经营权又有所有权；从项目建成到移交给政府这一段时间来看，BOOT 方式一般比 BOT 方式要长。

BOO (Build-Own-Operate)，即建设—拥有—经营。此方式是承包商根据政府赋予的特许权，建设并经营某项基础设施，并不将此基础设施移交给政府或公共部门，而是一直经营下去。

BOT 的顺利进行有两个基础条件：一是特许的经济单位，必须是独立的，并能独自产生现金流；二是特许的经济单位必须能在运作中与其他单位隔离。由此可见，能源、交通等大型基本建设项目最适合于 BOT 融资，而并非所有的项目都能应用 BOT。

BOT 方式的具体运作过程与其他国际的招标、投标工程基本类似，包括以下几个方面：

(一) 确定主要当事人及其法律关系

一是发包人，通常由政府专业投资公司充任，负责整个项目的提出和总体实施工作，包括项目运营的监督、收回项目经营权等。二是承建人，通常由一个国际承包集团充当，负责整个项目的运营过程，包括设计施工、供应设备、筹资偿债以及规定期限内的经营管理。三是国际顾问咨询公司，通常是对国际工程项目提供决策咨询、工程监理、纠纷仲裁等各种咨询服务的民营性国际组织。

(二) 合同的签订

发包人首先进行严格的承包商资格预审，然后以邀请招标的形式开展招标活动，再与中标方签订合同。在合同中，发包人非常重视承包工程价格，它决定整个项目的经济效益的高低。承包工程价格还决定了整个财团的利润分配及其变动机制、索赔方式、资金筹措方式、产品定价、经营期限等。

（三）工程监理与咨询

整个项目具体运作过程可以分为项目准备阶段、设计阶段、招标阶段、施工阶段、项目经营阶段。一般来讲，BOT 施工监理与咨询有三个方面：一是财团内部监理，又称承包商质量保证体系，是由财团内部的顾问公司来完成的；二是财团外部监理，又称咨询顾问公司质量控制体系，也即“施工监理”；由政府雇用的顾问公司来完成；三是政府委托监理，由政府委派专人对咨询公司和财团进行双重监理，这种监理严格讲是一种监察，因为代理人只能向发包方反馈信息，不能干预监察对象的行为。

（四）项目经营

承建人将在规定期限内拥有该项目的经营权，以及相关辅助项目的经营与开发权。承建人可以采取委托经营、联合经营、独资经营三种方式来运用项目经营权，但是经营权未经允许，不得转售。经营期限内，承建人有责任受政府的定期调查并公开自身财务状况，有责任维持项目的有效生产。在产品定价上，承建人有价格浮动权，但政府有制定价格浮动上限的权力。在期限到期时，承建人有责任为政府提供经营技术支持。

五、产品支付

产品支付的项目融资模式，起源于美国的石油天然气项目开发的融资安排。产品支付是指购买方购买未分割的矿产或项目公司生产的产品，在项目生产期，项目公司必须定期将一定的生产收益支付给购买方。

一般来说，就是由贷款银行购买某一特定矿产资源储量的全部或部分未来销售收入的权益，即贷款银行从项目中购买一定比例的生产量，以这部分生产量的收益作为项目融资的主要偿债资金来源，在贷款得到偿还以前，贷款方拥有项目的部分或全部产品。以产品支付为基础组织的项目融资，具有其他融资模式所不具备的以下特征：一是在此项目融资中，用来还本付息的惟一来源就是项目产品；二是贷款的偿还期应该短于项目预期的有效生产期；三是在此项目中，贷款银行只为项目的建设和资本费用提供融资，而不提供项目生产费用的贷款，并且要求项目公司提供最低生产量、最低产品质量标准方面的担保。

六、ABS 融资

美国 1995 年公开发行的 ABS 融资债券达到 1 000 亿美元。目前资本市场的项目证券化融资迅速增长，投资者逐步熟悉并接受 ABS 债券。这种项目融资方式虽然只有几年的发展历史，但已被证明是一种十分有效的项目融资方式，它越来越显示出极大的开发价值和广阔的应用前景。

（一）ABS 融资的涵义

ABS（Asset-Backed Securitization）是以资产支持的证券化之意。具体来说，它是以目标项目所拥有的资产为基础，以该项目资产的未来收益为保证，通过在国际资本市场上发行债券筹集资金的一种项目融资方式。ABS 方式的目的在于，通过其特有的提高信用等级方式，使原本信用等级较低的项目照样可以进入高档级证券市场，利用该市场信用等级高、债券安全性和流动性高、债券利率低的特点大幅度降低发行债券筹集资金的成本。

（二）ABS 融资的特点

ABS 融资主要表现为以下几个特点：

1. 通过证券市场发行债券筹集资金。这是 ABS 不同于其他项目融资方式的一个显著特点。无论是产品的支付、融资租赁，还是 BOT 融资，都不是通过证券化进行融资的，而证券化融资则代表着项目融资的未来发展方向。

2. 分散投资风险。由于 ABS 方式隔断了项目原始权益人自身的风险和项目资产未来现金收入的风险，使其清偿债券本息的资金仅与项目资产的未来现金收入有关，加之在国际高档级证券市场发行的债券是由众多的投资者购买，从而分散了投资风险。

3. 反映在资产负债表上的优势。由于 ABS 是通过发行高档投资级债券募集资金，这种负债不反映在原始权益人自身的资产负债表上，从而避免了原始权益人资产质量的限制。同时利用成熟的项目融资改组技巧，将项目资产的未来现金流量包装成高质量的证券投资对象，充分显示了金融创新的优势。

4. 信用等级高。作为证券化项目方式融资的 ABS，债券的信用风险得到了特别用途公司 SPC（SPECIAL PURPOSE CORPORATION）的信用担保，是高档投资级证券，并且还能在二级市场进行转让，变现能力强，投资风险小，因而具有较大的吸引力，易于债券的发行和推销。

5. 有助于培养国际项目融资的专门人才。由于 ABS 方式是在国际高档级证券市场筹资，其接触的多为国际一流的证券机构，要求我们必须抓住国际金融市场的最新动态，按国际上规范的操作规程行事，这将有助于培养我国在国际项目融资的专门人才，规范国内证券市场。

6. 筹资成本较低。由于这种融资方式是在国际高档级证券市场筹资，利息率一般比较低，从而降低了筹资成本。而且，国际高档级证券市场容量大，资金来源渠道多样化，因此 ABS 方式特别适合大规模筹集资金。同 BOT 方式比，ABS 融资方式涉及的环节比较少从而最大限度地减少佣金、手续费等中间费用，使融资费用降到较低水平。

（三）ABS 方式的运作过程

ABS 由于是在资本市场发行债券筹集资金的，按照规范化的证券市场运作方式，在证券市场发行债券，必须对发债主体进行信用评级，以揭示债券的投资风险和信用水平。债券的筹集成本和信用等级密切相关，信用等级越高，表明债券的安全性越高，债券的利率越低，从而使通过发行债券筹集资金的成本越低。因此利用证券市场筹集资金，一般都希望进入高档投资级证券市场。但是，对于不能获得权威性资信评估机构较高级别信用等级的企业或其他机构，都无法进入高档投资级证券市场。ABS 运作的独到之处就在于，通过信用增级计划，使得没有获得信用等级或信用等级较低的机构，照样可以进入高档投资机构市场通过资产的证券化来筹集资金。

ABS 融资方式的具体运作过程主要包括以下几个方面：

1. 组建 SPC。该机构可以是一个信托投资公司、信用担保公司、投资保险公司或其他独立法人。该机构应能够获得国际权威资信评估机构较高级别的信用等级（AAA 或 AA 级）。由于 SPC 是进行 ABS 融资的载体，成功组建 SPC 是 ABS 能够成功运作的基本条件和关键因素。

2. SPC 与项目结合。即 SPC 寻找可以进行资产证券化融资的对象。一般来说，投资项目所依附的资产只要在未来一定时期内能带来现金收入，则都可以进行 ABS 融资。它们可以是信用卡应收款，房地产的未来租金收入，飞机、汽车等未来运营的收入，项目产品出口贸易收入，航空、港口及铁路的未来运费收入，收费公路及其他公用设施收费收入，税收及其他财政收入等。拥有这种未来现金流量所有权的企业（项目公司）成为原始权益人。这些未来现金流量所代表的资产，是 ABS 融资方式的物质基础。在进行 ABS 融资时，一般应选择未来现金流量稳定、可靠，风险较小的项目资产。一般情况下，这些代表未来现金收入的资产，本身具有很高的投资价值，但由于各种投资条件的限制，它们自己无法获得权威资信评估机构授予的较高级别的资信等级，因此无法通过证券化的途径在资本市场筹集建设资金。而 SPC 与这些项目的结合，就是以合同、协议等方式将原始权益人所拥有的项目资产的未来现金收入的权利转让给 SPC，转让的目的在于将原始权益人本身的风险割断，这样 SPC 进行 ABS 方式融资时，其融资风险仅与项目资产未来现金收入有关，而与建设项目的原始权益人本身的风险无关。在实际操作中，为了确保这种风险完全隔断，SPC 一般要求原始权益人或有关机构提供充分的担保。

3. 利用信用增级手段使该组资产获得预期的信用等级。为此就要调整项目资产现有的财务结构，使项目融资债券达到投资级水平，达到 SPC 关于承保 ABS 债券的条件要求。SPC 通过提供专业化的信用担保进行信用增级。信用增级的渠道有：利用信用证、开设现金担保账户、直接进行金融担保。之后，委托资信评估机构，对即将发行的经过担保的 ABS 债券在还本付息能力、项目资产的财务结构、担保条件等方面进行信用评级，确定 ABS 债券的资信等级。

4. SPC 发行债券阶段。SPC 直接在资本市场上发行债券募集资金，或者经过

SPC 通过信用担保，由其他机构组织债券发行，并将通过发行债券筹集的资金用于项目建设。由于 SPC 一般均获得国际权威性资信评估机构的 AAA 级或 AA 级信用等级，按照信用评级理论和惯例，由它发行的债券或通过它提供信用担保的债券，也自动具有相应的信用等级。这样 SPC 就可以借助于这一优势在国际高档投资级证券市场，以较低的资金成本发行债券，募集项目建设所需资金。

5. SPC 的偿债阶段。由于项目原始收益人已将项目资产的未来现金收入权利让渡给 SPC，因此 SPC 就能利用项目资产的现金收入量，清偿它在国际高档投资级证券市场上所发行债券的本息。

（四）我国利用 ABS 融资方式要解决的几个问题

ABS 作为一种新型的项目融资方式虽然开展的时间不长，但已被实践证明是有效的，它在美国、西欧和日本等国都获得了比较好的发展。从我国目前的实际看，开展 ABS 融资方式还存在一些限制因素。为了促进 ABS 融资活动的开展，应对以下问题加以重视并解决。

1. SPC 的组建问题。前面已经谈到，成功组建 SPC 是 ABS 能够成功运作的基本条件和关键因素。但组建的 SPC 只有在国家主权信用级别较高的国家，如美国、日本、西欧等经济发达国家注册，并具有雄厚的经济实力和良好的资产质量，才能获得国际权威资信评估机构授予的较高资信等级。因此，我们国家应该选择一些有实力的金融机构、投资咨询机构，通过合资、合作等方式进入国外专门为开展 ABS 融资而设立的信用担保机构、投资保险公司、信托投资公司中，成为 SPC 的股东或发起人，为我国在国际市场上大规模开展 ABS 融资奠定良好的基础。

2. 法律、政策限制的问题。虽然我们形成了 ABS 融资的基本法律框架，但由于 ABS 属于高档投资级的证券融资，原始权益人、投资者和项目的其他参与者的权益和责任是通过合同详细规定的，因此现有法律法规远远不能适应 ABS 融资的要求。为此要根据我国的国情和国际惯例，加快相关立法，制定一套适合 ABS 融资的法律法规。同时，我国目前对资本项目还实行管制，国家对 ABS 债券融资方式不可能一下子放开，只能逐步试点，取得经验，再一点点普及，为我国经济发展提供较低成本的资金。

3. 税收问题。ABS 融资方式是以项目资产的未来收益偿还发行债券的本息的，而我国的增值税、营业税、印花税、所得税等税目、税率都与国际惯例有区别，从而影响到 ABS 融资在我国的发展。我们要按照国际惯例进行税制改革。

4. 人民币汇兑问题。把采用 ABS 方式所筹集的资金用于项目建设，但项目本身的产品却可能很少出口创汇，其所得收益主要表现为本国货币，而 SPC 为清偿债券的本息，必然要把本币兑换为外币汇出境外。但目前我国还没有实现人民币在资本项目下的自由兑换，这在一定程度上制约了 ABS 融资方式的开展。因此，我们要利用当前我国外汇储备充足的有利时机，保证 ABS 项目的外汇兑换，以增强外商对我国进行ABS方式投资的信心。

5. 人才培养问题。目前我国缺少负责ABS研究、管理的专门人员，也缺少这方面的法律人才。因此，必须加快有关ABS方面的人才培养，深入研究ABS融资方式的方法和经验，以促进我国更好地利用这一方式，促进我国经济更快的发展。

第三节　项目融资担保

一、项目融资担保的范围

（一）商业风险

项目融资中，贷款合同的履行的基本假设就是存在商业风险，大部分的商业风险应由出资人或第三者提供的担保所覆盖。项目融资的商业风险包括成本超支风险、项目完工风险、材料及燃料的供应及其成本变动风险、项目产品的销售风险。

1. 材料及燃料的供应及其成本变动风险。材料及燃料的价格和费用构成项目总成本的重要部分，如果原材料的价格超过确定成本，就会影响项目收益；材料和燃料的准时供应是项目按计划进度的必要条件。这类风险可以通过第三人担保来分担。

2. 成本超支风险。项目建设中，成本超支的情况非常普遍，承建商一般不承担超支风险，除非承建商会获得很大的利益。成本超支的后果是由出资人或出资人指定的参与者承担。成本超支的风险可以由赔偿公司发出的完全担保来分散，同时借款方也可以提供备用信贷，以分担该风险。

3. 项目完工风险。项目是否能按照要求如期完工，很大程度上取决于承建商的技术和经验。项目如果由于技术因素不能完工，损失是巨大的，因此选用可靠的承建商可以降低项目完工风险。

4. 项目延误风险。项目的进度是计划制定的，计划一旦制定之后，所有的工作都要按照计划进行，如果某些环节不协调，延误了工期，将带来巨大的损失，这就是延误风险。延误风险可以通过适当的合同条款和选择可靠的承建商来避免。

5. 市场风险。项目产品在市场上的销路和一些其他情况的不利变化就构成了项目融资的市场风险。市场风险主要有竞争风险、价格风险和需求风险。服务销售价格，也是影响项目成本收益的一个重要因素。如果项目产品的价格过低，预期收益较低，就很难找到愿意提供贷款的金融机构和个人。

（二）政治风险

此类风险是指由于战争、政权更迭、政策、法律法规改变等因素而导致项目受损害的风险。具有很高政治风险的国家很难吸引国外的投资者，例如某些国家的政府可以随时凭借政治权力，强制停止正在进行的项目，又如南美国家延期偿付外国债务就是一种新的政治风险。政治风险使这些国家的信誉度降低，从而在该国进行的项目难以获得资金。

（三）金融风险

金融风险主要包括外汇风险和利率风险。外汇风险通常包括三个方面：东道国货币的自由兑换、经营收益的自由汇出和汇率波动所造成的货币贬值等问题。对于有关境外的项目融资，这类风险要特别引起项目利益相关人的重视。利率风险是指由于利率变化而造成项目价值降低或收益受损的情况。

（四）意外事故风险

意外风险通常可以通过保险来分散，参与者必须在项目融资时充分考虑可能会发生的意外事故，必须事先做出风险决策。

二、项目融资担保的种类

1. 信用担保。项目融资中的信用担保，又称人的担保，是当事人之间的一种合同关系。其主要作用是，由担保人为某一项目的参与方向贷款人提供担保，当该项目的参与方无法履行合同义务时，由担保人负责代其履行义务或承担赔偿责任。在信用担保中，保证人的信用至关重要，往往是贷款人决定是否提供贷款所要考虑的诸多因素中的决定性因素。在项目融资中，担保人通常是法人，包括借款人以外的其他公司、商业银行、政府、官方信贷机构等。信用担保包括完工担保、无货亦付款合同、“安慰信”和东道国政府的支持。

2. 物权担保。项目融资的抵押担保，是指项目公司或第三方以自身资产为履行贷款债务提供担保。国内信贷活动虽然广泛使用抵押担保，但在项目融资的这种国际融资活动中，却较少使用物权担保，而且作用也不明显。物权担保包括不动产物权担保、动产物权担保和浮动抵押。

本章小结

项目融资，从广义上讲，是指一切针对项目的筹资形式；从狭义上讲，也就是与传统的公司融资相比较，是指借款人（项目资金筹措人）原则上将项目主体的现金流及其收益作为偿还债务的资金来源，而将其项目主体的资产作为贷款的抵押担保，该项目主体的一般性信用能力通常不作为重要的贷款因素来考虑。因此，项目融资本质上是一种无追索权或有限追索权形式的融资活动。

项目融资主要包括直接融资、投资者通过项目公司安排项目融资、租赁融资（经营性租赁和融资性租赁）、BOT 融资、产品支付和 ABS 融资。每一种融资模式都有自己的适用范围，比如 BOT 融资最适用于能源、交通等大型基本建设项目，而不一定适用于其他的项目。

项目融资存在巨大的商业风险和政治风险，因此一般来说，项目融资需要担保：信用担保和物权担保。

思考题

1. 项目融资的概念是什么？与一般的公司筹资有什么区别？
2. 项目融资主要包括哪几种模式？各自的优缺点和适用范围是什么？
3. 项目 BOT 融资的涵义与具体运作方式是什么？
4. 项目 ABS 融资的涵义与具体运作方式是什么？我国利用 ABS 融资需要解决哪些问题？

案 例

泉州刺桐大桥项目融资

一、项目背景

刺桐大桥位于福州厦门的 324 国道上，其建设规模为福建省特大型公路桥梁之一，被列为福建省的重点建设项目。它横跨晋江，全长 1 530 米，宽 27 米，匝道 2 400米，主桥型为连续钢架预应力桥，全桥并列 6 车道，桥下可通行 500 吨胖体海轮。总投资 2.5 亿元人民币，是我国首例民营经济以 BOT 模式建成的，1995 年 5 月 18 日正式开工，1996 年 11 月 18 日竣工试通车，工期仅 18 个月，比计划工期提前一年半。1994 年初，泉州市政府为解决市内塞车和过桥困难，决定投资新建一座跨江大桥——泉州刺桐大桥，由于政府建设资金紧张，打算引进外资，前来洽谈的几家外商，因提出条件苛刻，引资未能成功，建桥暂时搁置起来。泉州地处闽东南地区，改革开放以来，作为著名侨乡，民营经济发展迅速，为民营企业参与政府大型项目建设提供了资金上的可能。刺桐大桥 BOT 项目融资打破了我国的传统模式，创造了以少量的国有资金引导国内民间资金投入基础设施建设的经验，也对 BOT 融资模式在我国的运作做了一次有益的尝试。

二、项目融资结构

（一）刺桐大桥的投资结构

刺桐大桥的建设采用的是公司型合资结构，四家公司分别出资注册成立泉州刺桐大桥投资开发有限公司，其中名流实业股份有限公司出资 60%，福建省交通建设投资有限公司出资 15%，福建省公路开发总公司出资 15%，泉州市路桥开发总公司出资10%。公司具有独立的企业法人资格，依法独立承担民事责任。项目投资者在合资协议的基础上组成了四方代表参加的最高管理决策机构董事会，董事会拥有成员7名，名额按出资比例分配，名流实业股份有限公司占了4席。董事会负责项目的建设、资本注入、生产预算的审批和经营管理等一系列重大决策。

公司型合资结构的基础是有限责任公司，是目前世界上最简单有效的一种投资结构，其显著特点是公司是与其投资者（公司股东）完全分离的独立法律实体。

在刺桐大桥的投资结构中采用了公司型合资结构，其优点表现为：

1. 有限责任。应用项目融资，投资者目的之一是将债务责任最大限度地限制在项目之内，而公司合资结构便满足了这点，投资者的责任是有限的。在项目实施过程中，将投资项目的风险与投资者隔离开来，四方投资者只需承担自己出资比例的那部分风险，这样一来，即使项目失败，投资者受到的损失也是有限的，因为其债务责任被限制在项目公司中。

2. 融资安排比较容易和灵活。采用公司型合资结构对于安排融资有两个有利的方面：一是便于贷款银行对项目现金流量的控制，银行可以通过公司比较容易行使自己的权力；二是公司型合资结构易于被资本市场接受。若条件许可，可以直接进入资本市场通过股票上市、发行债券等方式筹集资金，这将为公司今后的进一步发展奠定良好的基础。

（二）刺桐大桥的融资模式

刺桐大桥的资金结构包括股本资金和债务资金两种形式。项目的四位直接投资者在BOT模式中所选择的融资模式是由项目投资者直接安排项目的融资，并且项目投资者直接承担起融资安排中相应的责任和义务，这是一种比较简单的项目融资模式。四方投资者根据60:15:15:10的比例出资注册奖金6 000万元一次性到位，其中名流公司3 600万元，其他三家2 400万元，用于大桥建设。资金不足部分由四方投资者分别筹措，根据工程进度分批注入，大桥运营后的收入所得，根据与贷款银行之间的现金流量管理协议进入贷款银行监控账户，并按照资金使用优先顺序的原则进行分配，即先支付工程照常运行所发生的资本开支、管理费用，然后按计划偿还债务，盈余资金按投资比例进行分配。该项目的BOT融资结构由三部分组成。

1. 政府的特许权合约。泉州市政府是刺桐大桥的真正发起人和特许权合约结束后的拥有者，泉州市政府通过提供为期30年（含建设期）的大桥建设经营特许权合约，使得由于政府资金短缺而搁浅的刺桐大桥得以建设并使用，而且比计划工期缩短一年半。政府的特许权合约是整个BOT融资的关键，这个合约的主要内容包括以下几个方面：（1）批准刺桐大桥投资开发有限公司建设开发和经营大桥，给予建设用地许可；（2）允许大桥投资开发有限公司进行附属公路（南接线公路，长2.3公里）的开发和经营以及征地许可；（3）刺桐大桥投资开发有限公司根据与市政府的协议制定的收费方式及收费标准对大桥使用者进行收费；（4）泉州市财政局出具《泉州刺桐大桥工程还贷承诺书》；（5）特许合约期为30年（含建设期），在特许权协议终止时，政府将无偿收回大桥及附属公路，但大桥投资开发有限公司应保证政府得到的是个正常运转并保养良好的工程。

2. 项目的投资者和经营者。项目的投资者和经营者是BOT模式的主体。刺桐大桥项目中，投资者由名流实业股份有限公司（民营企业）和省市政府授权投资的三家国有企业（福建省交通建设投资有限公司，福建省公路开发总公司和泉州路桥开发总公司）按6∶4的比例组成投资实体，即大桥的经营者与建设者——刺桐大桥投资开发有限公司，大桥在30年内的建设和经营管理由该公司承担。

3. 银行贷款。贷款的条件除取决于项目本身的经济强度之外，在BOT模式中，很大程度上依赖于政府为项目所提供的支持和特许权合约。刺桐大桥项目安排了一个有限追索的项目融资结构，其原因是由于该项目有一个强有力的信用保证结构。在大桥总投资的2.5亿元人民币中，名流公司投入近1.5亿元，其中自有资金3 600万元，从银行贷款1.2亿元，偿还期为5～8年。

（三）刺桐大桥的信用保证结构

政府的支持与担保，为项目建设提供了良好的投资环境，提高了项目的经济强度和可融资性。

泉州市财政局出具的《泉州刺桐大桥工程还贷承诺书》。

刺桐大桥投资开发有限公司对项目投保建筑工程一切险（包括第三方责任险），将建设期间可能发生的意外损失与风险转移给保险公司承担。

大桥项目采用了严格的招投标竞争机制，聘请铁道部大桥建设监理公司担当监理，中标的交通部第二航务工程局承担施工，工程承包公司向刺桐大桥投资开发有限公司递交工程履约担保，把施工期间的完工风险转移给了承包公司。通过这个信用保证结构，可以清楚知道，刺桐大桥项目的种种风险要素在项目建设有关的各个参与者之间进行分配，实现了项目风险的分担，这正是一个成功项目融资结构不可缺少的条件。

三、融资结构简评

第一，采用BOT模式给政府和项目投资者以及社会等方面均带来了很大的利益。

从政府的角度，由于采用了BOT模式，可以使原无力投资的大桥建成并投入使用，解决了市内塞车和过桥困难，并且节约了大量的政府建设资金，在30年（含建设期）特许权合约结束后可以无偿回收这座大桥。

从投资者的角度，BOT模式的收入十分可观。其一，大桥运行几年来，收益稳定，每天都有七八万元进账，根据预测，等连线公路完工，目前的收益将翻一